HEYNE <

Gisela Burckhardt
in Zusammenarbeit mit Swantje Steinbrink

# TODSCHICK

## Edle Labels, billige Mode – unmenschlich produziert

Wilhelm Heyne Verlag
München

Die Studie vor Ort wurde mit finanzieller Unterstützung von MISEREOR ermöglicht.

MIX
Papier aus verantwortungsvollen Quellen
FSC® C014496

Verlagsgruppe Random House FSC® N001967
Das für dieses Buch verwendete FSC®-zertifizierte Papier
*Super Snowbright* liefert Hellefoss AS, Hokksund, Norwegen.

Taschenbucherstausgabe 12/2014

www.heyne.de
Umschlaggestaltung: Hauptmann & Kompanie Werbeagentur, Zürich
Redaktion: Klaus Gabbert
Satz: EDV-Fotosatz Huber/Verlagsservice G. Pfeifer, Germering
Druck und Bindung: GGP Media GmbH, Pößneck
Printed in Germany 2014

ISBN: 978-3-453-60322-6

# Inhalt

# Eine persönliche Vorbemerkung

»Ich schaue, wo die Ware herkommt, und gehe davon aus, dass Menschen für Boss nicht ausgenutzt werden. Die Sachen haben ja ihren Preis«, sagte eine Kundin in einem Berliner Hugo-Boss-Geschäft. Nicht nur diese Kundin glaubt, dass teure Kleidung sozialverträglich hergestellt wird, auch die Vertreter deutscher Modeverbände verbreiten diese Information munter in Talkshows. So zum Beispiel am 2. Dezember 2012 Wolf-Rüdiger Baumann, zum damaligen Zeitpunkt Hauptgeschäftsführer des Gesamtverbandes der deutschen Textil- und Modeindustrie, in der Talkshow von Günther Jauch, wo er mit mir zusammen zum Thema »Schöne Bescherung! Wer muss für unsere Geschenke leiden?« eingeladen war. Angesichts der erschreckenden Berichte aus Bangladesch seit dem verheerenden Brand in der Fabrik Tazreen im November 2012 und dem tragischen Einsturz des Rana-Plaza-Gebäudes im April 2013 behaupten die Modehersteller, die deutschen Bekleidungsproduzenten würden sich nichts zuschulden kommen und keineswegs unter unmenschlichen Arbeitsbedingungen produzieren lassen. Schuld seien vielmehr die großen Handelsunternehmen wie H&M und C&A oder Discounter wie KiK, Aldi und Lidl. Alle anderen würden zwar auch in Fabriken in Bangladesch produzieren lassen, aber in ganz anderen …

Doch stimmt das? Oder lassen teure Marken wie Hugo Boss, Tommy Hilfiger und Armani unter den gleichen prekären Produktionsbedingungen arbeiten wie die billigen Marken? Dieser Frage wollte ich auf den Grund gehen, denn als Vorstandsvorsitzende von

FEMNET und Mitglied der Kampagne für Saubere Kleidung (Clean Clothes Campaign*) hörte ich von unseren Partnern in Bangladesch immer wieder, dass auch die Edelmarken unter unmenschlichen Bedingungen produzieren lassen. Nur gab es bisher keine Studie darüber. Deshalb bat ich die Research Initiative for Social Equity (RISE) in Bangladesch, nach Fabriken zu suchen, in denen Designermarken wie auch Billiglabel gleichermaßen produzieren lassen. Zudem war ich zweimal (Mitte 2013 und Anfang 2014) selbst in Bangladesch und habe dort nicht nur mit Beschäftigten aus den Fabriken und mit Gewerkschafterinnen gesprochen, sondern auch mit einem Fabrikkontrolleur und mehreren Fabrikbesitzern.

Um vorwegzunehmen, was Sie wahrscheinlich schon geahnt haben: Premiumlabel und Billigmarken lassen in den gleichen Fabriken produzieren – zu den gleichen unmenschlichen Bedingungen. Und das, obwohl große Imagekampagnen immer wieder etwas anderes behaupten. Deshalb stelle ich in diesem Buch die Ergebnisse der Recherche von RISE den Aussagen zweier exemplarischer Unternehmen gegenüber: Hugo Boss und H&M. Hugo Boss steht für hochpreisige Premium- und Luxusmode, H&M für billige Trendklamotten. Wir werden sehen, was wirklich dahintersteckt, wenn Firmen wie Hugo Boss oder H&M von Nachhaltigkeit sprechen.

Oft berufen sich die Unternehmen auf sogenannte Audits, Sicherheitsüberprüfungen der Fabriken. Immer wieder blicke ich in erstaunte Gesichter, wenn ich sage, dass auch der deutsche TÜV in Bangladesch Textilfabriken prüft. Und der Zufall wollte es, dass mir just während der Arbeit an diesem Buch ein TÜV-Bericht über das Rana Plaza zugespielt wurde. Der bietet ein gutes Beispiel für die Sinnlosigkeit solcher Audits.

---

* Die Clean Clothes Campaign (CCC) ist ein internationales Bündnis in 15 europäischen Ländern und mit rund 250 Partnern weltweit, das sich seit über 25 Jahren für die Verbesserung der Arbeitsbedingungen in der globalen Textilindustrie einsetzt.

Ich habe dieses Buch bewusst nicht für ein Fachpublikum geschrieben, sondern für die vielen Kundinnen und Kunden, die ein Recht darauf haben zu wissen, welche Machenschaften sie unter Umständen mit dem Kauf bestimmter Modemarken unterstützen. Ihnen möchte ich die Augen öffnen für die Zusammenhänge in der modernen Bekleidungsindustrie und für die Arbeitsverhältnisse in den Fabriken von Sabhar, Gazipur und Chittagong, die mich jedes Mal aufs Neue erschüttern, wenn ich mit den Näherinnen in den Slums spreche.

*Todschick* ist eine umfassende Darstellung des wichtigsten Wirtschaftszweigs in Bangladesch, beleuchtet die Situation der Frauen im Land, beschreibt die alltägliche Korruption und schließlich die Maßnahmen, die nach der Rana-Plaza-Tragödie auf Einkäufer- wie auf Regierungsseite ergriffen wurden. Persönliche Erlebnisse und Erfahrungen von Betroffenen zeigen, wie groß das Elend ist, in dem die meisten Textilarbeiterinnen nach wie vor um ihr Überleben kämpfen müssen. Und es ist ein himmelschreiender Skandal, wie Industrie und Handel versuchen, sich um angemessene Entschädigungszahlungen an die Opfer von Rana Plaza herumzudrücken. Aber Öffentlichkeit und Nichtregierungsorganisationen bleiben an den Verantwortlichen dran. Über aktuelle Entwicklungen und Ereignisse zum Thema können Sie sich auf den Internetseiten www.femnet-ev.de und www.saubere-kleidung.de informieren.

Vielleicht fragen Sie sich nun: Was muss passieren, damit sich etwas ändert? Was kann und muss *ich* dafür tun? Aus meiner Sicht ist es dringend geboten, dass die Bundesrepublik Deutschland und die Europäische Union stärker regulierend eingreifen: Es muss den Unternehmen eine verbindliche Vorsorgepflicht vorgeschrieben werden bis hin zu einer Unternehmenshaftung. Aber auch als Einzelne können Sie etwas tun: Konsumieren Sie bewusster, kaufen Sie weniger, und wenn, dann achten Sie auf Marken und Siegel, die faire und ökologische Arbeitsbedingungen garantieren. Lassen Sie sich nicht verwirren von den vielen verschiedenen Labels, die Unternehmen schüren geradezu die Vielfalt, um uns zu verwirren. Man muss nur einige wenige Siegel kennen – und die stelle ich Ihnen im letzten Kapitel vor.

Gisela Burckhardt, Bonn, im September 2014

# Brief eines ungeborenen Kindes[1]

Ich bin eine ungeborene Einwohnerin von Bangladesch. Ich wurde getötet, bevor ich auf die Welt kam. Meine Mutter war gerade 22 Wochen und drei Tage mit mir schwanger, als das Rana Plaza einstürzte.

Sehr geehrte Frau Premierministerin! Meine Mutter arbeitete als Näherin in der Textilfabrik New Wave Bottoms im Rana Plaza. Mein Vater ist Hilfsarbeiter bei einer Busgesellschaft. Die beiden hatten sich in Gazipur kennengelernt, hatten sich verliebt und geheiratet. Sie waren sehr glücklich, sagen die Nachbarn, strahlten regelrecht vor Glück wie alle werdenden Eltern. Aber es war ein kurzes Glück. Ich wurde getötet, bevor ich auf die Welt kam.

Sehr geehrte Frau Premierministerin! Man sollte meinen, Sie verstünden, wie schmerzvoll es ist, einen Verwandten zu verlieren, insbesondere bevor er/sie überhaupt geboren wurde, denn Sie haben einen solchen Verlust in der eigenen Familie erlebt: Ihr Neffe und seine schwangere Frau wurden am 15. August 1975 erschossen. Jahrelang haben wir Sie davon reden hören, dass Sie die Mörder Ihrer Angehörigen zur Rechenschaft ziehen werden. Der Besitzer des Rana-Plaza-Gebäudes, Sohel Rana, ist ein korrupter Geschäftsmann und steht Ihrer Regierung nahe. Wir haben nicht gehört, dass Sie sich besonders eingesetzt hätten, um den Mörder meiner Mutter für dessen kriminelle Missachtung jeglicher Sicherheitsbestimmungen und -bedenken zur Rechenschaft zu ziehen. Er konnte erst fliehen, wurde dann an der Grenze zu Indien aufgegriffen und wäre fast auf Kaution freigelassen worden … Auch der Besitzer der Tazreen Fabrik, wo ein

Feuer im November 2012 den Tod von 112 Näherinnen verursachte, wurde viel zu lange nicht festgenommen. Am 5. August 2014 wurde er sogar auf Kaution wieder freigelassen.

Sehr geehrter Herr Sohel Rana! Die Gier muss Sie blind und taub gemacht haben. Warum sonst hätten Sie behaupten können, eine Todesfalle wie das Rana Plaza sei sicher ... Wie viel Bestechungsgeld haben Sie den Kontrolleuren gezahlt, die am Vortag des Einsturzes das Gebäude überprüften? Sohel Rana, wie viel haben Sie den lokalen Behörden gezahlt, um das Gebäude an allen Bauvorschriften vorbei hochziehen zu können? Können Sie sich vorstellen, wie schwer es für einen Vater sein muss, die Ultraschallbilder seines ungeborenen Kindes zu betrachten, des Kindes, das zusammen mit dem Leib seiner Mutter zerquetscht wurde?

Sehr geehrte Herren aus dem Vorstand des Bekleidungshersteller-verbandes! Waren Sie oder ein anderes Mitglied jemals in einer Leichenhalle? Haben Sie jemals Haufen von toten, unvollständigen Körpern gesehen und ihren üblen Gestank gerochen? Können Sie sich vorstellen, die blutigen Körperreste Ihrer Frau, Ihrer Tochter, Ihres Bruders lägen dort? Haben Sie selbst jemals an Ihren eigenen Tod gedacht? Ich hoffe, Sie haben Ihre Erben angewiesen, Sie zusammen mit Ihrem Scheckheft zu begraben. Oder sterben Reiche nicht?

Sehr geehrte Mitglieder des Bekleidungsherstellerverbandes! Die mehr als tausend Toten von Rana Plaza haben die ganze Welt erschüttert; nur Sie sorgen sich vor allem um das Image bei den Einkäufern. Das war auch schon nach dem Tazreen-Brand so, als Sie nichts Besseres zu tun hatten, als die internationalen Einkäufer per Zeitungsartikel zu beruhigen. Die Gier hat Sie Ihres Mitgefühls beraubt.

Sehr geehrte Besitzer der Fabriken im Rana Plaza! Am 24. April 2013 frühstückten meine Eltern zusammen, aßen den Reis vom selben Teller, während meine Mutter von den bedrohlichen Rissen erzählte, die sie am Tag zuvor in der Wand neben ihrem Arbeitsplatz entdeckt hatte. Zwei Stunden später stürzten riesige Betonbrocken auf meine Mutter herab. Mein Vater konnte sie nicht retten.

Sehr geehrte Fabrikbesitzer! Ich wurde getötet, bevor ich auf die Welt kam, weil Ihnen schnelles Geld wichtiger ist als das Leben von Arbeiterinnen. Weil Sie alle Warnungen ignoriert haben, um keinen Verlust zu machen. Sogar Kinder haben im Rana Plaza gearbeitet. Meine Mutter stöhnte unter den Überstunden. Sie beschwerte sich bei meinem Vater über die Beschimpfungen, die die Aufseher ihr an den Kopf warfen. Sagen Sie mir, wie viele andere Fabrikbesitzer in Dhaka missachten die elementarsten Menschenrechte? Wie viele Fabriken haben keine geeigneten Notausgänge? Wie viele Manager schauen nur auf den Profit und missachten jegliche Sicherheitsbestimmungen zum Schutz der Beschäftigten?

Liebe Konsumentinnen und Konsumenten! Ich sah mit den Augen meiner Mutter, wie die Mauern auf sie, auf mich und auf ihre Kolleginnen fielen, hörte, wie sie vor Schmerzen schrien, wie sie um Wasser flehten, wie sie beteten in ihrer Verzweiflung. Meine Mutter hielt nur einige Stunden durch, dann gaben unsere Herzen auf. Wir sind weit weg von Ihnen – aber haben Sie deshalb Ihr Mitgefühl verloren? Ich kann es nicht glauben und bitte Sie: Fordern Sie von den Textilmarken eine Entschädigung für alle Opfer und Hinterbliebenen!

Liebe Leserinnen und Leser! Ich bin eine ungeborene Einwohnerin von Bangladesch, ich wurde getötet, bevor ich geboren wurde. Und ich bin nicht allein. Unmenschliche Fahrlässigkeit und Gier riefen schon zahlreiche Unglücksfälle hervor, kosteten schon zahlreiche Menschen das Leben. Ich fordere, dass die Verantwortlichen bei Rana Plaza (2013), bei Tazreen Fashions (2012), bei der Ha'meem Group (2010), in der Garib & Garib Sweater Factory (2010), bei KTS Textile Industries (2006), bei Shan Knitting (2005), bei Mico Sweater (2001), in der Chowdhury Knitwear Garments Factory (2000), bei Globe Knitting (2000), bei Shanghai Apparels (1997), bei Jahanara Fashion (1997), bei Lusaka Garments (1996) und bei Saraka Garments (1990) endlich zur Rechenschaft gezogen werden.

Ich träume von einem Tag, an dem die Kinder von Bangladesch nicht zu Waisen gemacht werden. Dafür müssen die, die leben, kämpfen. Sie müssen sich dafür einsetzen, dass die Fabriken keine Todesfallen mehr sind, dass es nie wieder ein Rana Plaza oder Tazreen geben wird.

Hochachtungsvoll,
eine ungeborene Einwohnerin von Bangladesch

# 1

# Wo Arbeit Leben kostet: Billiglohnland Bangladesch

## Land und Leute

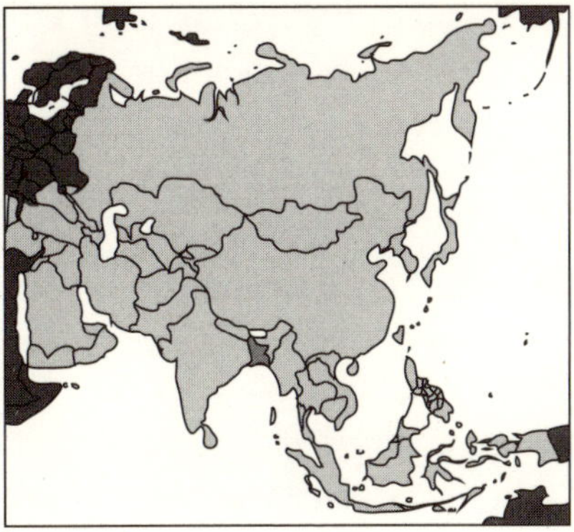

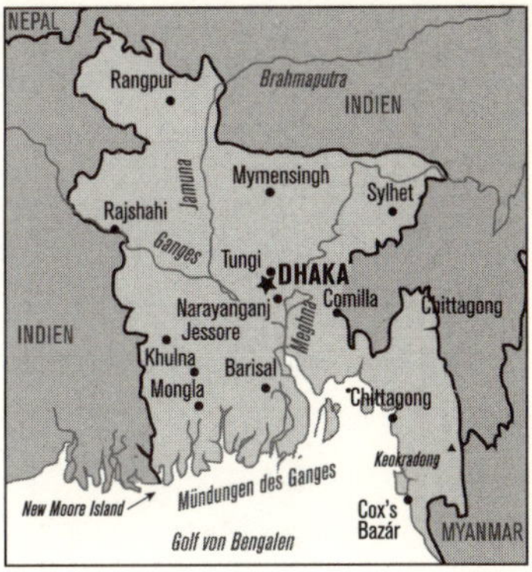


**Bangladesch: Zahlen und Fakten**

- Größe: 147 570 km²
- Einwohner: rund 156,6 Mio. (2013), davon ein Drittel jünger als 14 Jahre
- Zum Vergleich: Deutschland ist 2,5-mal so groß, hat aber nur gut halb so viele Einwohner, wovon wiederum nur etwa 13 (!) Prozent jünger als 14 Jahre sind.
- Hauptstadt: Dhaka – eine Megacity mit mindestens 15 Mio. Einwohnern. Tendenz steigend.

- Währung: Bangladeshi Taka (BDT). Stand August 2014: 100 Taka = 0,95 Euro, 1 Euro = 104 Taka
- Amtssprache: Bangla/Bengalisch
- Religionszugehörigkeit: etwa 90 Prozent Muslime, knapp 9 Prozent Hindus sowie wenige Buddhisten (0,6 Prozent und noch weniger Christen (0,3 Prozent
- Pro-Kopf-Einkommen: 840 US-Dollar/Jahr (2013), das sind umgerechnet etwa 627 Euro/Jahr (Stand August 2014: 1 USD = 0,75 Euro). 31 Prozent der Bevölkerung leben unterhalb der offiziellen Armutsschwelle von 1,25 Dollar (rund 0,93 Euro) am Tag.[1]

In unseren Breitengraden ist »Bangladesch« inzwischen ein Synonym für unmenschliche Arbeitsbedingungen und gewissenlose Geschäftemacherei in der Bekleidungsindustrie geworden. Fast alle bekannten Unternehmen lassen in Bangladesch produzieren. Hier sind die Lohnkosten niedriger als irgendwo sonst auf der Welt*; und die Auflagen hinsichtlich der Sozial- und Umweltstandards – sofern sie überhaupt existieren – lassen sich besonders leicht umgehen. Die Leidtragenden dieses ausbeuterischen Systems sind überwiegend die Frauen.

Bangladesch ist ein winziges Land, kaum mehr als doppelt so groß wie Bayern, das bloß eine kleine Kerbe in den östlichen Ausläufer des Riesenstaates Indien schneidet. Und es gehört zu den ärmsten Ländern der Welt. 70 Prozent der städtischen Bevölkerung leben in Slums, wo nur ein Fünftel aller Haushalte über sanitäre Anlagen verfügt. Da die Armut und die damit verbundene Hoffnungslosigkeit auf dem Land besonders ausgeprägt sind – am schlimmsten betroffen ist der trockene Nordwesten von Bangladesch –, ziehen jährlich

* Nur Myanmar wird langsam zum Konkurrenten, allerdings ist die Textilindustrie dort erst im Aufbau und hat längst nicht die Kapazitäten wie in Bangladesch.

Hunderttausende Menschen, unter ihnen viele sehr junge Frauen, in die längst überfüllten Städte, vor allem nach Dhaka.

Eklatant ist der Anteil der Analphabeten: Nur etwa die Hälfte aller Frauen und 62 Prozent aller Männer können lesen und schreiben. Allerdings unternimmt Bangladesch große Anstrengungen, diese Quote zumindest bei den nachwachsenden Generationen zu senken: Inzwischen sind 95 Prozent der Kinder im Grundschulalter eingeschult. Die Qualität des Unterrichts jedoch ist dürftig, weshalb lediglich 67 Prozent überhaupt die 5. Klasse erreichen. Nur wer die Gelegenheit hat, eine Schule zu besuchen, hat auch die Chance, der Armutsfalle zu entkommen. Viele Mütter, die in den Textilfabriken von Bangladesch arbeiten, ertragen die täglichen Strapazen und Demütigungen nur deshalb, um ihren Kindern eine Ausbildung zu ermöglichen.

Da der größte Teil des Landes nur wenige Meter über dem Meeresspiegel liegt, verursachen Wirbelstürme im Frühjahr und Sommer fast jährlich katastrophale Überschwemmungen. Die englische Schriftstellerin Zadie Smith schrieb im Jahr 2000 über die Bangladescher:

> *»Sie leben unter dem unsichtbaren Finger wahllosen Unheils – Flutkatastrophen und Zyklonen, Hurrikans und Schlammlawinen. Die Hälfte der Zeit liegt die Hälfte ihres Landes unter Wasser; ganze Generationen werden mit der Regelmäßigkeit eines Uhrwerks ausradiert; die Lebenserwartung liegt bei optimistischen 52; und sie sind sich kühl bewusst, dass sie, wenn man von Apokalypse spricht, wenn man von wahllosem Massensterben spricht, in diesem Bereich führend sind, dass sie die Ersten sein werden, die es erwischt, die Ersten, die Atlantis-artig hinunter auf den Grund des Meeres rutschen werden, wenn die verflixten Polkappen anfangen, sich zu verlagern, zu schmelzen.«*[2]

Bei den Flutkatastrophen verlieren jeweils Zigtausende Menschen ihr Hab und Gut und fliehen in die Städte. Die überwiegende Mehr-

Wohnungen in Dhaka.
Die Menschen in Bangladesch leben auf kleinstem Raum.

heit landet in einem der zahlreichen Slums, wo bestenfalls eine winzige Wellblech- oder Bretterhütte ohne Elektrizität und fließend Wasser etwas Schutz bietet.

Privatsphäre gibt es in Bangladesch nicht. Kein Land der Erde ist dichter besiedelt. Extrem spürbar ist dies in Dhaka. Jedes Mal, wenn ich mich dort durch die staubigen Straßen bewege – ob im CNG*, per Fahrradrikscha oder zu Fuß –, bin ich einerseits fasziniert von dem pulsierenden Leben um mich herum, andererseits habe ich inmitten von beißenden Abgasen, Menschen- und Fahrzeugmassen das Gefühl, von dem Lärmgemisch aus Gehupe, Geklingel und Geknatter betäubt zu werden. Und jedes Mal frage ich mich: Wie muss es sein,

* CNG ist eigentlich die Abkürzung für Compressed Natural Gas. Gemeint sind hier aber mit Gas betriebene Motorräder für ein oder zwei Fahrgäste.

hier zu leben? Ein Leben lang? Mit einem Monatseinkommen von rund 5000 Taka (knapp 48 Euro)?

Natürlich gibt es auch die Gewinner: jene Leute, die aus dem rasanten Wachstum ihrer Stadt und der globalisierten Wirtschaft Profit schlagen, die kaufen, bauen, handeln, investieren – und bestechen. Gute (politische) Beziehungen und genügend Banknoten sind die besten Voraussetzungen, um in Bangladesch erfolgreich Geschäfte zu machen. Beziehungen werden ebenso wie ein Vermögen einfach vererbt. Und so sind es nicht unbedingt die Klügsten und Erfahrensten, die Verantwortung für Hunderte von Menschen tragen, sondern oft genug die Korruptesten. Männer wie Sohel Rana, der Besitzer des Rana-Plaza-Gebäudes, die das schnelle Geld und möglichst viel Macht wollen, schmieren Behörden und Unternehmer, ziehen Bürohäuser und Fabriken hoch, wo und wie es ihnen passt, bauen Baracken für die Arbeiterschaft – und kassieren. Jedes Jahr Millionen Taka. Und mit ihrem Bankguthaben wächst wiederum ihr Einfluss auf Politik und Wirtschaft. Denn Bangladesch gehört nach wie vor zu den Ländern, wo die Korruption nicht mal ein Kavaliersdelikt, sondern offenbar Kaufmannspflicht ist. Laut Transparency International rangiert Bangladesch im unteren Viertel und gehört damit zu den korruptesten Staaten der Erde (auf Platz 136 von 177 untersuchten Staaten; zum Vergleich: Deutschland liegt auf Platz 12).[3]

Der boomendste und somit für Filz und Bestechung besonders anfällige Wirtschaftszweig des Landes ist seit einigen Jahren die Bekleidungsindustrie (Ready-Made Garment, RMG). Hier werden inzwischen gut 80 Prozent (!) der Exporterlöse Bangladeschs erwirtschaftet. Von den 345 Parlamentsabgeordneten in Dhaka sind rund zehn Prozent selber Fabrikbesitzer.[4] So besitzt zum Beispiel der erst 44-jährige Außenminister Md. Shahriar Alam mehrere Textilfabriken, deren Umsatz geschätzt bei über 100 Mio. Euro liegt. Und weitere »rund 60 Prozent vertreten direkte Unternehmensinteressen. 1972 waren es nur 18 Prozent«, so Iftekar Uzaman, Direktor von Transparency International Bangladesh, in dem Gespräch, das wir im Februar 2014 miteinander führten. Und viele Abgeordnete sind über familiäre Beziehungen unmittelbar mit der Bekleidungsindustrie verbunden. Kalpona Akter, eine Arbeitsrechtlerin aus Bangladesch, bringt es auf den Punkt: »Unser Gesetzgeber ist der Fabrikbesitzer!«[5] Diese Herrschaften verstärkt zu kontrollieren, geschweige denn grobe Fahr- und Nachlässigkeiten von Fabrikbesitzern juristisch zu verfolgen, ist verständlicherweise nicht oberstes Staatsziel. Im Gegenteil.

Ein Beispiel dafür, wie geschickt Gesetzgeber und Gesetzesbrecher Hand in Hand arbeiten, ist der Fall von Delowar Hossain, des Besitzers von Tazreen Fashion, der sich, obwohl hauptverantwortlich für den Tod von 112 Arbeiterinnen, am 5. August 2014 zum wiederholten Male freikaufen konnte. Auch die Besitzer der Fabriken That's It Sportswear und Garib & Garib, wo bei Bränden im Jahr 2010 insgesamt 45 Arbeiterinnen starben, laufen bis heute frei herum. Kann es sich die Judikative von Bangladesch wirklich noch leisten, Verbrecher wie Delowar Hossain und Kumpane weiterhin zu schonen?

Ein weiterer Nachweis dafür, dass die Justiz in Bangladesch nicht so funktioniert, wie es sich für einen Rechtsstaat gehört: Bei dem Einsturz der Fabrik Spectrum im Jahr 2005 – ebenfalls in Sabhar, wo auch das Rana Plaza stand – starben 64 Arbeiterinnen. Engagierte Juristen, darunter Sara Hossain, Anwältin am Obersten Gerichtshof, versuchten, den Fall vor Gericht zu bringen. Von 2005 bis 2009 passierte nichts … Dann war plötzlich die Akte verschwunden! Unmittelbar nach der Rana-Plaza-Tragödie beantragte Sara Hossain, wie sie mir im Februar 2014 bei meinem Besuch in Dhaka erzählte, eine formale Untersuchung zum Verbleib der Spectrum-Akte. Prompt tauchte die am nächsten Tag wieder auf. Darin befanden sich eindeutige Beweisstücke, unter anderem Warnungen, auf dem sumpfigen Gelände von Sabhar mehrstöckige Gebäude zu errichten; und es gab eine Empfehlung, eine Untersuchungskommission zu bilden. Alles schon 2006, als der Rana-Plaza-Komplex gerade gebaut wurde. Wäre der Bericht veröffentlicht worden, hätte das Unglück von Rana Plaza vielleicht verhindert werden können!

## Die Katastrophe von Rana Plaza

**Rana Plaza – Daten und Fakten**

- Das Rana-Plaza-Gebäude liegt etwa 24 Kilometer nordwestlich der Hauptstadt Dhaka – in Sabhar, einem Außenbezirk mit zahlreichen Textilbetrieben.
- Bauherr/Besitzer: Sohel Rana, geb. 1978, zugleich führender Vertreter der Jugendorganisation der regierenden Awami-Liga
- Geplant, genehmigt und erbaut als sechsgeschossiges Büro- und Ladengebäude
- Baubeginn: 2007
- Eröffnung: 2008
- Zwischen 2009 und 2012: Aufstockung um zwei weitere Geschosse
- Mieter: eine Bank und fünf Textilfabriken
- 2013: Bau eines dritten Zusatzgeschosses
- Einsturz des Gebäudes am 24. April 2013
- 1134 Tote (843 Leichen wurden von Familienangehörigen sofort identifiziert; 157 konnten später mithilfe einer DNA-Analyse identifiziert werden; bei 134 Leichen meldeten sich bis heute keine Familienangehörigen)
- 98 Vermisste
- 2438 lebend Gerettete
- davon 1800 Verletzte[6]: 363 Personen mit Arm- oder Beinverletzungen, weitere 205 Personen mit verletztem Rückgrat oder verletzter Hüfte[7]

Der Einsturz des teilweise illegal errichteten neungeschossigen Gebäudes ist das bisher größte Unglück in der Bekleidungsindustrie weltweit. Eine Tragödie mit über 1100 Toten und 1800 Verletzten – überwiegend Frauen. Vielen mussten Beine oder Arme amputiert werden, nicht selten direkt an der Unglücksstelle, um sie überhaupt aus den Bergen von Beton und Stahl befreien zu können. Ihr Leben und das Leben ihrer Familien sind zerstört. Denn wer soll nun das Geld verdienen? Arbeiten werden diese Frauen nie wieder können …

Sohel Rana, ein ebenso ehrgeiziger wie korrupter regierungsnaher Jungpolitiker und Geschäftsmann, hatte seinen auf edel getrimmten

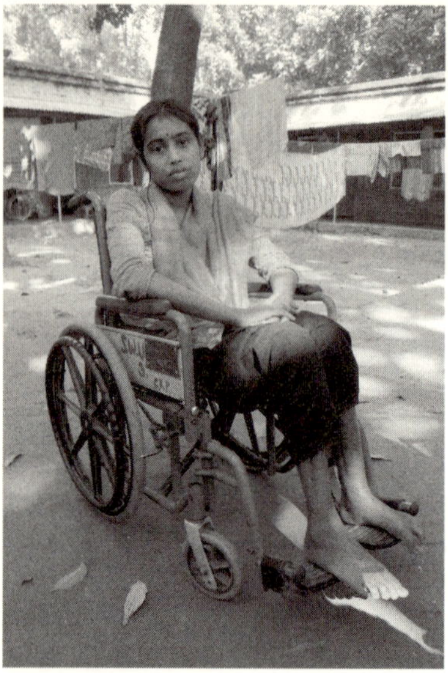

© Rebecca Gudisch, aus dem Film »Edelmarken zum Hungerlohn«, WDR 2014

Die 14-jährige Yeanur: »Plötzlich ist das Gebäude eingestürzt.«

© Gisela Burckhardt

Hier stand einst die Fabrik Rana Plaza.

Gebäudekomplex unter anderem an ein Bankhaus und fünf Textilfabriken vermietet. Eine von ihnen war die Fabrik New Wave Bottoms.

**Opferberichte**

*Rita*, 23 Jahre alt, hat einen sechsjährigen Sohn. Sie arbeitete im dritten Stock für die Fabrik Phantom, als das Gebäude einstürzte. Weil ein Hohlraum ihren Körper schützte, konnte sie gerettet werden, doch sie verlor einen Arm.

*Shila*, ebenfalls 23 Jahre alt, ist Witwe, seit ihr Ehemann bei einem Unfall starb. Sie wurde erst nach 16 Stunden aus den Trümmern geborgen – allerdings musste ihr dazu ein Bein oberhalb des Knies abgetrennt werden, sonst hätte man sie nicht retten können. Inzwischen trägt sie eine Beinprothese, mit der sie auch schon ein wenig laufen kann.

*Ridon*, 27 Jahre alt, arbeitete im siebten Stock für New Wave Style. Als die Statik des Gebäudes versagte, verlor er den Boden unter den Füßen und stürzte in die Tiefe. »Viele tote Körper fielen auf mich«, berichtet er. Bei dem Sturz wurde sein Rückgrat verletzt. Einen Monat lang lag er im Krankenhaus, wo er zusätzlich durch eine nicht sterile Nadel an der Hand infiziert wurde.

In der fünften Etage des Rana-Plaza-Komplexes beispielsweise arbeitete die heute 14-jährige Yeanur, die bei dem Unglück ihre Mutter verlor und selbst so schwer verletzt wurde, dass sie wohl nie wieder richtig laufen können wird. In einem Film des WDR sagt sie: »An dem Morgen, als die Fabrik einstürzte, wollten viele nicht reingehen, weil es Risse im Gebäude gab. Aber man sagte uns: Kommt ruhig arbeiten. Plötzlich ist das Gebäude eingestürzt. Meine Mama habe ich nie mehr wiedergesehen. Ich bin wütend auf die Einkäufer. Warum habt ihr die Fabrik aufgebaut? Und so viele Leben zerstört? Hättet ihr eure Arbeit gemacht, dann wäre das alles nicht passiert.«[8]

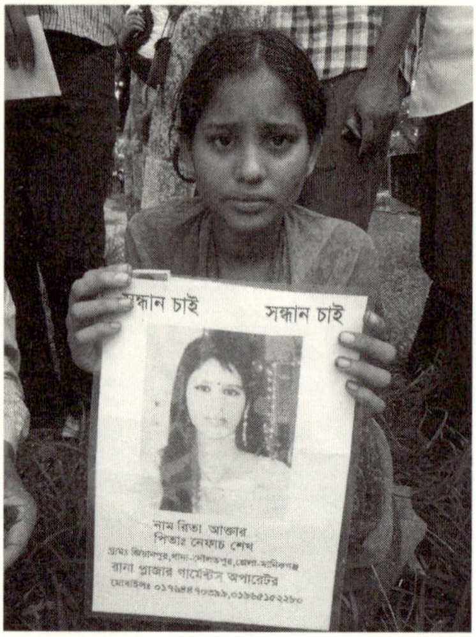


Seit der Katastrophe von Rana Plaza vermisst dieses kleine Mädchen seine Mutter.

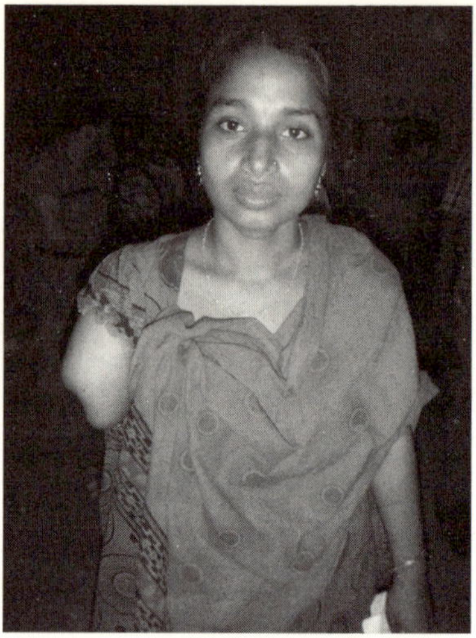



Rita hat ihren Arm verloren.

Ruine des Rana-Plaza-Gebäudes

## Ein stiller Held

Wenige Monate nach dem Unglück reiste ich nach Sabhar, um mir vor Ort ein Bild von den Folgen der Katastrophe zu machen. Hier traf ich auch Didar Hossain.

Der 26-jährige Didar ist ein schmächtiger Textilarbeiter, der sein Geld in der Fabrik Pacific Blue Jeans gegenüber vom Rana Plaza verdient. Als das Gebäude zusammenstürzte, lief er sofort hinüber, um zu helfen. Und weil er so dünn ist, konnte er recht gut zwischen die Steinmassen und Trümmerteile klettern. So rettete er 34 Menschen das Leben. Er brachte ihnen Wasser und etwas zu essen und bohrte Löcher, durch die sie dann ins Freie gelangen konnten. Allein 14 Menschen fand er, eingeschlossen von Trümmern, unverletzt in einem Hohlraum. Besonders furchtbar, erzählte Didar, sei seine Begegnung mit Anna gewesen. Das etwa zwölfjährige Mädchen war zwischen Betonteilen eingequetscht. Als er sie entdeckte, flehte Anna ihn an, ihr die Hand abzuschneiden, um sie zu befreien. Schließlich lieh er sich tatsächlich die Knochensäge eines Arztes, sägte Annas rechten Unterarm ab und rettete ihr so das Leben.

**Augenzeugenbericht**

»Die Leute schrien um ihr Leben, schrien vor Schmerzen und vor Angst, flehten uns an, sie rauszuholen. Ununterbrochen klingelten aus dem Schuttberg Handys, wer sein Gerät bedienen konnte, rief Verwandte und Freunde an, die riefen zurück, das ging so weiter, bis die Akkus leer waren. Je leiser es drinnen wurde, desto lauter wurde es draußen: Schon nach ein paar Stunden waren Hunderte Helferinnen und Helfer vor Ort, begannen, das Geröll wegzuräumen, nahmen Verletzte oder Leichen in Empfang, brachten sie zu den Krankenwagen, die der Reihe nach vor der Ruine Aufstellung nahmen. Am dritten Tag fing es an zu stinken, das wurde immer schlimmer, es war fürchterlich.«[9]

© Gisela Burckhardt

Didar Hossain mit seiner Frau und seinen zwei Kindern

Didar ist verheiratet und hat zwei Kinder im Alter von sieben und neun Jahren. Zu viert leben sie in einem kleinen Zimmer, in dem gerade mal ein Bett, ein Kühlschrank und ein Fernseher Platz haben. Damit ist das Zimmer ausgefüllt. Didars Frau arbeitete auch als Näherin, doch seit ihre Fabrik aus Sicherheitsgründen geschlossen wurde, lastet noch mehr Verantwortung auf ihrem Mann. Als wir uns im Juli 2013 trafen, also vor der Anhebung des gesetzlichen Mindestlohns*, verdiente er 5700 Taka (rund 55 Euro) im Monat. Das reichte

* In Bangladesch muss sich ein Wage Board (»Lohngremium«), das sich aus Vertretern von Regierung, Unternehmensverbänden und einem von der Regierung benannten Gewerkschaftsvertreter zusammensetzt, auf einen neuen Mindestlohn einigen. Dies geschieht nicht regelmäßig, sondern alle paar Jahre, jeweils erkämpft durch etliche Streiks und viele Demonstrationen, bei denen es dann leider zu Hunderten von Verletzten und auch zu Dutzenden von Toten kommt. Zuvor war der Mindestlohn letztmalig drei Jahre vor dem Rana-Plaza-Einsturz angehoben worden.

nicht, um seine Familie ernähren und die Schulgebühren für die Kinder zahlen zu können. Auch Miete und Strom kosteten ihn bereits monatlich umgerechnet 20 Euro. Darum machte er regelmäßig Überstunden. Sechs Tage die Woche. In guten Monaten kam Didar so auf 8000 Taka, also etwa 76 Euro.

Dafür, dass Didar 34 Menschenleben rettete, erhielt er weltweit viel Anerkennung – die größten Fernsehstationen berichteten über ihn –, aber keinerlei finanzielle Unterstützung, auch nicht von der Regierung in Dhaka. Didar selbst ist etwas enttäuscht, aber letztlich wünscht er sich, dass Menschen immer helfen sollten. Nicht nur, wenn es Geld gibt.

## Ein bittere Chronik

Die Tragödie von Sabhar am Morgen des 24. April 2013, der Zusammensturz des Rana-Plaza-Komplexes mit seinen fünf Textilfabriken, ist zwar der bislang folgenschwerste Industrieunfall der Geschichte Bangladeschs, aber nur einer von viel zu vielen. Zwischen April 2004 und April 2006 waren es neun Brände und Fabrikeinstürze mit 200 Toten; von 2006 bis 2009 starben dem Fire Service and Civil Defense zufolge 414 Textilarbeiterinnen;[10] und zwischen 2010 und 2012 kamen insgesamt 203 Menschen bei Fabrikbränden und Arbeitsunfällen ums Leben.[11] Hier einige Beispiele aus der bitteren Chronik:[12]

- *Garib & Garib Sweater Factory*, Gazipur, 25. Februar 2010: 21 Arbeiterinnen sterben, als zum zweiten Mal innerhalb eines halben Jahres ein Feuer in der Fabrik ausbricht. Brennendes Acrylgarn löst dichten schwarzen Rauch aus, an dem die Frauen qualvoll ersticken. Da die Feuerlöscher in der Fabrik nicht funktionieren, müssen erst die schweren Gitter vor den Fenstern herausgebrochen werden.

- *That's It Sportswear*, Dhaka, 14. Dezember 2010: Mehr als zwanzig Arbeiterinnen verbrennen in einem Flammeninferno, weil die Fluchttür im neunten Stock des Gebäudes verschlossen ist. Einige von ihnen sterben bei dem Versuch, sich mit einem Sprung aus dem Fenster zu retten.
- *Eurotex*, Dhaka, 3. Dezember 2011: Als ein Boiler explodiert, bricht Panik aus. Zwei Arbeiterinnen, 20 und 22 Jahre alt, werden von ihren Kolleginnen zu Tode getrampelt. Weitere 62 Menschen werden zum Teil schwer verletzt, weil die Treppe, über die sie vor dem Feuer fliehen, zusammenbricht.
- *Tazreen*, Dhaka-Ashulia, 24. November 2012: Exakt fünf Monate vor dem verheerenden Einsturz des Rana-Plaza-Komplexes bricht bei Tazreen Fashions Limited in Ashulia, einem Außenbezirk von Dhaka, ein Feuer aus. Doch die Fabrikmanager verhindern bewusst, dass sich die Arbeiterinnen in Sicherheit bringen: Es handele sich bloß um eine Übung, man solle sich gefälligst auf die Arbeit konzentrieren.[13] Die erschütternde Bilanz: 112 Tote, von denen etliche bis zur Unkenntlichkeit verbrannt sind, sodass sie nicht identifiziert werden können;[14] Hunderte von Verletzten – auch weil viele der Arbeiter/innen aus dem mehrgeschossigen Gebäude in die Tiefe springen, um nicht in den Flammen umzukommen.

## Der Brand bei Tazreen

Die Tazreen-Fabrik gehört zu einer Gruppe von insgesamt 13 Fabriken und 7000 Beschäftigten, die unter dem gemeinsamen Namen Tuba firmiert. Sie verfügt über eine Produktionskapazität von sage und schreibe 300 000 Kleidungsstücken pro Tag und machte laut eigenen Angaben einen Jahresumsatz von 27 Mio. Euro mit der Produktion von T-Shirts, Polohemden und Westen, unter anderem für Walmart (USA), den größten Einzelhändler der Welt, für C&A und

Li & Fung aus Hongkong (ebenfalls einer der größten Einkäufer weltweit), Disney (USA), El Corte Inglés (Spanien) und für KiK, den deutschen Textildiscounter (Tengelmann-Gruppe). Viele der dort produzierenden Unternehmen wiesen die Verantwortung später von sich, da die Aufträge ohne ihr Wissen über Unterhändler an Tazreen vergeben worden seien. So erklärte auch KiK, dass es seit August 2012 keine Waren mehr von Tazreen erhalten habe.

**Eine Überlebende**

»Der Brand in der Tazreen-Fabrik hat mich vernichtet. Ich habe gebrochene Rippen und Glieder, sogar eine Fraktur im Kopf. Mein 16-jähriger Sohn arbeitet nun in einer Textilfabrik als Helfer und verdient für die Familie. Mein jüngster 9-jähriger Sohn ist seit der Geburt blind ... Nach dem Unglück hat mein Mann eine jüngere Frau geheiratet, die Geld verdienen kann. Er nahm an, dass ich sterben würde, und wollte nicht die vielen Kosten tragen. Deshalb verließ er uns alle.«[15]

Das Feuer brach um 18:30 Uhr aus, als – laut offiziellen Angaben – die meisten der 1163 Arbeiterinnen die Fabrik schon verlassen hatten. Doch 600 Menschen, vor allem Frauen, arbeiteten noch. 112 Menschen kamen im Feuer oder beim Sprung aus der Fabrik in die Tiefe ums Leben, 150 Menschen wurden teilweise schwer verletzt, sodass sie für immer arbeitsunfähig bleiben werden.[16]

Die Parallelen zu Rana Plaza sind auffällig: Auch dieses Gebäude war illegalerweise um weitere Stockwerke erweitert worden, die Etagen sieben bis neun waren gerade im Bau. Die Fabrik war allerdings nie von einem staatlichen Inspektor überprüft worden. Ein Sprecher der Tazreen-Belegschaft sagte gegenüber Journalisten: »Niemand vom Inspektionsreferat des Arbeitsministeriums hat jemals die Fabrik geprüft, obwohl dies gesetzlich vorgeschrieben ist. Stattdessen war es offenbar ausreichend, etwas Geld für die Auslagen rüberzuschieben, um dann per Handy die Bewilligung zu erhalten.«[17]

Zwar gab es auch hier Fabrikkontrollen*, und die Berichte wiesen sogar auf gravierende Mängel (blockierte Ausgänge und Treppen) hin, aber nichts geschah. Weder die Einkäufer noch die Prüffirmen unternahmen etwas. Niemand warnte vor den Gefahren.

Tatsächlich entsprach nichts in der Tazreen-Fabrik dem Standard, den internationale Prüffirmen und die International Labour Organization (ILO) zugrunde legen: Weder inner- noch außerhalb der Fabrik existierten ausreichend Wasseranschlüsse; die Arbeiterinnen waren nicht über die Fluchtwege informiert und wussten nicht, wie die Feuerlöscher zu bedienen sind; vor allem aber gab es keine Notausgänge und keine Feuerleitern.

**Miraj, Überlebender von Tazreen**
»Ich fragte den Manager: Wie können wir hier raus, wenn es ein Feuer gibt? Er antwortete, dass sie außen Treppen bauen würden, aber sie machten gar nichts. Das war schon vor längerer Zeit.«[18]

Und jedes der drei ohnehin viel zu engen Treppenhäuser führte ins Erdgeschoss, wo nicht nur die leicht entzündlichen Stoffballen lagerten, sondern auch zwei Hochspannungstransformatoren standen.[19] Da genau hier das Feuer ausbrach, waren die Arbeiterinnen regelrecht gefangen. In ihrer Verzweiflung sahen sie für sich nur einen Ausweg: die Fenster. Aber die waren wie in allen Textilfabriken Bangladeschs aus Angst vor Diebstahl vergittert. Erst als einige Männer es geschafft hatten, die Fensterventilatoren herauszureißen, konnten sie und die Frauen durch die entstandenen Löcher springen … Bis zu zwanzig Meter in die Tiefe. Viele starben dabei, andere trugen grauenhafte Verletzungen davon.

* Fabrikkontrollen werden von Audit-Gesellschaften wie TÜV Rheinland, Intercert, Bureau Veritas, SGS und Intertek durchgeführt. Mehr dazu im Kapitel über das Audit-Business.

© Gisela Burckhardt

Als einige Männer es schafften, die Fensterventilatoren herauszureißen, sprangen die Frauen aus den entstandenen Löchern in die Tiefe.

© Gisela Burckhardt

Brandruine der Tazreen-Fabrik

Skandalös ist auch die juristische Aufarbeitung dieses Unglücks, für das der Besitzer der Fabrik, Delowar Hossain, nachweislich die Hauptverantwortung trägt. Erst dauerte es über ein Jahr, bis er festgenommen wurde – also etliche Monate nach dem verheerenden Rana-Plaza-Unglück und erst nach erheblichen Protesten. Dann setzte man ihn alsbald wieder auf freien Fuß – einer großzügigen Kaution sei Dank. Doch der Druck der Öffentlichkeit nahm zu, weshalb Hossain die Haftverschonung verwehrt und er am 9. Februar 2014 erneut festgenommen wurde.

Inzwischen ist er allerdings wieder auf freiem Fuß. Er hat die bangladeschische Justiz erpresst, indem er rund 1600 Arbeiterinnen aus fünf seiner anderen Fabriken die Löhne für die Monate Mai bis Juli 2014 vorenthielt und verkündete, dass sie nur bezahlt würden, wenn er freigelassen würde. Rund 200 Arbeiterinnen traten daraufhin in den Hungerstreik. Man bedenke: Hungernde treten in einen Hungerstreik! Die Näherinnen wussten teilweise nicht mehr, wo sie schlafen konnten, weil die Hausbesitzer ihre gemieteten Zimmer aufgrund der Mietrückstände verschlossen hatten. Der Skandal: Die Justiz gab seiner Erpressung nach, Hossain kam am 5. August 2014 auf Kaution aus dem Gefängnis. Die Beschäftigten erhielten ihre Monatslöhne und die Überstundenzuschläge, nicht aber den Feiertagsbonus (ähnlich unserem Weihnachtsgeld) ausgezahlt.

Fast zwei Jahre nach dem Brand haben viele Arbeiterinnen noch immer keine angemessene Entschädigung erhalten. Etliche von ihnen haben dauerhafte Verletzungen davongetragen, leben mit großen Schmerzen und sind nicht mehr arbeitsfähig. Der Unternehmensverband der Bekleidungshersteller (Bangladesh Garment Manufacturers and Exporters Association, BGMEA) zahlte einigen Opfern – unklar ist, wie vielen – einmalig 100 000 Taka (etwa 960 Euro). C&A und Li & Fung beauftragten gemeinsam die Caritas in Bangladesch, den Verwundeten weiterhin monatliche Löhne auszuzahlen. Ca. 40 Arbeiterinnen erhielten entweder eine dreimonatige Fortbildung als Näherin oder aber, bei gravierenden und folgenreichen Verletzungen, eine Kurzzeitausbildung als Alternative zur Arbeit in der Kleiderfabrik, also etwa in der Geflügelhaltung oder in einem Kleinhandwerk. Zum Ende der Ausbildung wurden die Lohnfortzahlungen im April 2014 dann einfach eingestellt. Die Ausbildung verhalf vielen der Opfer nicht zu einer neuen Arbeit.

Rajia, 26 Jahre alt, arbeitete im 3. Stock von Tazreen. Sie erlitt schwere Verbrennungen und verletzte sich beim Sprung aus dem Fenster. Sie erzählt:

> *»Ich habe große Rückenschmerzen. Auch während der Ausbildung hatte ich Schmerzen. Ich konnte die Nadel und den Stoff nicht richtig halten. Was für ein Training ist das? Man hat es mir aufgezwungen. Seit Beginn des Trainings stoppte Caritas die Bezahlung der Medikamente. Die Schmerztabletten sind teuer. Und seitdem das Training beendet ist, zahlen sie kein Monatsgehalt mehr.«*[20]

Eine andere Arbeiterin, Morsheda, die nicht an dem Training teilnahm, klagt ebenfalls, dass seit April 2014 die Zahlung von Monatslöhnen durch die Caritas plötzlich aufhörte. Auch weigerte sich die Caritas, ihr die 20000 Taka (etwa 190 Euro) zu erstatten, die sie an das Rangpur Medical College and Hospital für die Behandlung ihrer Rückenverletzung zahlen musste.

Für die Opfer von Tazreen fehlt ein Entschädigungsfonds, wie er für die Überlebenden von Rana Plaza eingerichtet wurde. Von einer neutralen Instanz müsste die Höhe der Entschädigungssumme für jedes Opfer ermittelt werden, und dann hätten die einkaufenden Unternehmen sowie der Tazreen-Besitzer anteilig die entsprechenden Zahlungen zu leisten. Mit Ausnahme von C&A und Li & Fung drücken sich die einkaufenden Unternehmen weg, da für die Weltöffentlichkeit dieses Unglück von der Rana-Plaza-Katastrophe fast völlig überlagert worden ist. Und bei der Staatsverwaltung Bangladeschs gibt es nicht einmal eine Stelle, an die sich die ehemaligen Beschäftigten von Tazreen mit ihren Klagen und Forderungen wenden könnten.

# Skrupellose Geschäfte: Wirtschaftszweig Bekleidungsindustrie

## Exportmeister Bangladesch

Innerhalb von 25 Jahren hat sich Bangladesch zum zweitgrößten Exporteur für Bekleidung weltweit entwickelt. Noch liegt China vorne. Das Beratungsunternehmen McKinsey vermutet, dass in etwa fünf Jahren Bangladesch die größte »RMG-Nation« der Welt sein wird.[21]

1990 lag der Wert der Textilexporte noch bei 600 Mio. Dollar, im Geschäftsjahr 2010/11 bereits bei 23 Mrd. Dollar (448 Mio. resp. 17 Mrd. Euro). Und laut Unternehmensverband BGMEA nahm der Export von Mitte 2012 bis Mitte 2013 noch einmal um 13 Prozent zu.[22] Diese stürmische Entwicklung brachte dem Land zwar Millionen von Arbeitsplätzen ein, aber es handelt sich um Arbeitsplätze, die nur niedrige Qualifikationen erfordern und entsprechend gering bezahlt, wenn nicht sogar lebensgefährlich sind, wie Tazreen und Rana Plaza zeigen. Die Bekleidungsindustrie verursacht zudem enorme Umweltschäden.

Hauptabnehmer für »Made in Bangladesh«-Hosen, -Kleider, -Blusen, -Unterwäsche etc. sind die europäischen Industriestaaten (58 Prozent) und die USA (23 Prozent). Mehr als die Hälfte aller Textilexporte aus Bangladesch landet am Ende also in europäischen Warenhäusern.[23]

Im Jahr 2010 haben die Europäer Textilien im Wert von 6,6 Mrd. Euro aus Bangladesch importiert. Zwei Jahre später waren es schon 9,2 Mrd. Die folgende Statistik zeigt die Bedeutung Bangladeschs als zweitwichtigstes Importland von Bekleidung für Deutschland im Jahr 2014:

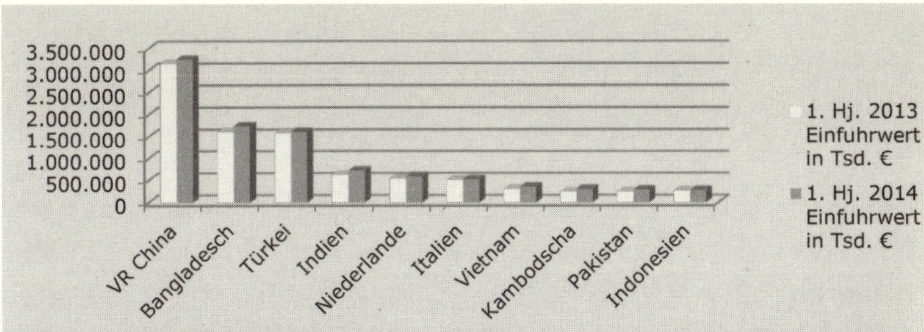


Quelle: German Fashion

| Rang | Land | 1. Halbjahr 2013 Einfuhrwert in Tsd. € | 1. Halbjahr 2014 Einfuhrwert in Tsd. € | Veränderung zum Vorjahr in % |
|---|---|---|---|---|
| 1 | VR China | 3.150.711 | 3.251.943 | 3,21 |
| 2 | Bangladesch | 1.605.135 | 1.739.950 | 8,40 |
| 3 | Türkei | 1.583.155 | 1.617.159 | 2,15 |
| 4 | Indien | 624.767 | 724.095 | 15,90 |
| 5 | Niederlande | 535.474 | 595.536 | 11,22 |
| 6 | Italien | 503.478 | 528.632 | 5,00 |
| 7 | Vietnam | 296.648 | 350.093 | 18,02 |
| 8 | Kambodscha | 240.462 | 306.391 | 27,42 |
| 9 | Pakistan | 239.840 | 285.408 | 19,00 |
| 10 | Indonesien | 255.614 | 274.255 | 7,29 |
| 11 | Rumänien | 268.203 | 251.994 | -6,04 |
| 12 | Großbritannien | 194.685 | 244.482 | 25,58 |
| 13 | Frankreich | 254.295 | 223.104 | -12,27 |
| 14 | Tunesien | 188.495 | 201.361 | 6,83 |
| 15 | Bulgarien | 189.730 | 196.950 | 3,81 |
| 16 | Rep. Mazedonien | 166.304 | 173.393 | 4,26 |
| 17 | Polen | 174.480 | 173.194 | -0,74 |
| 18 | Portugal | 131.552 | 144.850 | 10,11 |
| 19 | Marokko | 128.092 | 128.472 | 0,30 |
| 20 | Tschechien | 104.044 | 104.650 | 0,58 |
| 21 | Sri Lanka | 105.349 | 103.489 | -1,77 |
| 22 | Belgien | 96.756 | 100.211 | 3,57 |
| 23 | Österreich | 91.506 | 89.182 | -2,54 |
| 24 | Dänemark | 70.151 | 82.977 | 18,28 |
| 25 | Ukraine | 71.219 | 76.543 | 7,48 |
| | TOP 25 | 11.270.145 | 11.968.314 | 6,19 |
| | Alle Länder | 25.943.254 | 26.583.178 | 2,47 |

Die wichtigsten Importländer –
1. Halbjahr 2014

Insbesondere der Export von Strickwaren hat stark zugenommen. Dazu zählen T-Shirts, Polohemden und Sweaters (Pullover), aber auch Unterwäsche, für deren Produktion Bangladesch besonders bekannt ist.

Und jedes Jahr legt der RMG-Exportwert weiter zu: Von April 2013 bis März 2014 wuchs der Export um 16 Prozent auf 23,86 Mrd. Dollar (17,81 Mrd. Euro) – und das trotz des Rana-Plaza-Unglücks zu Beginn dieses Jahreszeitraums! Laut Aussage des Managers einer der größten Fabriken, nämlich der Viyellatex Group, nutzen die Einkäufer das Unglück von Rana Plaza als Argument, um die Preise zu drücken. Diese seien – trotz Anstiegs der Kosten – um sechs Prozent gefallen.[24] Allein die Fußballweltmeisterschaft in Brasilien spülte 2014 Aufträge für Fan-Shirts im Wert zwischen 500 und 1000 Mio. Dollar ins Land. Verständlicherweise sind Kunden, die solche Summen ins Land bringen, Könige in Bangladesch. Und sowohl die dortige Regierung als auch die Fabrikbesitzer wissen, welchen roten Teppich sie ausrollen müssen, um sie bei Laune zu halten: möglichst niedrige Produktionskosten, allerdings nicht zu Lasten geringerer Gewinnmargen für Manager und Machthaber, sondern zu Lasten der Arbeiterschaft. Nur ein bis drei Prozent des Endpreises eines T-Shirts oder Pullovers sind in der Regel Arbeitskosten.

Bangladeschs Erfolg auf dem Bekleidungssektor wird durch zwei Entwicklungen begünstigt. Zum einen hat der Produktionsstandort China aufgrund gestiegener Lohnkosten an Attraktivität verloren. Laut Li & Fung, einem der größten Lieferanten von Walmart, stiegen allein 2010 die Lohnkosten in China um 40 Prozent an und 2011 noch einmal um knapp 30 Prozent.[25] Aber auch alle anderen Nachbarländer haben höhere Lohnkosten als Bangladesch. So sind Baumwollhemden für Kinder nicht nur 50 Prozent billiger als in China, sondern auch 15 Prozent billiger als in Kambodscha. Bei Sweatern sind es 17 Prozent im Vergleich zu Vietnam und bei Herrenseidenhemden 42 Prozent im Vergleich zu Indonesien.[26]

Zum anderen hat die Europäische Union seit Januar 2011 ihre ursprüngliche Auflage gestrichen, dass ein bestimmter Anteil an Vorprodukten eines Kleidungsstücks aus dem Land stammen muss, das es exportiert. Bangladesch baut selber nur sehr wenig Baumwolle an und verarbeitet auch kaum etwas, sondern importiert das Garn oder den fertigen Stoff größtenteils aus China und Indien, weshalb es den früheren EU-Beschränkungen unterlag. Da der Baumwollstoff importiert wird, findet die Wertschöpfung (Verarbeitung der Baumwolle) nicht in Bangladesch statt. Auch darum wird das Land allmählich zur »Nähstube Europas« – und immer abhängiger …

## Niedrige Umweltstandards

Die Tatsache, dass Bangladesch seine Kleidung so billig anbieten kann, hat nicht nur mit einer extremen Ausbeutung der Arbeitskräfte zu tun, sondern auch mit einem völlig gedanken- und bedenkenlosen Umgang mit Giftstoffen. So werden etwa zum Färben und Bleichen der Kleidung in großem Stil giftige Chemikalien eingesetzt. Greenpeace hat in seiner Detox-Kampagne auf elf Substanzgruppen hingewiesen, die die Nichtregierungsorganisation in Kleidung vor allem aus China gefunden hat. Manfred Santen von Greenpeace erläutert in einem Film:

> *»Schadstoffe, die wir gefunden haben, sind einmal Weichmacher aus der Stoffgruppen der Phthalate, aber auch Nonylphenolethoxylat. Beide Stoffgruppen wirken hormonell, dass heißt, sie können das Hormonsystem durcheinanderbringen, einerseits beim Menschen, aber auch bei Tieren. Gefunden wurden auch krebserregende Amine, die eigentlich längst streng verboten sind. Aber nicht nur in Textilien konnten solche Stoffe nachgewiesen werden, sondern, trotz strenger Gesetze, auch in deutschen Gewässern. Verursacht laut Umweltbundesamt von importierten Textilien. Betroffen waren eigentlich alle großen Marken, die im Fast-Fashion-Bereich unterwegs sind, so wie H&M, Zara, aber auch Tommy Hilfiger, Armani, also eine Luxusmarke hatten wir auch dabei, C&A, Adidas, eigentlich alle großen Marken waren dabei.«*[27]

Da die Arbeiterinnen völlig ungeschützt sind, atmen sie nicht nur die toxischen Dämpfe ein, sondern haben auch immer wieder Hautkontakt mit den Giftstoffen. Entsprechend klagen viele von ihnen über starke Kopfschmerzen, Atembeschwerden und Hautausschläge. Zwar sollten die Beschäftigten Handschuhe, Gummistiefel und ein Mundtuch tragen, doch aufgrund mangelnder Aufklärung über die Risiken und angesichts der extremen Hitze während des Zwölf-Stunden-Tages verzichten die meisten darauf.

Natürlich schädigen diese Chemikalien nicht nur die Beschäftigten, sondern auch die Umwelt, denn die Abwässer der Fabriken werden oft ungefiltert in die Flüsse geleitet, sodass diese sich je nach aktueller Modefarbe mal pink, mal türkis und dann wieder apricot verfärben.

Wie leichtfertig und ignorant die Verantwortlichen in Bangladesch mit der Gesundheit der Bevölkerung umgehen, zeigt sich auch in Hazaribagh, einem Stadtteil von Alt-Dhaka. Hier befinden sich 220 der 270 registrierten Gerbereien des Landes, in denen unter anderem das Leder für die neuesten Schuhmodelle westlicher Modemarken hergestellt wird.[28] Das Gerben erfordert besondere Schutzmaßnahmen für Mensch und Umwelt. Davon sind die komplett veralteten Gerbereien in Hazaribagh jedoch weit entfernt.

Seit mehr als zehn Jahren warnen Experten vor den katastrophalen Folgen für die Gesundheit der rund 160 000 betroffenen Bewohner und Bewohnerinnen des Areals, in welchem täglich (!) 88 Tonnen giftigen Mülls und 21 600 Kubikmeter Abwasser anfallen.[29] Und seit mehr als zehn Jahren schiebt die Regierung, entgegen aller Ankündigungen, den dringend erforderlichen Standortwechsel, den Neubau moderner Anlagen sowie die entsprechende Entschädigung aller Fabrikbesitzer vor sich her. Im März 2014 sicherte die Regierung diesem Projekt einmal mehr »höchste Priorität« zu und benannte eine neue – kritischen Stimmen zufolge ziemlich unrealistische – Deadline für den Abschluss des »Relocation«-Prozesses: 2016.

Ebenso problematisch wie die Umweltbelastung durch den toxischen Abfall sind die unmenschlichen Arbeitsbedingungen in den Gerbereien. Dem Generalsekretär der Tannery Workers Union (TWU) zufolge sind die Arbeiterinnen – darunter auch Kinder! –

© RISE

Slum im Bezirk Hazaribagh in Dhaka

nicht nur den Schadstoffen schutzlos ausgeliefert, sondern auch den körperlichen wie seelischen Misshandlungen von Vorgesetzten. Die Modeunternehmen, die in den Gerbereien produzieren lassen, konnten sich ihrer Verantwortung bislang entziehen, da die Gerbereibesitzer ihre eigentlichen Auftraggeber nicht preisgeben.

## Die genaue Anzahl der Fabriken kennt niemand

Die mangelnde Umsetzung von Sozial- und Umweltstandards hat dazu geführt, dass Bangladesch unter starker Beobachtung von Nichtregierungsorganisationen wie der Clean Clothes Campaign (CCC), dem US-amerikanischen Institute for Global Labour and Human Rights (IGLHR) und dem Workers Rights Consortium (WRC) steht. Der anhaltende Boom des Bekleidungssektors aber lässt Textilfabriken weiterhin förmlich aus dem Boden schießen. Aufgrund des herrschenden Platzmangels werden bestehende Fabriken entweder um ein paar Stockwerke aufgestockt – oder man quetscht einfach noch mehr Maschinen in eine Fabrikhalle, sodass es dort immer enger und für die Arbeiterinnen im Notfall noch gefährlicher wird.

Verschiedenen Schätzungen zufolge gibt es in Bangladesch zwischen 3500 und 6500 Textilfabriken. Die meisten liegen konzentriert in und um Dhaka, einige aber auch in der Hafenstadt Chittagong, von wo aus die »Made in Bangladesh«-Kleidung für Designerstores und Discounter containerweise verschifft wird. Offiziell registriert sind bei der BGMEA fast 5500 Fabriken. Allerdings können sich nur Fabriken registrieren lassen, die über mindestens 120 Nähmaschinen verfügen. Etliche kleinere, aber auch »Ableger« in illegal errichteten Gebäuden oder Anbauten, tauchen somit in keiner Zählung auf. Im Rahmen einer von der Regierung durchgeführten Überprüfung, die auf Druck der USA zustande gekommen war, wurde im März 2014 publik, dass fast 1500 der rund 3500 besuchten Fabriken nicht registriert waren.

Die große Konkurrenz zwischen den einzelnen Fabrikanten schürt einen heftigen Preiskampf, was es ausländischen Einkäufern und Agenturen wiederum leicht macht, noch niedrigere Preise und noch kürzere Lieferfristen auszuhandeln. Bangladesch ist ein Mekka für Modemarken, Einzelhändler und Handelshäuser aus den reichen Industriestaaten, wenn es darum geht, Bekleidung möglichst billig und schnell produzieren zu lassen. Die Chefeinkäufer großer Bekleidungsketten werden Bangladesch wohl auch in Zukunft als wichtigstes Produktionsland betrachten.

## Wer beherrscht den Bekleidungssektor?

Alle Besitzer größerer Bekleidungsfabriken – nicht wenige haben gleich mehrere – sind Mitglied in dem Verband der Bekleidungshersteller, der BGMEA. Als Vertretungsinstanz des wichtigsten Wirtschaftszweiges und größten Arbeitgebers im Land verfügt die BGMEA über extrem viel Einfluss. Ohne zu übertreiben, kann man

Die Zentrale der BGMEA

bei diesem Verband deshalb von einem Staat im Staate sprechen. Gelenkt wird diese mächtige Vereinigung von einem 27-köpfigen Direktorium mit einem Präsidenten und vier Vizepräsidenten an der Spitze. Es wird gemunkelt, die BGMEA verfüge über einen direkten Draht zu einem der Geheimdienste des Landes. Die Verbindung zur Regierung aber ist auf jeden Fall eng: Der BGMEA-Präsident sowie führende, oft Millionen schwere Fabrikbesitzer stehen in direktem Kontakt mit der Premierministerin Hasina Wajed. Insofern verwundert es auch nicht, dass der mächtige Verband seinen Prunkbau, den die Bevölkerung »Krebsgeschwür« nennt, illegal errichten konnte. Zwar verfügte das Oberste Gericht seinen Abriss, aber das Gebäude steht immer noch. Man ahnt, warum.

Die Strickwarenfabrikanten haben sich zudem in der Bangladesh Knitwear Manufactures & Exporters Association (BKMEA) zusammengeschlossen, die unabhängig von der BGMEA agiert, jedoch ohne mit dieser zu konkurrieren. Im Gegenteil, die Strickwarenproduzenten sind auch alle noch zusätzlich Mitglied bei der BGMEA. Welche Interessen die Verbände vertreten, wird an folgendem Beispiel deutlich.

In einer großen Bekleidungsfabrik war es im November 2013 wegen der zu niedrigen Erhöhung der Mindestlöhne zu Protesten gekommen; auch ging das Gerücht, zwei protestierende Arbeiter seien getötet worden. Dies entzündete eine so ungeheure Wut unter den Arbeiterinnen, dass einige von ihnen in der Mittagspause, als keine Beschäftigten in der Fabrik waren, Feuer legten. Die Fabrik brannte ab. Die Presse von Bangladesch veröffentlichte das Bild des alten Fabrikbesitzers, wie er weinend vor der Premierministerin steht. BGMEA und BKMEA organisierten in den Tagen darauf gemeinsame Protestmärsche und übergaben Regierung wie Opposition ein Memorandum, in welchem sie den Staat aufforderten, mit Nachdruck gegen die Unruhen vorzugehen, und von den Banken einen leichteren Kreditzugang verlangten. Von Protestmärschen der Untersnehmensverbände nach dem Einsturz des Rana Plaza ist mir hingegen nichts bekannt.

Noch einflussreicher als die Unternehmensverbände sind die internationalen Einkäufer. Auch hierzu zwei Beispiele:

Der US-Riese Walmart kauft Klamotten von 65 000 Zulieferern weltweit, um sie dann an fast 150 Mio. Verbraucher in zehn Ländern weiterzuverkaufen (Gewinn im Geschäftsjahr 2013/14: 16 Mrd. Dollar bzw. 12 Mrd. Euro);[30] und das chinesische Handelshaus Li & Fung Ltd. mit Sitz in Hongkong, eines der größten Handelshäuser der Welt, erwirtschaftete im Jahr 2013 mit seinen 300 Niederlassungen und über 15 000 Zulieferern in mehr als 40 Produktionsländern einen Gewinn von 871 Mio. Dollar (650 Mio. Euro).[31] Aber auch europäische Bekleidungsunternehmen mischen kräftig mit. So ist der schwedische Moderiese H&M – nach Walmart – mit 160 Zulieferfabriken der zweitgrößte Einkäufer in Bangladesch. Und Primark, der jüngste Stern am Firmament der europäischen Modeketten, lässt in

© RISE

Die Autorin im Gespräch mit Mohammed Atiqul Islam, Präsident der BGMEA

etwa 100 Fabriken in Dhaka produzieren …[32] Das hohe Auftragsvolumen, mit dem die Europäer aufwarten können, und die harte Konkurrenz unter den Zulieferern – in Bangladesch selbst ebenso wie zwischen den asiatischen Niedriglohnländern – gibt ihnen die Macht, sowohl die Einkaufspreise als auch die Lieferzeiten zu diktieren.

Insbesondere aufgrund des verbreiteten Just-in-time-Prinzips[33], mit dem die Einkäufer ihre Beschaffungs- und Absatzpolitik zu optimieren versuchen – die zunehmende Geschwindigkeit der Kollektionsrhythmen macht's nötig –, haben sich die Produktionszeiten innerhalb von fünf Jahren um 30 Prozent verkürzt. Den dadurch entstehenden Druck geben die Zulieferer ihrerseits an die Letzten in diesem Druckdomino weiter: an die Beschäftigten. Entweder müssen die Arbeiterinnen extrem viele Nachtschichten einlegen, oder – was zunehmend der Fall ist – Unteraufträge werden an kleinere Fabriken vergeben (Subcontracting). Das Problem: Je differenzierter die Lieferkette ist, desto weniger transparent ist sie. Die Einkäufer erwarten, dass ihre Ware in der vereinbarten Qualität und Zeit geliefert wird. Wie die Zulieferer das bewerkstelligen, ist für die Auftraggeber aus Deutschland, Schweden, Irland oder den USA unwichtig. Hauptsache, Preis und Leistung stimmen.

Ob die Ware in großen oder kleinen Fabriken gefertigt wurde und unter welchen Bedingungen, danach wird lieber nicht gefragt. Allerdings würde es der Verbraucherin wohl auch niemand sagen, wenn das hippe Polohemd aus der aktuellen Kollektion zum Beispiel von völlig erschöpften Frauen oder gar Kindern gefertigt worden ist. Kinderarbeit konnte in Bangladesch aufgrund des Drucks aus den USA zwar ziemlich eingedämmt werden, aber es gibt sie noch. Dem Jahresreport *Bangladesh. 2012 Findings on the Worst Forms of Child Labor*[34] zufolge werden nach wie vor zehn Prozent aller Kinder in Bangladesch zwischen fünf und 14 Jahren zu harter, oft gefährlicher Arbeit herangezogen, meistens in der Landwirtschaft, bisweilen aber auch in der Bekleidungsindustrie.

## Ein »roter Teppich« für Investoren und Einkäufer

Außerhalb der großen Städte wie Dhaka und Chittagong liegen die acht Exportförderzonen, die sogenannten Bangladesh Export Processing Zones (EPZ).* Von Dhaka aus braucht man dorthin wegen der verstopften Straßen bis zu vier Stunden mit dem Auto. Die EPZ sind Teil des »roten Teppichs« für die Importkönige aus Europa und den USA, entrollt von der Regierung Bangladeschs. Die dort errichteten Fabriken sind in der Regel moderner ausgestattet als im übrigen Land, und ihre Betreiber erhalten viele Vergünstigungen. So genießen sie beispielsweise zehn Jahre lang Zollfreiheit für den Import von Waren wie Stoffen

* Sie liegen in Karnaphuli, Adamjee, Comilla, Mongla, Ishwardi und Uttara.

und Maschinen. Anders als die Textilbetriebe in Dhaka, wo fast täglich der Strom ausfällt, werden die EPZ-Fabriken zudem ununterbrochen mit Gas und Strom versorgt.[35] Diese von der Regierung initiierten Vorteile, um (überwiegend Mode- und Textil-)Unternehmen aus dem Ausland anzulocken, verschaffen den Fabriken in den Exportförderzonen einen erheblichen Vorsprung gegenüber der Konkurrenz.

Jeder Betrieb in der Hauptstadt ist hingegen auf Generatoren angewiesen, die bei jedem erneuten Stromausfall anspringen. Einer der Gründe für den Einsturz des Rana-Plaza-Gebäudes war, dass die schweren Generatoren aller fünf Fabriken zur selben Zeit ansprangen und das Gebäude regelrecht vibrieren ließen, bis dessen mangelhafte Statik endgültig versagte.

Die eingezäunten Exportförderzonen – einige Fabriken darin gehören Ausländern, andere sind Joint Ventures, wieder andere gehören nur Bangladeschern – werden von staatlichen Institutionen kontrolliert und bewacht. Wer dort hineinwill, benötigt eine entsprechende Genehmigung, denn Sicherheit wird hier großgeschrieben – allerdings weniger im Hinblick auf Schutzmaßnahmen für die Arbeiterinnen als vielmehr im Hinblick auf die Produktion. Damit die Maschinen und Geschäfte ungestört laufen, waren bis vor Kurzem Gewerkschaften in den EPZ laut Arbeitsgesetz verboten. Erst auf Druck der ILO* und der US-Regierung reformierte die Regierung von Bangladesch am 7. Juli 2014 ihr Arbeitsgesetz und ließ zum ersten Mal in der Geschichte des Landes auch in diesen Zonen Gewerkschaften zu. Bisher gab es lediglich sogenannte Social Welfare Committees. Deren Mitglieder werden allerdings jeweils vom Manage-

---

* Die Internationale Arbeitsorganisation (International Labour Organization, ILO) ist eine Sonderorganisation der Vereinten Nationen mit dem Zweck, sich weltweit für soziale Gerechtigkeit einzusetzen sowie Arbeits- und Sozialstandards festzulegen: »Die weltweit geltenden Mindeststandards sollen die Rechte bei der Arbeit und damit menschenwürdige Arbeit für alle Menschen auf der Welt sicherstellen.«

ment einer Fabrik ernannt, sodass die Arbeiterschaft der Willkür des Führungs- und Aufsichtspersonals letztlich rechtlos ausgeliefert ist. Trotzdem kam es auch in den EPZ schon zu Aufständen. Die Arbeiterinnen lassen sich eben nicht (mehr) alles gefallen.

In den Exportförderzonen sind rund 382 000 Arbeiterinnen beschäftigt, rund 300 000 von ihnen in der Bekleidungsindustrie, verteilt auf etwa 425 Fabriken.[36] Somit liegen nicht einmal zehn Prozent aller Textilfabriken in einer EPZ. Da stellt sich die Frage, weshalb nicht mehr Unternehmer von den Vorteilen profitieren und ihre Fabriken dort ansiedeln wollen. Die Antwort liegt wohl in den Investitionskosten und hohen Kreditzinsen, die nur wenige aufbringen können oder wollen. Zudem erhalten Arbeiterinnen, die bei einer EPZ-Fabrik angestellt sind, offiziell einen etwas höheren Lohn als die Arbeiterinnen in den übrigen Fabriken des Landes.[37] Den Fabrikbesitzern geht es ganz offensichtlich nicht um langfristige Investitionen, sondern um das schnelle Geld.

Landesweit arbeiten vier bis fünf Millionen Menschen für die boomende Bekleidungsindustrie, also mehr als zehnmal so viele wie in den Textilfabriken der Export Processing Zones. Indirekt leben Schätzungen der Weltbank zufolge sogar fast zehn Millionen Bangladeschern von diesem Industriesektor. Davon sind die allermeisten Frauen. In Zahlen ausgedrückt: 83 Prozent![38] Ist also von den unmenschlichen Arbeitsbedingungen, von moderner Sklaverei in Bangladeschs Textilfabriken die Rede, so sind es vor allem die Frauen, die hier tagtäglich ausgebeutet werden.

## Der steinige Weg der Gewerkschaften

In Bangladesch haben es Gewerkschaften grundsätzlich schwer, vor allem aber im wirtschaftsmächtigen Bekleidungssektor. Hier weht der Gegenwind von Regierung und Unternehmensdachverband BGMEA besonders heftig.

Um eine Betriebsgewerkschaft bilden zu können, müssen sich mindestens 30 Prozent aller Beschäftigten auf einer entsprechenden Liste eintragen. Diese Liste war dann vor der Reform des Arbeitsgesetzes beim jeweiligen Fabrikbesitzer (!) zur Genehmigung einzureichen, heute geht der Antrag ans Arbeitsministerium. Bislang hatte ein derartiges Ansinnen zumeist die sofortige Entlassung der Initiatoren zur Folge.

Für die Rechte der Arbeiterinnen in der Bekleidungsindustrie engagieren sich derzeit zahlreiche Gewerkschaften*, unter anderem die Bangladesh Independent Workers Union Federation (BIGUF) mit 30 Betriebsgewerkschaften (das heißt, sie ist in 30 Fabriken registriert), die Bangladesh Garment and Industrial Workers Federation (BGIWF) mit 25 Betriebsgewerkschaften und die National Garment Workers Federation (NGWF) mit 21 Betriebsgewerkschaften und rund 50 000 registrierten Mitgliedern. Die Gewerkschaft Garment Workers Unity Forum (GWUF) unterstützte im Juli/August 2014 den Hungerstreik der Arbeiterinnen der Tuba-Gruppe, denen (wie oben angesprochen) drei Monate lang kein Lohn ausgezahlt worden war. Trotzdem sind von den rund fünf Millionen Beschäftigten im RMG-Sektor nur zwei bis drei Prozent (betriebs-)gewerkschaftlich organisiert. Allein diese extrem niedrige Zahl zeigt, wie problematisch es für die Gewerkschaften in Bangladesch ist, überzeugende Arbeit zu leisten.

Das hat mehrere Gründe. So verbietet das überarbeitete Arbeitsgesetz den Gewerkschaftsvertretern zum Beispiel nach wie vor, die Bekleidungsfabriken zu betreten, weshalb Schulungs- und Informationsveranstaltungen außerhalb des Fabrikgeländes stattfinden müssen. Das schränkt die Informationsmöglichkeiten der Gewerkschaf-

* Transparency International Bangladesch nennt 34 Dachverbände mit 123 Betriebsgewerkschaften, die Zeitung *Dhaka Tribune* veröffentlichte am 26.6.2014 einen Überblick mit neun Dachverbänden, denen 142 Betriebsgewerkschaften angehören.

ten massiv ein. Hinzu kommt, dass die mehr als ein Dutzend Gewerkschaften zum Teil scharf miteinander konkurrieren. Denn jeder interne Disput, jede Feindschaft zwischen Gewerkschaftsvertretern spielt der Regierung und der BGMEA in die Hände – und erschwert die Erfolge bei den Bemühungen um menschenwürdige Arbeitsbedingungen in den Fabriken. Das ist umso ärgerlicher, als die Gelegenheit für die Gewerkschaften, an politischem Einfluss zu gewinnen, derzeit besonders günstig ist. Neuerdings bietet der Bangladesh Fire and Building Safety Accord, der die unterzeichnenden Modeunternehmen rechtlich bindend in die Pflicht nimmt (wir kommen darauf noch zu sprechen), den Gewerkschaftsverbänden des Landes die Chance, endlich Zugang zu den Bekleidungsfabriken zu bekommen.

Viele Gewerkschaften haben den Rückenwind zumindest in einer Hinsicht zu nutzen gewusst. Laut ihren Angaben vom Januar 2014 wurden 2013 immerhin 94 neue Betriebsgewerkschaften offiziell durch das Arbeitsministerium anerkannt. Im Jahr 2014 kamen weitere Genehmigungen hinzu, sodass sich die Zahl der genehmigten Betriebsgewerkschaften bis Juni 2014 auf 142 erhöhte. Zum Vergleich: 2012 war gerade einmal eine einzige Betriebsgewerkschaft zugelassen worden. 22 Anträge wies das Arbeitsministerium im Jahr 2013 jedoch zurück, mit der Begründung, dass nicht genügend Mitglieder in einer Fabrik nachgewiesen werden konnten und die gesetzlich vorgeschriebene Quote von 30 Prozent nicht erfüllt wurde.

Mitgliedern einer Betriebsgewerkschaft ist es nach wie vor nicht erlaubt, Versammlungen während der Arbeitszeit abzuhalten. Wann also sollen sich die Frauen und Männer treffen? Völlig erschöpft nach einem 14-Stunden-Tag? Oder morgens um 5 Uhr? Zudem können Streiks jederzeit von der Regierung beendet werden, wenn sie »dem Gemeinwohl schaden«. Außerdem ist zu befürchten, dass es auch weiterhin Angriffe auf Gewerkschaftsvertreter und Gewerkschaftsvertreterinnen geben wird, um sie einzuschüchtern und um andere abzuschrecken.

## Gewerkschafter in Bangladesch leben gefährlich

Am Nachmittag des 22. Februar 2014 machten vier Gewerkschaftsfunktionäre – Rita, Hashi, Ali Hossain und Salim von der Bangladesh Federation of Workers Solidarity (BFWS) – Hausbesuche bei einigen Arbeiterinnen der Fabrik Chunji Knit Ltd., die auch KiK beliefert. Besitzer dieser Fabrik ist Rohmot Ullah, seines Zeichens zugleich Mitglied des Parlaments. Plötzlich tauchte ein Trupp von Männern auf: ein Aufseher der Fabrik, der stellvertretende Produktionsmanager und ein paar Schläger mit Schlagstöcken. Die Schläger fielen umstandslos über die vier Gewerkschafter her. Rita, Hashi und Ali Hossain wurden übel zugerichtet, Salim wurde verschleppt. Als man ihn schließlich bewusstlos auffand, brachte man ihn in eine Klinik.

Am 21. Mai 2014 wurden das Regionalbüro der Textilarbeitergewerkschaft NGWF und die Privatwohnung seines Leiters Munirizzaman Shikder Monir überfallen. Die Täter raubten nicht nur alle Unterlagen, sie schlugen Monir auch derart zusammen, dass er das Bewusstsein verlor, und vertrieben seine Familie aus der Wohnung, die nichts retten konnte als nur die Kleidung am eigenen Leib. Die NGWF beschuldigt fünf Fabrikbesitzer, für diesen Überfall verantwortlich zu sein, denn kurz darauf wurden 150 Näherinnen aus ihren Fabriken entlassen, die auf den entwendeten Mitgliederlisten der Gewerkschaft standen. Als sich die NGWF u. a. auch bei amerikanischen Abgeordneten beschwerte, wurde ihr vom BGMEA-Präsidenten vorgeworfen, Bangladeschs Image im Ausland zu schädigen.

Aminul Islam, damals Präsident der Bangladesh Garment and Industrial Workers Federation (BGIWF), wurde im April 2012 tot aufgefunden. Alles deutete darauf hin, dass er zuvor tagelang gefoltert worden war. In den zwei Jahren vor seiner Ermordung waren es ausgerechnet staatliche Sicherheitsorgane gewesen, die ihn immer wieder bedroht hatten. So wurde er zum Beispiel im Juni 2010 festgenommen und von Angehörigen des Geheimdienstes National Security Intelligence (NSI) unter Gewaltanwendung verhört. Ihm und

© Bangladesh Center for Workers Solidarity (BCWS)

Gewerkschafter und Folteropfer Aminul Islam

dem Bangladesh Center for Worker Solidarity (BCWS) warf man vor, Arbeiterinnen aufgewiegelt zu haben. Bis heute wurde sein Mord nicht aufgeklärt, niemand zur Rechenschaft gezogen.

Von »freien Gewerkschaften« kann also nicht die Rede sein!

## Der Fall Basic Apparels Ltd.

Basic Apparels gehörte und gehört wiederum einem Österreicher, Stefan Pirker, und seiner Frau, einer Bangladescherin. Im Jahr 2009 verkaufte Pirker die Fabrik, um, so hieß es, mit viel Geld aus dem Land zu fliehen. Er wurde aber am Flughafen aufgegriffen und kam in Untersuchungshaft, weil er in seinem Reisegepäck einen großen Dollarbetrag verstaut hatte, den er offenbar undeklariert außer Landes bringen wollte. Allerdings war Pirker nur wenige Tage später wieder draußen – man hat ja so seine Kontakte. Nach einiger Zeit gründete er seine Fabrik erneut: unter gleichem Namen, aber an einem anderen Standort. Unter anderen ließen auch Aldi und Lidl bis zum Oktober 2013 bei Basic Apparels produzieren. Dabei pflegt Aldi jedoch keine direkten Kontakte mit seinen Produzenten, sondern vergibt die Aufträge über Lieferanten, in diesem Fall über die deutsche, in Buchholz ansässige Textil- und Handelsfirma Brands Fashion.

Nachdem am 6. Oktober 2013 das Fabrikmanagement 72 Arbeiterinnen entlassen hatte, weil diese sich gewerkschaftlich organisiert hatten, wandte sich die deutsche Dienstleistungsgewerkschaft Verdi an die Vorstände von Aldi Nord, Aldi Süd und Lidl:

> »Sehr geehrte Damen und Herren,
> Sie haben infolge der tragischen Ereignisse in Bangladesch den Bangladesh Fire and Building Safety Accord unterzeichnet, um in den Fabriken Ihrer Lieferanten deutliche Fortschritte für die Sicherheit und die Gesundheit der dort arbeitenden Menschen zu erreichen. Die Umsetzung dieses rechtlich verbindlichen Abkommens erfordert, dass die dort arbeitenden Menschen am Prozess beteiligt werden und ihre gewerkschaftlichen Rechte nutzen können.
>
> Leider haben sich die Informationen zu einer Massenentlassung von Gewerkschaftsmitgliedern bei Ihrem Lieferanten, dem Unternehmen Basic Apparels, verdichtet. Die Beschäftigten hatten am 29.9.[2013] versucht, beim Arbeitsministerium eine Gewerkschaft zu registrieren, und am 6. Oktober wurden dann 72 Gewerkschaftsmitglieder entlassen. Auch nach diesem Datum wurden weitere Gewerkschaftsmitglieder entlassen. Bei der Fabrik handelt es sich um Basic Apparels (Plot 135-138, Abdullahpur, Uttara, Dhaka 1230), in der 1650 Arbeiterinnen beschäftigt sind, von denen bis zu diesem Vorfall 550 in der Gewerkschaft ›Basic Apparels Ltd. Workers Employees Union‹ organisiert waren/sind, was ein ungewöhnlich hoher Organisationsgrad ist. Der Dachverband je-

ner Gewerkschaft ist die National Garment Workers Federation (NGWF).

Die genannte Verletzung von Gewerkschaftsrechten ist in unseren Augen sehr besorgniserregend. Wir fordern die Rücknahme der Kündigungen der Gewerkschaftsmitglieder bei Basic Apparels. Wir fordern Sie auf, Ihren bestehenden Einfluss auf den Lieferanten geltend zu machen.

Sie tragen mit Ihrer Unterschrift unter den Bangladesh Fire and Building Safety Accord Verantwortung für die Umsetzung der Vereinbarung. Bitte unterrichten Sie uns über Ihre Anstrengungen.

Mit freundlichen Grüßen«[39]

Inzwischen haben sich Fabrikmanagement und Arbeiterinnen in Bangladesch geeinigt: Die entlassenen Arbeiterinnen wurden entschädigt, laut Gewerkschaftsverband NGWF haben sie größtenteils in anderen Fabriken Arbeit gefunden, und die NGWF konnte eine Betriebsgewerkschaft in der Fabrik registrieren. Aber was macht Aldi? Der Discounter stoppt seine Aufträge. So etwas nennt man »cut & run«, nach dem Motto: Wenn's brenzlig wird, lauf ich lieber weg. Genau dies darf jedoch nicht passieren: Ein Einkäufer sollte dafür eintreten, dass sich Betriebsräte in den Fabriken gründen dürfen, und gerade dann Aufträge platzieren. Allerdings gibt es bei Aldi Süd in Deutschland ebenfalls kaum Betriebsräte.

Auf meine Anfrage gibt Aldi natürlich andere Gründe für die Beendigung der Geschäftsbeziehung an. So heißt es in dem Schreiben von Aldi Süd vom 22. April 2014: »Selbstverständlich begrüßen wir die Gründung der Arbeitnehmervertretung, können diese jedoch nicht als Gegengewicht zu Verstößen gegen unsere Sozialstandards in anderen Bereichen akzeptieren, wie beispielsweise pünktliche Bezahlung der Löhne und der geleisteten Überstunden oder insbesondere die Bereitstellung eines sicheren und nicht gesundheitsgefährdenden Arbeitsumfeldes.« Da Aldi wie auch Lidl den Accord unterzeichnet haben, muss Basic Apparels auch überprüft werden. Wenn Aldi sich also Sorgen um ein sicheres Arbeitsumfeld seines Lieferanten macht, sollte es den Ingenieuren von Accord vertrauen und die Fabrik bei nötigen Veränderungen beraten.

Übrigens: Lidl lässt weiter in der Fabrik produzieren.

## Was es heißt, in Bangladesch eine Frau zu sein

Die überwiegende Mehrzahl der Textilarbeiterinnen ist zwischen 18 und 26 Jahre alt – und verheiratet, denn Eltern von Töchtern sehen zu, dass diese möglichst jung heiraten. In der Regel wird die Heirat von den Eltern ausgehandelt, sogenannte Liebesehen sind noch immer nicht üblich, sie finden erst allmählich in der gebildeten Mittelschicht Verbreitung. Zwar liegt das gesetzlich festgelegte Mindestalter für eine Heirat bei 18 Jahren, doch die Hälfte der Mädchen in Bangladesch ist bei der Eheschließung jünger, oft erst 13 oder 14 Jahre alt. Auch Kinderehen – manchmal schon im Alter von acht Jahren – sind keine Seltenheit in Bangladesch. Zum einen sind die Eltern froh, durch die Verheiratung der Tochter einen Esser weniger in der Familie zu haben. Zum anderen ist der »Wert« eines Mädchens und die (gesetzlich verbotene!) Mitgift höher, je jünger die Braut ist. Oft werden die Mädchen an ältere Männer verheiratet.

Unverheiratete Mädchen und junge Frauen leben allerdings gefährlich, da es in Bangladesch häufig zu Frauenraub und Vergewaltigungen kommt; auf diese Weise wollen die Männer eine Heirat erzwingen. Weigern sich die geschändeten Mädchen, gelten sie als schmutzig und werden regelrecht verstoßen. Denn Vergewaltigung ist stets eine Schande für das Mädchen, niemals für den Mann! Ab und zu greifen eifersüchtige oder abgewiesene Männer zu noch schrecklicheren Mitteln, um die »Geliebte« zu bestrafen: zu Säure. Für Mädchen, die mit Säure übergossen und entsetzlich entstellt werden – eine kleine Flasche bekommt man für nur 10 Taka (etwa 1 Eurocent) an der nächsten Ecke –, gibt es in Dhaka inzwischen sogar ein eigenes Krankenhaus. Die lebenslangen körperlichen und seelischen Qualen aber können dort höchstens gelindert, niemals jedoch geheilt werden.

Der Weltgesundheitsorganisation zufolge sind 57,5 Prozent der Frauen in Bangladesch von sexueller oder physischer Gewalt betroffen. Im Jahr 2011, so die renommierte Menschenrechtsorganisation Ain o Shalish Kendra (ASK), berichteten die Medien von 936 Vergewaltigungen (105 der Frauen wurden anschließend getötet, 28 begingen Selbstmord), von 501 mitgiftbedingten Gewalthandlungen und von 62 Säureattacken. Die Dunkelziffer dürfte aber erheblich höher liegen. Zwar hat das Parlament mittlerweile eine Reihe von Gesetzen zum Schutz der Frauen – unter anderem gegen Kinderehe und Mitgift – verabschiedet, allerdings stehen diese vornehmlich nur auf dem Papier und werden oft nicht umgesetzt. Insbesondere hinsichtlich der Eheschließung und -auflösung werden Frauen nach wie vor diskriminiert: Muslimischen und hinduistischen Männern ist es gesetzlich erlaubt, mehrere Ehefrauen zu haben, und muslimische Männer haben auch das Recht, eine Ehe einseitig aufzulösen. Da die Gesetze diesbezüglich sehr lückenhaft sind, können sich die meisten Männer erfolgreich vor den Unterhaltszahlungen für die geschiedene Frau drücken.

In puncto Bildung beziehungsweise Einschulungsquote aber hat Bangladesch in den vergangenen zwei Jahrzehnten immerhin erstaunliche Fortschritte gemacht. Heute sind 77 Prozent aller 15- bis 24-jährigen Mädchen/Frauen alphabetisiert; 1991 waren es nur 38 Prozent. Die meisten Kinder im Grundschulalter gehen zur Schule, aber nur 67 Prozent erreichen die 5. Klasse. Und es sind zumeist Mädchen, die den Schulbesuch vor der 5. Klasse abbrechen.[40] Als einer der häufigsten Gründe für den Abbruch des Schulbesuchs gilt die Kinderehe; ein anderer ist die Armut. Denn obgleich die staatlichen Schulen kein Schulgeld verlangen, brauchen die Kinder doch eine Schuluniform, Stifte und Hefte, was sich arme Familien selten leisten (können) – insbesondere wenn die Eltern mehrere Kinder haben. Zudem wird von vielen Kindern erwartet, möglichst schnell Geld zu verdienen; sie sollen helfen, die Familie durchzubringen. Für die Schule bleibt da keine Zeit.

Hat ein Mädchen dennoch drei bis fünf Jahre die Schule besucht, bedeutet das keineswegs, dass es danach wirklich lesen und schreiben kann. Viele sind gerade mal in der Lage, ihren Namen zu schreiben, von Alphabetisierung kann man deshalb eigentlich nicht sprechen. Denn die Qualität des staatlichen Unterrichts ist schlecht; die Klassen sind mit bis zu hundert Schülern und Schülerinnen maßlos überfüllt und die Lehrkräfte völlig unterbezahlt, weshalb diese auch nicht immer zum Unterricht erscheinen.

Die Arbeiterinnen haben in der Regel keinen schriftlichen Arbeitsvertrag, sondern erhalten bei der Einstellung nur eine sogenannte Identitätskarte, mit der sie sich ausweisen müssen, wenn sie in die Fabrik wollen. Selten kennen sie ihre Rechte. Individueller Urlaub wird den Frauen kaum gewährt, stattdessen schließen sämtliche Fabriken einmal im Jahr für ein bis zwei Wochen, und zwar über Eid, das Fest des Fastenbrechens, vergleichbar unserem Weihnachten. Wer sich darüber hinaus freinehmen will oder muss, zum Beispiel um zum Arzt zu gehen, der muss dafür meist mit dem Abzug eines kompletten Tageslohns rechnen.

Formal sind Fabriken dazu angehalten, in eine Sozialversicherung einzuzahlen (Provident Fund). Doch viele Fabriken machen dies nur auf der Basis von weniger Stunden, als die Frauen tatsächlich arbeiten, um Kosten zu sparen ... oder lassen es gleich ganz.

## Die Arbeit in den Textilfabriken

Armut, geringe Schulbildung und Arbeitsplatzmangel treiben sehr viele junge Frauen – teilweise schon im Alter von 14 Jahren – vom Land in die Stadt und direkt in die Textilfabriken. Oft haben die Mädchen und Frauen gar keine Wahl. Denn so miserabel die Arbeits-

und Sozialstandards in den Fabriken auch sind, für Frauen bieten sie eine der ganz wenigen Möglichkeiten, Geld zu verdienen, um sich selbst durchzubringen und die Eltern auf dem Land zu unterstützen. Die meisten jungen Frauen haben mindestens eine Verwandte in der Stadt, die ebenfalls in einer Textilfabrik arbeitet und ihr bei der Suche nach einer Arbeitsstelle hilft. Das geht in der Regel ziemlich schnell; denn der Bedarf an unqualifizierten, billigen Arbeitskräften in den zahlreichen Textilfabriken ist groß – und Frauen erhalten nun mal grundsätzlich einen geringeren Lohn als Männer. Mit Männern werden die besser bezahlten Positionen wie Aufseher und Produktionsleiter besetzt.

## Segen und Fluch

Ungeübte Arbeiterinnen, die als Hilfskräfte (»Helper«) in der Fabrik anfangen, sollen seit der im Dezember 2013 erfolgten Anhebung des Mindestlohns netto 3000 Taka (ca. 29 Euro) monatlich verdienen; mit Zulagen kommen sie auf brutto 5000 Taka (rund 48 Euro), sofern der neue Mindestlohn tatsächlich gezahlt wird. Das aber ist längst nicht bei allen Fabriken der Fall. Der Monatslohn einer Näherin (»Operator«) liegt zwischen 5600 und 6800 Taka (etwa 54 bis 65 Euro) brutto, je nach Erfahrungsstand. Einen Großteil des Lohns müssen die Frauen für die Miete aufbringen: So kostet ein Zimmer in einer kleinen Wellblechbaracke etwa 2500 Taka (etwa 24 Euro) und ein Zimmer in den besser ausgestatteten EPZ-Siedlungen fast 3500 Taka (etwa 34 Euro) – aber selbst hier gibt es nicht selten nur einen Wasserhahn und zwei Toiletten für bis zu 50 Personen. Um Miete zu sparen, teilen sich die nicht verheirateten Arbeiterinnen meistens einen Raum respektive eine Hütte oder Baracke mit anderen Personen, sei es mit den Eltern und Geschwistern oder mit anderen Arbeiterinnen.

Frauen sind aber nicht nur die billigeren Arbeitskräfte, sondern gelten im Rahmen der überkommenen Traditionen auch als besonders fügsam. Die patriarchalische Erziehung verlangt von ihnen Unterordnung unter Autoritäten und generell unter den Mann, weshalb sie sich kaum gegen jede Form der Ausbeutung wehren.

**Werbung mit den braven Frauen von Bangladesch**

Stolz verkündet Suvashish Bose, stellvertretender Vorsitzender des regierungseigenen Export Promotion Bureaus: »Die Menschen sind zufrieden mit dem, was sie haben. ... Die Textilarbeiterinnen sind gehorsam, anpassungsfähig und lehrbar. Sie verstehen sehr schnell und sind im Überfluss verfügbar, egal wo Sie Ihre Fabrik errichten wollen.«[41]

Zudem organisieren sich Frauen seltener gewerkschaftlich, was Unternehmern grundsätzlich sehr gelegen kommt. Das liegt zum einen daran, dass die meisten Gewerkschaften von Männern geleitet werden – und die haben kulturell bedingt kein sonderlich ausgeprägtes Verständnis für Frauenbelange –, zum anderen an der Mehrfachbelastung verheirateter Frauen, neben der Arbeit in der Fabrik für Mann und Familie sorgen zu müssen: Den Frauen fehlt ganz einfach die Zeit, um sich noch mit anderen Aufgaben zu befassen, zumal die traditionelle (ungerechte) Rollenverteilung auch dann strikt eingehalten wird, wenn der Ehemann arbeitslos ist. Denn ein Mann, der kocht oder putzt, katapultiert sich ins gesellschaftliche Abseits und wird schief angeguckt. Dazu passt, dass viele Frauen nicht einmal selbst über ihr Einkommen verfügen können, sondern ihren Lohn beim Ehemann abgeben.

Jeden Tag stehen die Frauen vor Sonnenaufgang auf, bereiten das Frühstück für sich und die Familie zu und kochen in den Gemeinschaftsküchen auf offenem Feuer, das mit Holz oder Sägemehl betrieben wird. Die Mahlzeit besteht aus Reis, Gemüse, Linsen. Manchmal leisten sich die Familien ein Ei, Fleisch nur selten. Dann versorgen die Frauen ihre Kinder. Einige Fabriken bieten zwar auch Kinderbetreuung während der Arbeitszeiten an. Doch darf man sich solche Einrichtungen in den Textilfabriken keineswegs so vorstellen wie eine deutsche Kita – farbenfroh, kuschelig und spielzeugreich … Der kleine Raum, der mir bei einer Fabrikbesichtigung stolz als Kindergarten präsentiert wurde, war kahl; auf dem Betonboden ausgebreitet lagen einige Matratzen nebeneinander, darauf kleine Kinder im Alter zwischen zwei und fünf Jahren, dösend oder schlafend. Ich fragte mich sofort, ob die Kinder möglicherweise mit Tranquilizern ruhiggestellt werden. Da diese »Aufbewahrungsräume« für höchstens zehn Kleinkinder vorgesehen sind, gäbe es bei über 1000 Beschäftigten zudem gar nicht genügend Platz für die vielen Kinder. Allerdings versucht auch fast jede Mutter in Bangladesch, ihr (Klein-)Kind möglichst bei Verwandten oder guten Bekannten unterzubringen, um es nicht in die Fabrik mitnehmen zu müssen. Die Frauen wissen nur zu genau, dass ihre Kinder dort nicht gut versorgt werden. Schließlich stellt kein Fabrikbesitzer eine ausgebildete Kindergärtnerin ein. Und ferner kommt es häufig vor, dass die Mütter ohne vorherige Ankündigung bis spät in die Nacht hinein arbeiten müssen, sodass sie ihren Kindern dann nicht ausreichend zu essen geben könnten.

Um 8 Uhr, manchmal auch schon um 7 Uhr, müssen die Frauen in der Fabrik sein – pünktlich. Wenn eine Arbeiterin an drei Tagen hintereinander bis zu 15 Minuten oder an einem Tag dreißig Minuten zu spät kommt, wird ihr ein voller Tageslohn abgezogen. Eine Näherin sitzt täglich zehn bis zwölf, bisweilen auch 14 Stunden – mit einer Stunde Mittagspause – an ihrer Nähmaschine: von 8 Uhr morgens bis nachts um 22 oder 23 Uhr. Im Februar 2014 erließ die Regierung zudem eine Verordnung – eher unbemerkt und nur auf Bangla –, die es den Fabrikbesitzern rückwirkend erlaubte, ihren Beschäftigten sechs Monate lang – zwischen dem 17. Oktober 2013 und dem 13. April 2014 – bis zu vier Überstunden täglich abzuverlangen.[42] Dieses »Überstundengesetz« widerspricht dem bereits 1919 von der ILO lancierten Übereinkommen Nr. 1 über die Arbeitszeitdauer, das auch Bangladesch ratifiziert hat. Danach verpflichtet sich das Land, die tägliche Arbeitszeit auf acht Stunden – plus maximal zwei Überstunden – zu begrenzen. In Bangladesch sind aber zehn Arbeitsstunden täglich mitnichten die Ausnahme, sondern die Regel. Und nun wurden den Arbeitern und Arbeiterinnen per Gesetz zwei weitere Überstunden aufgezwungen.

Die Frauen sitzen auf einem Schemel oder Holzbänkchen in einem riesigen Raum mit etlichen Produktionsreihen für Hosen, Hemden oder Shirts und nähen von morgens bis abends, ständig den Blicken und Bemerkungen der (männlichen) Aufseher (»Floor Manager«) ausgesetzt. Es ist heiß, stickig und laut … Kommen die Frauen abends gegen 22 Uhr erschöpft nach Hause, kümmern sie sich wieder um Haushalt und Familie.

Nun sollte man meinen, diesen Frauen, die tagaus, tagein rund um die Uhr für einen Hungerlohn schuften, würde zumindest Respekt entgegengebracht. Doch das Gegenteil ist der Fall: Frauen, die in einer Fabrik arbeiten, verlieren nicht selten ihr Gesicht – zumindest in den Augen vieler Männer. Entsprechend häufig werden die Näherinnen sexuell belästigt, gedemütigt und beschimpft.

**Aussage einer Textilarbeiterin**

»Ich arbeite schon seit 2002 in dieser Fabrik. Im März dieses Jahres begannen der Aufseher und der Produktionsleiter, mich zu schubsen und zu schlagen. Erst später merkte ich, dass der Produktionsleiter offenbar sexuelles Interesse an mir hatte. Er verunglimpfte meine Eltern, behandelte mich schlecht, und wenn ich versuchte, mich zu wehren, drohte er, mich zu feuern. Ich kann es mir aber nicht leisten, diesen Job zu verlieren. Wie soll ich sonst überleben?«[43]

Zwar gibt es in einigen Fabriken mittlerweile eine (Alibi-)Box für Beschwerden der Arbeiterschaft, doch kaum eine Näherin – sofern sie überhaupt schreiben kann – nutzt diese Box, weil sie ohnehin nur vom Management geöffnet wird. Ich kenne jedenfalls keine Näherin, die einer solchen Box vertrauen würde, wenn nicht einmal Gewerkschaften und Betriebsräte zugelassen sind.

## Mutterschaftsurlaub

Laut Arbeitsgesetz haben die Arbeiterinnen in der Bekleidungsindustrie ein Anrecht auf 16 Wochen bzw. vier Monate bezahlten Mutterschaftsurlaub (acht Wochen vor, acht Wochen nach der Geburt des Kindes), sofern sie mindestens sechs Monate durchgängig in einer Fabrik gearbeitet haben.* Als zwischen August und Oktober 2013 im Rahmen der Buchrecherche 112 Arbeiterinnen in zwölf Fabriken befragt wurden, ergab sich, dass in diesen Fabriken zwar Mutterschaftsgeld gezahlt wurde, aber weder konstant noch nach transparenten Berechnungen, sondern ziemlich willkürlich. Die Befragung förderte darüber hinaus einen ganz klaren Verstoß gegen das Mutterschaftsgesetz zu Tage: In allen zwölf untersuchten Textilfabriken sind nur jene Arbeiterinnen berechtigt, bezahlten Mutterschaftsurlaub zu nehmen, die mindestens ein Jahr (statt laut Gesetz sechs Monate) in der Fabrik gearbeitet haben. Dieses gesetzeswidrige Prozedere senkt die Personalausgaben – mit Sicherheit.

Vom Mutterschaftsurlaub ausgenommen sind auch jene Frauen, die bereits mehr als zwei Kinder haben; denn in Bangladesch gilt faktisch die Zwei-Kind-Politik.** Das Arbeitsgesetz zwingt diese Frauen daher, ihren normalen Urlaub zu nehmen. Das allerdings dürfte in den allerseltensten Fällen möglich sein, da es für Fabrikarbeiterinnen ja gar keinen individuellen Urlaub gibt (siehe oben). Auch einen besonderen Schutz für werdende Mütter gibt es nicht. Und so erleiden schwangere Arbeiterinnen häufig Fehlgeburten, zumal viele von ihnen stundenlang im Stehen arbeiten müssen.

---

* Die Gewerkschaft NGWF forderte anlässlich des Weltfrauentages 2014 erneut sechs statt vier Monate Mutterschaftsurlaub. Das entspräche auch der gesetzlichen Regelung in Bangladeschs öffentlichem Sektor.

** 2009 verpflichtete sich die Regierung von Bangladesch zu einer Ein-Kind-Politik, allerdings gilt dies eher als Aufforderung; maximal zwei Kinder werden geduldet. Slogan: »Two is good enough – boy or girl« und »One child is good, but no more than two«. Siehe dazu Kumar Kulkarni, 18.8.2011

Beispiel Morium Begum: Die Fabrik Next Collections ist eine von 26 Fabriken der Unternehmensgruppe Ha-Meem, die unter anderem für Old Navy und Gap produzieren. Die 20-jährige Morium Begum berichtet: »Ich habe um 9:30 Uhr entbunden, aber mein Baby kam zu früh und starb. Für mich ist es ein Verlust, den ich nie vergessen werde.«[44] Obwohl sie schwanger war, müde und krank, zwang sie das Management der Fabrik, über 100 Stunden in der Woche zu arbeiten. Sie verlor das Baby im 7. Monat.

Beispiel Taniya: Die junge Frau forderte den bezahlten Mutterschaftsurlaub. Als Antwort erhielten sie und ihr Mann Mazharul Islam Todesdrohungen ... und Taniya musste die Fabrik verlassen.

Beispiel Serina Akter, 22 Jahre: Die schwangere Frau ging zum Sozialbeauftragten der Fabrik Next Collections. Da sie bereits seit neun Monaten dort arbeitete, hatte sie gesetzlichen Anspruch auf Mutterschaftsurlaub. Dieser wurde ihr aber verwehrt. Stattdessen erhielt sie nur eine Auszahlung von 13 Tagen Lohn ... und wurde entlassen. Serina hatte allerdings kein Geld für ein Krankenhaus, und so fuhr sie aufs Land zu ihren Eltern, wo sie ihr Baby gebar. Es kam tot auf die Welt.

## Überstunden

Bleiben wir bei Next Collections. Diese Fabrik beschäftigt 3750 Arbeiterinnen und lässt sie bis zu 100 Stunden in der Woche arbeiten, wobei sie regelmäßig um 15 Prozent ihres Überstundenzuschlags betrogen werden. Als einige Arbeiterinnen sich dagegen wehrten, wurden 21 von ihnen entlassen.

Die Arbeiterinnen haben keine Wahl: Lehnen sie es ab, täglich mindestens zwei Stunden länger zu arbeiten oder aber auch bis zu 6 Überstunden zu machen, werden sie mit Lohnabzug oder sofortiger Entlassung bestraft.[45] Ihr regulärer Monatslohn ist außerdem so gering, dass sie gezwungen sind, sich und ihre Familie mit Überstunden über Wasser zu halten. Allerdings wird bei Weitem nicht jede Überstunde bezahlt: Eine Befragung von fast 1000 weiblichen Beschäftigten aus 41 Strickwarenfabriken im Jahr 2010 ergab, dass 96 Prozent der befragten Frauen nach einem täglich vorgegebenen Produktionsziel bezahlt werden,[46] nach Akkord also und nicht nach Stunden. Das Produktionsziel ist jedoch so unrealistisch hoch, dass es sich unmöglich in einer regulären Arbeitszeit von acht Stunden erreichen lässt. Und so leisten die Frauen jeden Monat bis zu 30 *unbezahlte* Überstunden, allein um das Produktionssoll zu erreichen. Einige Fabrikmanager lassen die Arbeiterinnen sogar pünktlich um 17 Uhr gehen – bis zur Stechuhr, um das offizielle Arbeitsende vermerken zu lassen. Die Fabriktore indes bleiben verschlossen, und die Arbeiterinnen kehren für die nächsten unbezahlten Stunden in die Fabrikhalle mit den vergitterten Fenstern zurück … Ist der Termindruck besonders hoch, weil eine Verschiffung von Waren ansteht, arbeiten die Frauen weiter bis Mitternacht. Und weil sie sich fürchten, nachts allein nach Hause zurückzugehen, bleiben einige von ihnen bis zum nächsten Morgen in der Fabrik, wo sie völlig erschöpft auf dem nackten Boden schlafen.

**Arbeitszeit in der Endfertigung von Next Collections**

- Samstag bis Donnerstag:
  8–13 Uhr (5 Arbeitsstunden),
  13–14 Uhr: Mittagspause,
  14–17 Uhr (3 Arbeitsstunden),
  17–22/23 Uhr
  also 5 bis 6 Überstunden
- Freitag (Feiertag, unserem Sonntag vergleichbar):
  8–13 Uhr (5 Arbeitsstunden),
  13–14 Uhr: Mittagspause,
  14–17 oder 19 Uhr
  also 3 bis 5 Überstunden
- Wenn die Arbeiterinnen sogar bis 22 Uhr arbeiten müssen, erhalten sie zusätzlich eine 15-minütige Pause.[47]

Im April 2014 erkrankten in zwei Fabriken fast 1000 Arbeiterinnen, weil das Essen, das man ihnen gegeben hatte, verdorben war. Solche Nachrichten häufen sich in letzter Zeit. Und diese Lebensmittelvergiftungen kommen nicht etwa in Klitschen vor, sondern in anerkannten großen Fabriken wie Best Wool Sweaters, einer Fabrik, die unter anderem H&M, Esprit und C&A beliefert. Am 23. April 2014 wurde den rund 200 Beschäftigten um 20:30 Uhr ein Abendsnack verabreicht, weil die Beschäftigten eine Nachtschicht (!) einlegen mussten. An dem Tag war es besonders heiß gewesen, und die Frauen hatten bereits zwölf Stunden lang gearbeitet. Der Snack bestand aus einem Ei, einer Banane, einer Scheibe Brot und einem Biskuit. Als die Arbeiterinnen über Magenkrämpfe und Übelkeit klagten, brachte man sie in die umliegenden Kliniken. Offenbar waren in dieser Fabrik Hygienebestimmungen nicht eingehalten worden, obwohl auch sie regelmäßig überprüft wurde.[48]

Laut Vorschrift muss in einer Fabrik mit mehr als 300 Beschäftigten ein Arzt oder eine Krankenschwester anwesend sein, doch viele Fabriken verzichten auf diesen »Luxus«.[49]

In einer Fabrik in Chittagong, die auch für das deutsche Unternehmen Metro produzierte, starb eine 18-Jährige an totaler Erschöpfung. Die Fabrikmanager hatten die Näherinnen sieben Tage und bis zu 97 Stunden pro Woche arbeiten lassen. Als die entkräftete junge Frau schließlich ihre Krankschreibung beantragte, wurde ihr diese verwehrt. Nur wenige Tage später war sie tot.*

Überstunden und Nachtschichten werden in der Regel erst am selben Nachmittag angekündigt, eine Planung der eigenen freien Zeit ist deshalb absolut unmöglich.

Und doch: Trotz aller widrigen Umstände, unter denen die Arbeiterinnen in der Bekleidungsindustrie von Bangladesch zu leiden haben – von der miserablen Bezahlung über Demütigungen und extre-

---

* Der Fall wurde 2009 auf der Homepage der Kampagne für Saubere Kleidung dokumentiert.

men Arbeitsdruck bis hin zu echter Lebensgefahr aufgrund eklatanter Sicherheitsmängel in den Fabriken –, gewinnen die Frauen zunehmend an Selbstbewusstsein. Einige, wenn auch noch viel zu wenige, erkennen langsam, dass *sie* es sind, die die Familie ernähren und Bangladeschs Bekleidungsindustrie am Laufen halten, und beginnen, sich zu wehren.

# 2

# Die Reaktionen auf das Unglück von Rana Plaza

Salma nähte für die Fabrik New Wave Style im 6. Stockwerk des Rana Plaza, als das marode Gebäude binnen weniger Augenblicke zusammenstürzte. Vier Tage später wurde die 27-Jährige aus den Trümmern befreit. Doch seither litt sie unter einer sogenannten Posttraumatischen Belastungsstörung – sprich: unter der permanenten Angst, die Wände um sie herum könnten jederzeit einstürzen – und unter höllischen Kopfschmerzen. Die waren zeitweise so stark, dass die junge Frau sich selbst schlug oder ihren Kopf immer wieder gegen die Wand stieß.[1] Am 31. Januar 2014 schließlich hielt Salma die Schmerzen und Angstzustände nicht mehr aus und erhängte sich, neun Monate nach jener Tragödie, die die Welt aufhorchen ließ.

Wochenlang bestimmten die dramatischen Bilder von der Unglücksstelle und die verheerenden Missstände in der Textilindustrie von Bangladesch die weltweite Berichterstattung. Paul Lister, seines Zeichens Jurist, Top-Manager und Ethikchef der irischen Modekette Primark, ließ sogar verlauten: »Die Katastrophe war ein Wendepunkt.«[2] Tatsächlich, war sie das? Was haben denn die europäischen und US-amerikanischen Könige des Textilimports sowie die beteiligten Regierungen seither – mehr oder weniger freiwillig – getan, um den Opfern der Rana-Plaza-Tragödie zu helfen und die Arbeitsbedingungen in den Textilfabriken von Dhaka, Chittagong etc. dauerhaft zu verbessern?

**Die fünf gravierendsten Risse im Gebäude der Bekleidungsindustrie von Bangladesch**

- korrupte Entscheidungsträger vor Ort, die es ermöglichten, dass das Rana Plaza mit bautechnischen Mängeln errichtet werden konnte,
- preis- und profitgesteuerte Einkaufspolitik - vom Fabrikbesitzer über den Zwischenhändler bis zum einkaufenden internationalen Unternehmen,
- Missachtung von Arbeitsrechten / Ausbeutung der Arbeiterinnen: Hungerlohn, exzessive Überstunden,
- Missachtung von Arbeitsschutzmaßnahmen (vor allem Brandschutz) / menschenunwürdige Arbeitsbedingungen,
- Kontrollen (Audits), die erhebliche Mängel nicht aufdecken.

## Opferentschädigung: mangelhaft

Unmittelbar nach dem tragischen Einsturz des Rana-Plaza-Komplexes am 24. April 2013, bei dem über 1100 Menschen starben und mehr als 1800 zum Teil schwer verletzt wurden, ging es erst einmal darum, den Verletzten und Hinterbliebenen zu helfen. Und zwar schnell. Bald wurde jedoch klar, dass die Hilfsbereitschaft sehr unterschiedlich ausgeprägt war. Da war zum einen der beeindruckende Einsatz der Bevölkerung von Sabhar: Hunderte Helfer und Helferinnen waren vor Ort, um Leichen und Verletzte aus den Schuttbergen zu ziehen, das Personal in den Krankenhäusern arbeitete rund um die Uhr – allein das Enam Medical College Hospital nahm Hunderte von Opfern auf und behandelte 676 Arbeiterinnen zwei bis drei Monate lang –, die Menschen aus der Nachbarschaft brachten Lebensmittel, Wasser und Kleidung.

Lokale Gewerkschaften und Nichtregierungsorganisationen, Partner der Kampagne für Saubere Kleidung – einem Bündnis aus Gewerkschaften, kirchlichen Gruppen und Nichtregierungsorganisationen, in dem ich als FEMNET-Vorsitzende mitarbeite – suchten an der Unglücksstelle nach Labeln und Auftragspapieren, um festzustellen, welche Unternehmen in den Fabriken in Rana Plaza Aufträge platziert hatten. Denn eines war klar: Kaum ein Unternehmen würde freiwillig zugeben, dass es in Rana Plaza hatte produzieren lassen. Wir mussten also die Auftraggeber namhaft machen können, um sie später zur Rechenschaft zu ziehen und von ihnen Entschädigungszahlungen für die Opfer und ihre Familien einzuklagen. Da die meisten Unternehmen die Namen ihrer Lieferanten nicht veröffentlichen, war es eine Sisyphusarbeit für unsere Partner, stichfeste Beweise aus den Trümmern des Rana Plaza sicherzustellen.

Zwar kam auch von Regierungsseite kurzfristige Hilfe: Die Premierministerin verfügt über einen Hilfssozialfonds, aus dem 777 betroffene Familien einmalig zwischen 900 und 4500 Euro erhielten.[3] Wonach diese ausgesucht wurden und wer welche Summe erhielt, ist jedoch intransparent und somit unklar. Außerdem reicht eine sofortige Notfallunterstützung bei Weitem nicht aus, zumal viele Opfer intensiver ärztlicher Versorgung und/oder psychologischer Betreuung bedürfen. Von den zahlreichen »indirekten« Opfern und ihrem Leid ganz zu schweigen, insbesondere den Kindern, deren Mutter tot oder seit jenem 24. April arbeitsunfähig ist. Eine Entschädigung im eigentlichen Sinne kann es in einem solchen Fall nie geben, aber es kann zumindest ein ehrliches Zeichen der Solidarität gesetzt und die größte materielle Not gelindert werden.

Dass angemessene Entschädigungsforderungen von den Verantwortlichen, sei es in den Modekonzernen oder in der Regierung, nicht einfach akzeptiert, sondern blockiert, attackiert oder ausgehebelt werden, ist leider bittere Wahrheit.

- *Die Haltung der Regierung*: Solange die Hinterbliebenen nicht eindeutig belegen können, dass der/die Vermisste in einer der fünf Textilfabriken gearbeitet hat, bekommen sie keinen einzigen Taka. In etlichen Fällen dürfte ein solcher Nachweis allerdings unmöglich sein, insbesondere wenn einer Arbeiterin nie ein Arbeitsvertrag ausgestellt wurde, sondern nur ihre Identitätskarte. Und wie sollte sich die in den Trümmern wiederfinden lassen? Zudem sind auch fast zwei Jahre nach der Tragödie noch immer über hundert Leichen nicht identifiziert. Und auch all die Näherinnen, die nur vorübergehend als Springerin oder Aushilfe eingestellt waren, verfügen über keinen Nachweis, dass sie im Rana Plaza gearbeitet haben.

- *Die Haltung des Dachverbandes der Textilunternehmer*: Die BGMEA zahlte gemäß den gesetzlichen Vorgaben 2785 ehemaligen Arbeiterinnen einen Lohn von je rund 25 350 Taka (etwa 243 Euro). Es ist aber zu vermuten, dass Hunderte Arbeiterinnen überhaupt nichts erhielten.
- *Die Haltung der Einkäufer*: Das italienische Modeunternehmen Essenza mit dem Label Yes Zee drohte Mitarbeiterinnen der Clean Clothes Campaign (CCC) mit rechtlichen Schritten, sollte das Label im Zusammenhang mit der Rana-Plaza-Katastrophe öffentlich erwähnt werden – obwohl es bereits zugegeben hatte, in diesem Gebäude genähte Kleidung über einen Agenten bezogen zu haben.[4]

Quer- oder auch nur taub gestellt gegenüber Entschädigungsforderungen haben sich aber auch etliche weitere Modeunternehmen und Einkäufer, obgleich sie nachweislich Ware aus den Rana-Plaza-Fabriken gewinnbringend an ihre europäischen oder amerikanischen Kundinnen und Kunden verkauft haben. Dazu gehört auch KiK, der Textil-Discounter. Erst als in den Schutthaufen der Ruine unter anderem eine Bluse aus der aktuellen Verona-Pooth-Kollektion auftauchte, musste der Vorstand klein bei- und die Produktion in Rana Plaza zugeben, allerdings nicht, ohne die eigentliche Verantwortung wieder auf irgendeinen Importeur zu schieben.[5]

Die Adler Modemärkte behaupteten der CCC gegenüber ebenfalls, ein Auftrag sei – ohne Wissen des Unternehmens – von einem asiatischen Lieferanten vergeben, aber noch vor dem Einsturz des Gebäudes abgewickelt worden. Als wäre ein *vor* dem Einsturz erteil-

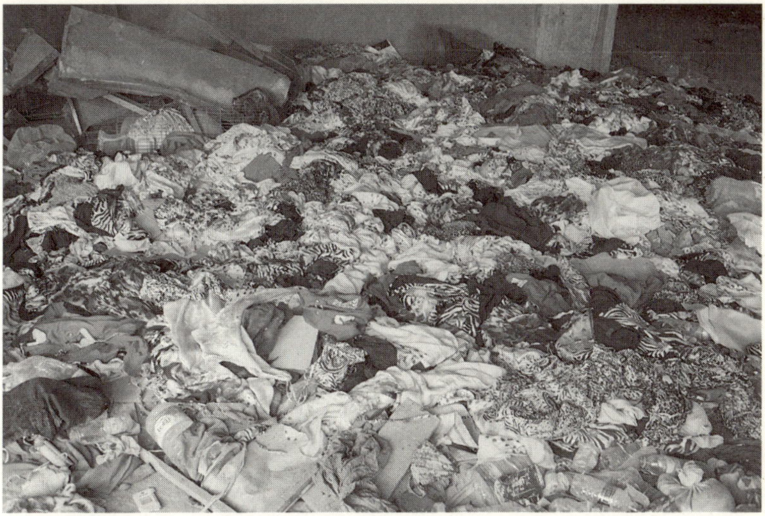

© Ayan Rehal

Kleidung aus der Rana-Plaza-Fabrik

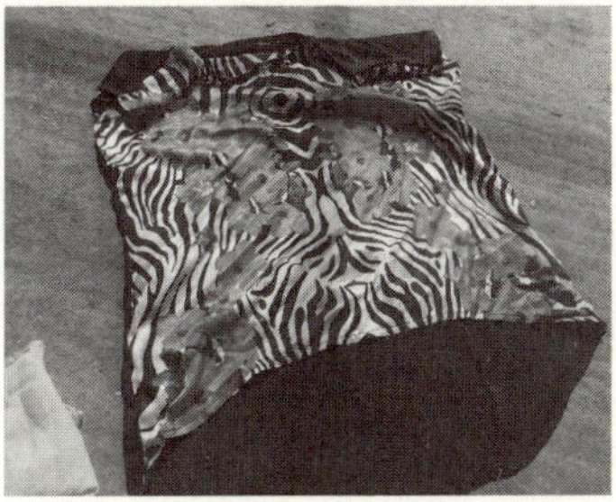

© Laura Gutierrez

Ein T-Shirt aus der Verona-Pooth-Kollektion von KiK, gefunden in den Trümmern von Rana Plaza

Verona-Pooth-Kollektion von KiK

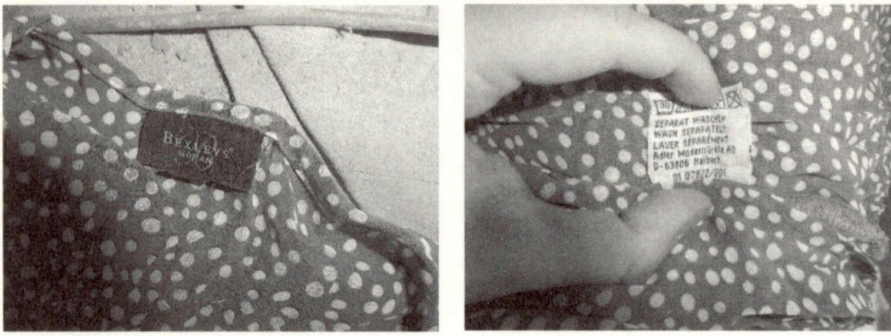




Bluse der Adler-Marke Bexleys, gefunden in den Trümmern von Rana Plaza

ter und abgearbeiteter Auftrag weniger kritisch zu beurteilen. Schließlich hatte sich ja die Gebäudesubstanz nicht schlagartig verschlechtert. Außerdem zeigt ein anderes Foto vom Unglücksort eindeutig eine Bluse der Adler-Marke Bexleys Adler.

Aus »humanitären Gründen«, so Adler, habe man sich trotzdem entschieden, über eigene Kontakte 20 000 Euro zu spenden. Was das Adler-Management offenbar nicht begreifen will: Eine Spende ist kein Ersatz für eine Entschädigung, auf die die Opfer gemäß internationalen Vereinbarungen ein Recht haben. Und außerdem: Es geht um Verantwortung für die gesamte Lieferkette, der sich die Bekleidungsunternehmen stellen müssen. Immerhin profitieren sie von den niedrigen Löhnen in Bangladesch und lassen genau deshalb dort produzieren.

NKD, einer der größten Textileinzelhändler in Deutschland und Österreich, gibt mittlerweile gegenüber der CCC zu, dass ein Agent im Jahr 2012 Aufträge in Rana Plaza platziert hat. Die CCC schrieb alle Unternehmen an, denen sie nachweisen konnte, dass sie im Rana Plaza produzieren ließen, und forderte sie zu Entschädigungszahlungen auf. Doch konkrete Entschädigungen wollte das NKD-Management nicht leisten.

Anders (re-)agierte Primark. Auch diese Textilkette hatte im Rana Plaza produzieren lassen, um die nimmersatte Nachfrage nach trendigen Billigklamotten in ihren mehr als 260 Filialen zu stillen. Als einziges Unternehmen überhaupt leistete es eine Überbrückungshilfe an die Familien von 3639 Fabrikarbeiterinnen in Höhe von drei Monatslöhnen à 15 000 Taka (144 Euro) und verlängerte diese Zusage nochmals um weitere drei Monate. Insgesamt zahlte Primark ca. 911 000 Euro – also eine knappe Million – als Soforthilfe. Indem der Konzern derart offensiv mit der Situation umging und sich medienwirksam seiner Verantwortung stellte – Chefjurist (!) Paul Lister wurde prompt zum Ethikchef ernannt –, gewann Primark im Gegensatz zu seinen zögerlichen oben genannten Konkurrenten offenbar schnell wichtige Vertrauenspunkte zurück. Und so drückte die Tragödie vom 24. April 2013 denn auch nicht auf die Bilanz des Unternehmens – vielmehr kletterte der Umsatz bis September 2013 auf rund 5 Mrd. Euro (ein Plus von 22 Prozent gegenüber dem Vorjahr) und der Gewinn um ganze 44 Prozent auf 624 Mio. Euro.[6]

Entsprechend gehörte Primark auch zu den wenigen Unternehmen, die im September 2013 an dem ersten, vom globalen Gewerkschaftsverband IndustriALL einberufenen Treffen in Genf teilnahmen. Eingeladen waren 28 Einkäufer, die nachweislich (vor allem aufgrund der Recherchen der Partner von CCC in Bangladesch) mit dem verhängnisvollen Rana-Plaza-Einsturz in Verbindung gebracht werden konnten, die also Kleidung verkauft haben, die dort genäht worden war. Erschienen sind aber nur neun.

**Verhandlungen über Entschädigungszahlungen in Genf, September 2013**

| *Anwesende Unternehmen:* | *Nicht anwesende Unternehmen:* |
|---|---|
| Bonmarché (UK) | Adler (D) |
| Camaieu (F) | Benetton (I) |
| El Corte Inglés (E) | C&A (D/B) |
| KiK (D) | Carrefour (F) |
| Loblaw (CDN) | Cato Fashions (USA) |
| Mascot (DK) | Children's Place (USA) |
| Matalan (UK) | Cropp/LPP (PL) |
| Primark (UK) | Dress Barn (USA) |
| Store Twenty One (UK) | Güldenpfennig (D) |
| | Inditex/Lefties (E) |
| | Kids for Fashion (D) |
| | Mango (E) |
| | Manifattura Corona (I) |
| | NKD (D) |
| | Pellegrini (I) |
| | Premier Clothing (UK) |
| | Texman / PWT Group (DK) |
| | Walmart (USA) |
| | Yes Zee/Essenza (I) |

An den folgenden Verhandlungen über die Entschädigungszahlungen waren unter der Leitung der ILO neben den genannten internationalen Einkäufern (federführend: Primark, Loblaw, Bonmarché, El Corte Inglés) auch lokale Gewerkschaften sowie international agierende Nichtregierungsorganisationen (unter anderem die CCC) beteiligt. Als entsprechend zäh erwies sich das Gezerre um Verantwortung und Gelder. Somit vergingen weitere Monate, in denen Verletzte und Hinterbliebene verzweifelt auf Medizin, Nahrung und Unterkunft gehofft haben. Erst Ende Dezember (acht Monate nach der Katastrophe!)

richtete dieses Koordinationskomitee einen Entschädigungsfonds für die Betroffenen ein. Gemäß der ILO-Konvention 121 (Leistungen bei Arbeitsunfällen und Berufskrankheiten, 1964) wurde für die Entschädigung von Familienangehörigen und Verletzten ein Finanzbedarf von rund 40 Mio. Dollar (knapp 30 Mio. Euro) ermittelt. Unterzeichner dieses Fonds sind die Regierung von Bangladesch, nationale Textilfabriken und internationale Einkäufer, internationale und bangladeschische Gewerkschaften sowie nationale und internationale Nichtregierungsorganisationen wie die Clean Clothes Campaign.

Bis zum Jahrestag des Einsturzes von Rana Plaza, also bis zum April 2014, hatten lediglich 17 Unternehmen überhaupt Zahlungen geleistet, von denen wiederum nur folgende bereit waren, die Höhe der Entschädigungssumme anzugeben:

- Primark – 1 Mio. Dollar,
- KiK – 500 000 Dollar,
- Güldenpfennig, seines Zeichens Lieferant von Aldi und Lidl – 500 000 Dollar und
- Loblaw, ein kanadisches Einzelhandelsunternehmen – 3,3 Mio. Dollar[7]

Einige Unternehmen haben offenbar so wenig in den Fonds eingezahlt, dass sie es vorziehen, sich über die Summe auszuschweigen. Andere Unternehmen verneinen ihre Verantwortung völlig und sind nicht bereit, überhaupt etwas zu zahlen – so etwa Adler mit einem Gewinn von 18 Mio. Euro (2013) oder auch NKD. Auch Benetton sperrt sich: Das Unternehmen machte 2012 einen Gewinn von 24 Mio. Euro, hat für die geschädigten Näherinnen aber keinen Cent übrig. Auch die erste Entschädigungszahlung von KiK in Höhe von 500 000 Dollar ist angesichts seines Umsatzes von 1,75 Mrd. Euro (373 000 resp. 1,31 Mrd. Euro; 2012) – ein Plus von 3,5 Prozent gegenüber dem Vorjahr – und seiner hohen Gewinne peinlich gering.

Die geringen Einzahlungen der Unternehmen in den Entschädigungsfonds veranlassten am 26. Juni 2014 die sieben Regierungen von Frankreich, Italien, Dänemark, Großbritannien, Spanien, Deutschland und den Niederlanden, die Unternehmen, die im Rana Plaza produzieren ließen, zu mahnen, endlich in den Fonds einzuzahlen. Möglicherweise brachte dieser Appell KiK dazu, seine Zahlung am 2. Juli 2014 auf eine Million Dollar (etwa 746 340 Euro) zu verdoppeln. Die CCC ist allerdings der Auffassung, dass KiK aufgrund der Höhe seines Umsatzes ca. 5 Mio. Dollar (3,73 Mio. Euro) in den Fonds einzahlen müsste.

Eine Gruppe von US-amerikanischen Unternehmen, darunter Walmart und Gap, zahlte die beschämende Summe von 2,2 Mio. Dollar (1,64 Mio. Euro) ein. Die Summe ist lächerlich angesichts der enormen Marktmacht von Walmart mit einem operativen Gewinn von 27,7 Mrd. Dollar (16,9 Mrd. Euro) im Jahr 2013 und dem Gewinn von Gap von 1,1 Mrd. Dollar (0,82 Mrd. Euro) im Jahr 2012 – ein Hohn gegenüber den Menschen, die ihr Leben für die Kleidung von Walmart oder Gap gelassen haben.

Primark hat als einziges Unternehmen eine realistische Entschädigung an die Opfer oder ihre Hinterbliebenen gezahlt. Zusätzlich zu der 1-Mio.-Dollar-Direktzahlung an alle Arbeiterinnen direkt nach dem Unglück zahlte Primark in den offiziellen Entschädigungsfonds, der unter Aufsicht der ILO und nationaler Organisationen gleichmäßig an alle Opfer verteilt werden soll, weitere eine Million Dollar ein. Den Vertretern des Entschädigungsfonds gelang es nicht, die Iren davon zu überzeugen, die Gesamtsumme von 10 Mio. Dollar in den Fonds einzuzahlen. Denn weitere 9 Mio. Dollar ließ der Billigdiscounter lieber direkt den 580 Opfern beziehungsweise deren Hinterbliebenen zukommen, die in der Fabrik New Wave Bottoms für ihn genäht hatten. Eine Einzahlung in den Fonds hätte allen Opfern gleichermaßen geholfen und vermieden, dass einige besser entschädigt werden als andere.

Zwar hat sich Primark im Fall Rana Plaza besser verhalten als die meisten anderen Unternehmen, doch bedeutet dies nicht, dass ansonsten die Arbeitsbedingungen bei den Lieferanten von Primark

Demonstration der Gewerkschaft NGWF am 25. Mai 2014

akzeptabel seien. Ganz im Gegenteil: Im Juni 2014 wurde bekannt, dass SOS-Rufe auf Etiketten von Primark aus chinesischen Gefängnissen zusammen mit einem Gefängnisausweis geschmuggelt worden waren. In eine Hose war die Nachricht eingelegt worden: »Wir sind Gefangene im Xiangnan-Gefängnis in der Provinz Hubei in China. Wir arbeiten 15 Stunden am Tag, und das Essen, das wir bekommen, würde man weder Hunden noch Schweinen vorwerfen.«[8]

Primark hält diese Aussage für eine Denunziation und gibt an, nichts von Gefängnisarbeit zu wissen. Sollte sich der Vorwurf indes erhärten, so wäre dies ein gravierender Verstoß gegen die ILO-Kernarbeitsnormen, wonach Zwangsarbeit verboten ist. Es ist gut möglich, dass der Auftrag ohne Wissen von Primark an einen Unterauftragnehmer gegangen ist, doch genau das ist das Problem: Unternehmen müssen ihre Lieferkette kennen.

Zurück nach Bangladesch. Bis Juni 2014 war der Fonds nur mit 17 Mio. Dollar gefüllt, benötigt werden aber 40 Mio. Dollar (12,69 Mio.

statt 29,85 Mio. Euro). Letztlich sind alle Unternehmen, die in Bangladesch produzieren lassen – unabhängig davon, ob sie im Rana Plaza Aufträge platziert hatten oder nicht –, aufgefordert, in den Fonds einzuzahlen. Bisher hat nur H&M, das nicht im Rana Plaza produzieren ließ, dies über seine Conscious Foundation getan, allerdings ohne die konkrete Summe zu nennen. Während sich viele Bekleidungsunternehmen zu schade sind, zahlte eine völlig unbeteiligte Stiftung, nämlich die Astraea Lesbian Foundation for Justice*, in den Fonds ein – offenbar als Zeichen der internationalen Solidarität mit den vielen weiblichen Opfern in Bangladesch. Und auch die internationale Gewerkschaft Trade Union Congress (TUC) überwies einen Solidaritätsbeitrag von 20 000 US-Dollar.

Auch wenn dies in Europa niemand erfährt, so gibt es doch viele Proteste in Bangladesch. Die Gewerkschaft NGWF organisiert monatliche Demonstrationszüge, um die Aufmerksamkeit für die Entschädigungszahlungen aufrechtzuerhalten.

**Die fünf Forderungen der NGWF**

1. Alle 28 Einkäufer von Rana Plaza müssen einen angemessenen Beitrag in den Entschädigungsfonds einzahlen.
2. Auch der Besitzer des Rana-Plaza-Gebäudes und die Besitzer der fünf Fabriken müssen Entschädigungszahlungen leisten.
3. Die Regierung Bangladeschs sollte ebenfalls in den Fonds einzahlen.
4. Auch die BGMEA sollte sich an dem Fonds beteiligen.
5. Alle internationalen Einkäufer, die in Bangladesch produzieren lassen, sollten Fondszahlungen leisten.

* Die in New York registrierte Astrea beansprucht, die einzige weltweit operierende Wohltätigkeitsorganisation zu sein, die sich für die Rechte der LGBTQI einsetzt. Dieses Kürzel steht für lesbian, gay, bisexual, transgender, queer und intersex individuals.

## Sicherheitsabkommen: hoffnungsvoll

Nicht erst seit den Katastrophen von Tazreen und Rana Plaza sind die gravierenden Probleme in der globalen Bekleidungsindustrie bekannt. Immer wieder sind Textilarbeiterinnen in Bangladesch (ebenso wie in anderen asiatischen Ländern), die Kleidung für europäische und amerikanische Kunden produzierten, bei Fabrikbränden verletzt worden oder gar ums Leben gekommen. Schuld am Ausmaß dieser alles andere als naturgegebenen Unglücksfälle waren meist verschlossene Notausgänge, fehlende Feuerleitern, kaputte Feuerlöscher oder vergitterte Fenster.

Um künftig derartige Katastrophen zu verhindern, muss in sämtlichen Textilfabriken Bangladeschs die Sicherheit gewährleistet sein, und zwar im Hinblick auf Statik, Elektrik und Brandschutz. Darin waren und sind sich – zumindest in der Öffentlichkeit – alle und immer einig. Doch schon bei den beiden zentralen Fragen, wer wofür verantwortlich ist und wie sich die Sicherheitserfordernisse praktisch umsetzen lassen, gehen Meinungen, Engagement und Transparenz auseinander.

So waren es innerhalb weniger Monate nach dem Tazreen-Brand und dem Einsturz des Rana-Plaza-Gebäudes mit einem Mal *drei* verschiedene Initiativen, die versuchten, diese dringenden Fragen zu beantworten:

1. der Bangladesh Safety Accord, den vor allem europäische Unternehmen unterzeichnet haben und der am weitesten reicht,
2. die Alliance for Bangladesh Worker Safety, initiiert von US-amerikanischen Unternehmen,
3. und der National Tripartite Action Plan, eine Initiative unter Leitung der ILO.

## Der Bangladesh Safety Accord

Das internationale Abkommen für Gebäudesicherheit und Brandschutz – The Accord on Fire and Building Safety in Bangladesh – soll den längst überfälligen Anfang vom Ende dieser unmenschlichen Arbeitsbedingungen bedeuten. Die CCC trug maßgeblich dazu bei, dass das Abkommen gemeinsam mit lokalen Gewerkschaften entwickelt wurde und 2012 allen internationalen Einkäufern mitsamt ihren einheimischen Lieferanten unterschriftsreif vorlag. Tchibo und der US-amerikanische Kleidungskonzern Philipps-Van-Heusen (PVH) – der sich hinter den Marken Calvin Klein und Tommy Hilfiger verbirgt – unterzeichneten als Erste eine Vorläuferversion. Alle anderen Großimporteure von Blazern, Blusen, BHs usw. aus Bangladesch hingegen sahen darüber hinweg und bei ihren Produzenten/Lieferanten offenbar keinerlei Handlungsbedarf in Sachen Sicherheit.

Zusammen mit Kolleginnen der CCC stellte ich Ende 2012/Anfang 2013 dieses Abkommen vier Unternehmen (Metro, KiK, C&A, Lidl) vor – doch alle lehnten ab, es zu unterzeichnen. Erst durch die fast 1200 Opfer des Rana-Plaza-Einsturzes wurde der öffentliche Druck auf die Unternehmen so stark, dass sie endlich zur Unterschrift bereit waren.

Der Bangladesh Safety Accord wurde dann im Mai 2013 veröffentlicht und zunächst von 17 Unternehmen unterschrieben. Bis zum Jahrestag des Einsturzes im April 2014, also nach einem Jahr, waren es dann 172 Unternehmen.

Doch nicht nur Modelabel wie Adidas und Esprit oder Discounter wie H&M, Aldi und Lidl gehören zu den Unterzeichnern. Erstunterzeichner sind auch acht bangladeschische Gewerkschaften sowie die beiden großen Gewerkschaftsdachverbände UNI Global Union (Dienstleistungsgewerkschaften) und IndustriALL. Vier Nichtregierungsorganisationen – CCC, Maquila Solidarity Network (Kanada), Workers' Rights Consortium (USA), International Labour Rights Forum (USA) – haben das Abkommen als Zeugen ebenfalls unterschrieben. Die ILO wiederum sitzt dem Gremium als unabhängiges Organ vor.

**Die wichtigsten Eckpunkte**

- Es handelt sich um ein rechtlich bindendes Abkommen zwischen Unternehmen und Gewerkschaften für eine Dauer von fünf Jahren.
- Es ist eine Initiative, die von globalen Gewerkschaften ausgeht und sowohl diese als auch NGOs einbezieht.
- In den Fabriken der unterzeichnenden Unternehmen werden Sicherheitsinspektionen unter Beteiligung der Gewerkschaften durchgeführt (Statik, Elektrik, Feuerschutz).
- Transparenz: Eine aggregierte Liste aller Fabriken und die Ergebnisse der Fabrikinspektionen werden auf der Webseite www.bangladeshaccord.org veröffentlicht.
- Die Sicherheits- und Gesundheitskomitees in jeder Fabrik sollen von den Arbeiterinnen *gewählt* und nicht wie bisher üblich vom Management ernannt werden.
- Beschwerdemechanismen werden auf Fabrikebene eingeführt.
- Ein Aus- und Fortbildungsprogramm für Management und Arbeiterinnen über Feuerschutz- und Sicherheitsfragen wird durchgeführt.
- Die Beschäftigten haben das Recht, Arbeit ohne Lohneinbußen zu verweigern, wenn ihre Sicherheit bedroht ist (entsprechend der ILO-Konvention 155).
- Jedes unterzeichnende Unternehmen zahlt bis zu 500 000 Euro pro Jahr (bemessen an dem jeweiligen Auftragsvolumen in Bangladesch) in den Accord-Verwaltungsfonds für die Durchführung von Inspektionen, Trainings und anderen Programmen.
- Darüber hinaus verpflichtet sich jedes Unternehmen, seine Zulieferer bei notwendig durchzuführenden Renovierungs- und Sicherheitsmaßnahmen zu unterstützen.

## Unterzeichner und Verweigerer

Die mittlerweile über 180 Unterzeichner verpflichten sich, ihre Lieferanten in Bangladesch gegenüber dem Accord offenzulegen. Diese werden in Form einer umfassenden alphabetischen Liste von der Accord-Foundation ins Netz gestellt. Ein Blick auf diese 34-seitige Liste mit 1539 Fabriken führt einem, wie ich finde, sehr deutlich vor Augen, welch wirtschaftliche Dimension die Bekleidungsbranche in Bangladesch tatsächlich einnimmt.[9]

Diese Liste ist ein wichtiger Schritt in Richtung mehr Transparenz – wenngleich die Fabriken nicht einzelnen Einkäufern zugeordnet werden können. Eine konkrete Zuordnung gefährde ihren Wettbewerbsvorsprung, behaupten die Unternehmen/Einkäufer. Oder befürchten sie vielleicht doch, mit bestimmten Fabriken in Verbindung gebracht zu werden, von denen bereits Missstände bekannt sind?

**Deutsche Accord-Unterzeichner**

Unternehmen aus Deutschland bilden die größte Gruppe der Unterzeichner. 49 Firmen waren es im Juli 2014 insgesamt, darunter Adidas, Ernsting's Family, Esprit, Güldenpfennig, Hessnatur, Karstadt, Metro, Multiline, Ospig, Otto, Puma, Rewe, S.Oliver, Steilmann und Tchibo sowie die Discounter Aldi, Lidl und KiK.

**Internationale Unterzeichner (Auszug)**

Abercrombie & Fitch, Benetton, C&A, Carrefour, El Corte Inglés, G-Star, H&M, Helly Hansen, Inditex (Marke: Zara), Mango, Marks & Spencer, Primark, PVH (Marken: Calvin Klein, Tommy Hilfiger), Switcher, Tesco.

**Verweigerer**

Und hier einige der deutschen Unternehmen, die vermutlich jedes Jahr viel Umsatz mit Kleidung aus Fabriken in Dhaka, Sabhar oder Gazipur machen, die aber den Bangladesh Safety Accord nicht unterzeichnet haben: Adler, Betty Barclay, Brax, Cecil, Escada, Gardeur, Gerry Weber, Hugo Boss, NKD, Peek & Cloppenburg, Seidensticker, Street One, Tom Tailor.

Es ist bemerkenswert, dass Luxusmarken wie Hugo Boss, Seidensticker oder Escada es offenbar nicht für nötig halten, das Abkommen zu unterzeichnen. Zumindest für Hugo Boss und Seidensticker ist mir bekannt, dass sie in Bangladesch produzieren lassen. Sie standen offenbar bisher zu wenig unter öffentlichem Druck und vermittelten der Öffentlichkeit das Bild, dass bei ihren Produzenten die Sicherheitsstandards ausreichend seien, sodass sie sich nicht veranlasst sehen, den Accord zu unterschreiben.

## Die Alliance for Bangladesh Worker Safety

Diese Alliance geht auf eine ausschließlich US-amerikanische Initiative zurück, deren Federführung die Konzerne Walmart und Gap Inc. übernommen haben. Es ist im Gegensatz zum Accord ein »Abkommen light« , da es nicht rechtlich verbindlich ist.

Insgesamt 26 US-Unternehmen[10], darunter Target und VF Corporation (Lee und Wrangler), haben das Abkommen, das am 10. Juli 2013 – zwei Tage nach dem Accord – verabschiedet wurde, unterzeichnet.

**Die wichtigsten Eckpunkte**

- Es ist eine rechtlich nicht bindende Initiative von US-Unternehmen für fünf Jahre.
- Es stehen 42 Mio. Dollar (etwa 31 Mio. Euro) zur Verfügung, um
  1. Inspektionen in den 587 Fabriken der Zulieferer durchführen zu lassen.
  2. eine Beschwerde-Hotline für Arbeiterinnen einzurichten.
  3. ein Sicherheitstraining für Management und Arbeiterinnen durchzuführen.
- Die Ergebnisse der Fabrikinspektionen werden auf die Webseite gestellt, es wird also wie bei Accord Transparenz hergestellt für die Öffentlichkeit.
- Den Fabrikbesitzern, die nach den Inspektionen Umbaumaßnahmen durchführen müssen, um ihre Fabriken sicherer zu machen, wurde ein Zugang zu zinsgünstigen Krediten bis zu 100 Mio. Dollar (74,64 Mio. Euro) zugesichert.

- Alliance hat einen 5-Mio.-Dollar-Fonds (3,73 Mio. Euro) zur Unterstützung der »vorübergehend entlassenen« Arbeiterinnen geschaffen. Aus diesem Fonds erhalten die Arbeiterinnen, deren Fabriken aus Sicherheitsgründen vorübergehend geschlossen werden müssen, vier Monatslöhne zur Überbrückung.

Im Gegensatz zum Accord ist bei der Alliance kein Gesundheitskomitee mit gewählten Arbeiterinnen auf Fabrikebene vorgesehen. Mesbach Rabin, der Leiter der Alliance, berichtete mir im Januar 2014 in einem persönlichen Gespräch von Krediten, die die Fabrikbesitzer in Anspruch nehmen könnten, unter anderem von der Internationalen Finanz-Corporation (IFC), einer Tochter der Weltbank. Grundsätzlich ist die Alliance aber der Auffassung, dass nicht sie, also Walmart, Gap und all die anderen amerikanischen Großeinkäufer von möglichst billig produzierter Kleidung, für die Sicherheit der Textilarbeiterinnen verantwortlich seien, sondern die Fabrikbesitzer.

Die Alliance ist fraglos ein Ausdruck für die Zwangslage der amerikanischen Konzerne, die zwar nicht dem Accord beitreten wollen, aber gegenüber der Öffentlichkeit zeigen müssen, dass sie auch »etwas tun«, um ein zweites Rana Plaza zu vermeiden. Letztlich aber ist dieses Abkommen nicht so weitreichend wie der Accord, da die Unternehmen sich nicht verbindlich und rechtlich einklagbar zu etwas verpflichten.

## Der National Tripartite Action Plan

Am 25. Juli 2013 wurde der National Tripartite Plan of Action in Fire Safety für den Bekleidungssektor in Bangladesh – kurz: National Tripartite Action Plan (NAP) – unter Leitung der ILO sowohl von Vertretern der Regierung in Dhaka und Unternehmern der Textilbranche als auch von Gewerkschaftsvertretern unterzeichnet.

Der Plan sieht Inspektionen der Fabriken vor, durchgeführt von Ingenieuren der Bangladesh University of Engineering and Technology (BUET). Über die ILO erhält die Regierung Bangladeschs Mittel, all jene Fabriken zu überprüfen, die nicht von den beiden anderen Gruppierungen Alliance und Accord erfasst werden. Auf diese Weise sollen – so die Theorie – alle Fabriken in Bangladesch auf Baumängel, Brandschutz und elektrische Sicherheit hin überprüft werden.

Der NAP konzentriert sich ausschließlich auf die Durchführung von Inspektionen in den Fabriken. Das heißt: Darüber, wie die Verbesserungsmaßnahmen finanziert werden sollen, macht er keinerlei Aussagen, genauso wenig wie über Trainingsmaßnahmen, Wahlen von Vertretern und Vertreterinnen der Beschäftigten oder Beschwerde-Hotlines.

## Die Umsetzung der Abkommen

Das übergeordnete Ziel der drei Initiativen Accord, Alliance und NAP ist die Überprüfung der Textilfabriken in Bangladesch, wobei sich die drei – nach heftigem Ringen – auf gemeinsame technische Mindeststandards im Hinblick auf Elektrik, Bauvorschriften und Feuerschutz geeinigt haben.

Einer davon ist der seit 2006 bestehende Bangladesh National Building Code, eine Bauvorschrift, die unter anderem die Dicke von tragenden Stützpfeilern u. ä. festlegt. Mesbach Rabin sagte mir bei meinem Besuch im Februar 2014, dass nur 14 Prozent aller Gebäude in Bangladesch diesem Standard entsprechen. Alles andere sind Altbauten, die vor 2006 errichtet wurden, als es diese Vorgaben noch nicht gab.

Trotz dieser gemeinsamen Grundlage zeigten die Ergebnisse der ersten Inspektionen schnell, dass die Tiefe der Prüfungen bei den drei Initiativen unterschiedlich ist, wobei Accord am strengsten prüft. Die Struktur für die Prüfungen ist aber bei allen drei die gleiche: Es werden pro Fabrik jeweils drei Bereiche (Statik, Elektrik und Feuerschutz) geprüft und darüber entsprechend drei Berichte sowie ein weiterer mit einer Liste der zu behebenden Mängel inklusive Zeitliste (Corrective Action Plan) veröffentlicht.

Positiv zu vermerken ist die Einigung der drei Initiativen, doppelte Prüfungen zu vermeiden, da ungefähr 15 Prozent der zu überprüfenden Fabriken sowohl für Accord- als auch für Alliance-Unterzeichner produzieren. So überprüft Alliance 587 Fabriken mit weniger als einer Million Beschäftigten; Accord übernimmt über 1600 Fabriken mit geschätzten zwei Millionen Beschäftigten, und die übrigen Fabriken sollen über den NAP inspiziert werden. Laut Jahresbericht hat Accord bis Juni 2014 rund 800 Fabrikinspektionen durchgeführt, das sind rund die Hälfte seiner zu überprüfenden Fabriken. Die Alliance hat laut ihrem Jahresbericht alle 587 Fabriken kontrolliert.[11]

Ein grundsätzliches Problem besteht darin, dass, wie weiter vorne bereits ausgeführt, die genaue Anzahl der Textilfabriken gar nicht bekannt ist. Insofern werden einige Fabriken vermutlich niemals überprüft werden. Insbesondere von den vielen kleineren Textilfabriken, jenen Unterauftragnehmern, die fast täglich in irgendeinem (illegal errichteten) Gebäude entstehen, werden voraussichtlich etliche durch das Überprüfungsnetz fallen – und eine potenzielle Gefahrenquelle für die dortigen Arbeiterinnen bleiben. Der Unternehmensverband BGMEA spricht von 1200 Unterauftragnehmern, die offiziell bekannt sind, die Dunkelziffer aber ist vermutlich höher.

Es dauerte, bis ein solches Überprüfungsnetz halbwegs zu funktionieren begann. Neben dem komplizierten Abstimmungsprozess zwischen den drei Initiativen mussten Accord und Alliance erst einmal die eigenen Strukturen aufbauen, bevor sie mit den eigentlichen Inspektionen der Fabriken beginnen konnten. Accord hat vier internationale Ingenieurfirmen (Woosun, Hughes, Arup und WSP) unter Vertrag genommen, die bei den Inspektionen insgesamt rund 110 internationale und lokale Experten einsetzen. Das technische Team wird von dem kanadischen Brandschutzexperten Brad Loewen geleitet.

Diese Strukturen verschlingen natürlich auch viel Geld. Dies ruft den Neid und die Missgunst vieler Fabrikbesitzer auf den Plan, die über die von außen verordnete Kontrolle nicht begeistert sind. »Das viele Geld, das die Unternehmen jetzt in Alliance und Accord stecken, hätten sie lieber mal uns geben sollen. Sie trinken Champagner, reden viel und steigen in teuren Hotels ab«, sagte der Fabrikbesitzer Enamul Haque, den ich im Februar 2014 im Vorzimmer des BGMEA-Präsidenten traf. Er gab auch ganz offen zu, dass in Bangladesch vermutlich nur 500 bis 1000 Fabriken »compliant« sind, also Sozialstandards einhalten. Er selbst habe keine Lust mehr, das Geschäft werde zu mühsam, »zu viele Auflagen«.

Walmart (wie auch einige andere Textilkonzerne) hatten ihre 200 Produzenten gleich nach dem Einsturz von Rana Plaza überprüfen lassen – vermutlich, um kritischen Medienberichten zuvorzukommen, aber auch, um nicht selbst in ein zweites Rana Plaza verwickelt zu werden. Es heißt, bei dieser vom beauftragten Bureau Veritas – einer Consultingfirma, die auch Sozialaudits durchführt – vorgenommenen Prüfung seien zehn Fabriken durchgefallen. Das Problem ist, dass die meisten Einkäufer ihre Waren über Agenten einkaufen und die Fabriken selber somit oft gar nicht kennen. Der Präsident der BGMEA, Mohammed Atiqul Islam, ist sogar der Meinung, 90 Prozent des Geschäfts werde über Agenten abgewickelt, wie er mir ebenfalls im Februar sagte.

Weitere große Probleme: Wie kann die Bezahlung der Arbeiterinnen bei der vorübergehenden Schließung einer Fabrik zur Abstellung der Mängel sichergestellt werden? Und wer trägt die Kosten für die unter Umständen dringend erforderlichen Renovierungen, Sanierungen oder gar Umbauten? Die Accord-Unterzeichner haben sich zwar verpflichtet, den Fabrikbesitzern bei der Beschaffung günstiger Kredite oder anderer finanzieller Unterstützung behilflich zu sein, doch wie das konkret aussieht, wird sich erst im Laufe der Zeit zeigen. Gerade deshalb sind aus meiner Sicht das Trainingsprogramm von Accord und die Gesundheitskomitees mit gewählten Arbeiterinnen in den Fabriken fast so wichtig wie die Inspektionen der einzelnen Produktionsstätten. Denn auf diese Weise wird eine kompetente Mitsprache der Beschäftigten aufgebaut, die letztlich dazu führt, dass die eigentliche Kontrolle von innen erfolgt: durch die Arbeiterinnen selbst. Wird der Accord wie geplant umgesetzt, erhalten die Gewerkschaften zudem erstmals Zugang zu den Fabriken, was ebenfalls langfristig Chancen der Mitsprache und Beteiligung eröffnet.

## Ergebnisse der ersten Überprüfungen

Laut der veröffentlichten Accord-Inspektionsberichte wurden in vielen Fabriken immer wieder ähnliche Mängel festgestellt: ungeschützte elektrische Leitungen in Gängen und Treppenhäusern, keine automatischen Rauchmelder und Feueralarmsysteme, statische Mängel, eine zu hohe Gewichtsbelastung einzelner Stockwerke (Einsturzgefahr), vollgestopfte Lagerräume, schwere Wassertanks auf dem Dach, nicht genehmigte Gebäudehöhen (also zusätzliche Aufstockungen), zu enge und zu wenige Notausgänge, keine Sprinkleranlagen.

In einem dieser Berichte wird unter anderem bemängelt, dass in der betreffenden Fabrik die Türen zu den Ausgängen nicht feuersicher sind, dass im Erdgeschoss, in das die Treppen führen, Stoffballen und andere leicht brennbare Materialien gelagert werden, dass Schiebetüren zu den Ausgängen mit Vorhängeschlössern gesichert sind (woraus zu schließen ist, dass sie abgeschlossen sind und sich nicht öffnen lassen), dass der Rauchanzeiger nicht automatisch Feueralarm auslöst, dass Sprinkleranlagen fehlen, dass elektrische Drähte frei im Raum hängen, dass Kabel ungeschützt auf dem Boden liegen … Und hinsichtlich der Statik wurde festgestellt, dass einige Säulen Risse aufweisen, weshalb dringend geprüft werden müsse, welches Gewicht sie wirklich tragen können. Außerdem liege keine offizielle Zulassung für die beiden oberen Stockwerke vor. Die Liste der dringend zu behebenden Probleme ist erschreckend.

Brad Loewen, der technische Leiter von Accord, spricht von einem »aggressiven Plan«[12], den alle Accord-Beteiligten in den nächsten fünf Jahren verfolgen müssen. Und Rob Wyass, der Direktor des Accord, machte noch einmal deutlich, dass die Hauptverantwortung bei den Fabrikbesitzern liegt. Die Einkäufer ihrerseits hätten aber zugesichert, bei der Kreditsuche behilflich zu sein, falls eine Fabrik die Kosten nicht stemmen könne, um all die nachgewiesenen Mängel zu beseitigen und die vereinbarten Sicherheitsstandards zu gewährleisten.

Am 10. April 2014 teilte der Vizepräsident der BGMEA, Shahidullah Azim, der Presse mit, dass 11 500 Arbeiterinnen aufgrund der Schließung von fünf Fabriken in Dhaka und vier in Chittagong vorübergehend ihre Arbeit verloren hätten. Den Beschäftigten sollen jedoch – den gesetzlichen Vorgaben gemäß – weitere drei Monatslöhne ausgezahlt worden sein. Accord spricht sogar von 14 Fabrikschließungen, fügt aber auch hinzu, dass dies nicht einmal zwei Prozent von bisher über 800 untersuchten Fabriken entspricht.[13] Von den 14 Fabriken müssen vier geschlossen bleiben, bei sieben gehe es darum, die Gewichtsbelastung zu reduzieren, und bei dreien versuche man, sie woanders anzusiedeln, so Rob Wyass. 59 weitere Fabriken weisen ihm zufolge gravierende Mängel auf und bedürfen größerer Reparaturen oder Umbauten, ohne jedoch dafür die laufende Produktion einstellen zu müssen.

Die Alliance erklärte am 1. Mai 2014, dass sie vier Gebäude, die zusammen fünf Fabriken beherbergen, aus Sicherheitsgründen zur Schließung empfohlen habe. Der NAP wiederum hat laut EU-Bericht empfohlen, zwei von den insgesamt 282 bisher untersuchten Fabriken zu schließen.[14]

NAP, Accord und Alliance können nicht von sich aus die Schließung der von ihnen für gefährlich befundenen Fabriken verfügen, sondern müssen sich hierfür an ein beim Arbeitsministerium extra dafür eingerichtetes Komitee wenden, das dann die Schließung anordnet. Zunehmend widersetzen sich aber die betroffenen Sweatshop-Unternehmer der Schließung ihrer Fabrik und kritisierten insbesondere die Inspektionen von Accord als überzogen, sodass Accord unter scharfen Beschuss geriet. Dem liegt teilweise ein Streit über die Säulen-, Decken- und Wandstärken zugrunde, die von der Regierung als noch ausreichend, von den Accord-Ingenieuren jedoch als ungenügend angesehen werden. Insbesondere Gebäude, die vor 2005 gebaut wurden, haben laut Accord oft keine ausreichend starken Betonsäulen. Die Regierung verweigerte in einigen Fällen die beantragte Schließung von Fabriken. Zudem akzeptiert Accord inzwischen nicht mehr alle Fabrikprüfungen, die Alliance durchführt, und zwar in den Fällen, wo sie direkt von Einkäufern in Auftrag gegeben wurden. Gemäß den Richtlinien von Accord müssen die Kontrollen unabhängig von einzelnen Unternehmen von einer neutralen Institution durchgeführt werden.

Auch der Unternehmerverband BGMEA fühlt sich logischerweise von den Fabrikkontrollen bedroht und gibt deshalb immer neue Pressemeldungen heraus, in denen er ein dramatisches Bild über das Elend der freigesetzten und/oder entlassenen Arbeiterinnen zeichnet. Ihm geht es dabei allerdings ums Business; die schwierige Lage der Beschäftigten dient in erster Linie bloß als Vorwand. So gab am 11. Mai 2014 Shahidullah Azim bekannt, dass seit der Rana-Plaza-Katastrophe fast 176 Fabriken geschlossen worden seien. Interessant ist dabei aber die Tatsache, dass die Mehrheit der Fabriken nicht aufgrund von Prüfberichten von Accord und Alliance geschlossen wurde, sondern viele auf Initiative der Fabrikbesitzer selbst. Angeblich konnten einige den erhöhten Mindestlohn nicht zahlen, weil sie von den Einkäufern keine höheren Preise für ihre Waren bekämen, so die Klage. Vor allem aber scheinen Einkäufer keine Aufträge mehr an Fabriken zu geben, die in einem multifunktionalen Gebäude untergebracht sind, wie es bei Rana Plaza der Fall war: unten eine Bank, darüber die Fabriken. Die einzelnen Fabrikbesitzer haben als Mieter von Etagen keinen Einfluss auf das Gebäude insgesamt. Deshalb lehnen Großeinkäufer es nach dem Unglück von Rana Plaza ab, weiterhin mit solchen Fabriken zusammenzuarbeiten, und favorisieren solche Lieferanten, die ein eigenes Fabrikgebäude besitzen. Dies ist ein eindeutiger Beleg für die Macht der Einkäufer: Wenn sie wollen, können sie klare Maßstäbe für den Einkauf vorgeben – das ließe sich auch auf die Einhaltung von Sozialstandards anwenden, nur passiert das leider nicht.

Die Schließung von Fabriken wird vermutlich immer dann unvermeidlich sein, wenn die erforderlichen Umbaumaßnahmen zu kostspielig sind. Weil aber die Sicherheit der Beschäftigten Vorrang hat (oder doch zumindest haben sollte), kommt es darauf an, den betroffenen Näherinnen Arbeitsplätze in anderen Fabriken zu vermitteln. Laut Accord sollen die Beschäftigten während der Schließung bis zu sechs Monate lang eine Lohnfortzahlung erhalten. Die Praxis zeigt allerdings, dass dieser Plan nicht aufgeht: Die Beschäftigten konnten bisher höchstens mit drei Monatslöhnen rechnen, in anderen Fällen erhielten sie gar nichts.

Alliance hat einen 5-Mio.-Dollar-Fonds (3,73 Mio. Euro) eingerichtet, aus dem bis Mai 2014 fast 1000 Arbeiterinnen zwei Monate lang eine Lohnfortzahlung erhielten, deren Fabrik geschlossen worden war.

**Der Fall Tesco**

Das britische Unternehmen Tesco, das zu den Accord-Unterzeichnern gehört, ließ bei Liberty Fashion in Sabhar nähen. Nachdem Tesco-Prüfer im September 2013 auffällige Risse im vierten Stockwerk des Gebäudes entdeckt hatten (sofort wurden die grausigen Bilder vom Rana Plaza wieder lebendig), beantragten sie gemäß den Kriterien dieses Abkommens, das Gebäude umgehend schließen und dort nicht mehr arbeiten zu lassen. Tesco war nun laut Abkommen verpflichtet, die Lohnfortzahlung beim Lieferanten sicherzustellen, bis keine Gefahr mehr für das Leben der Arbeiterinnen bestand. Der Fabrikbesitzer ließ die Arbeiterinnen zunächst in einem anderen

Gebäude des Fabrikkomplexes weiterarbeiten, während Tesco seiner Verpflichtung nachkam und etwa eine Million Dollar auf das Konto des Textilunternehmers überwies. Doch da Liberty Fashion verschuldet war, behielt die Bank einen Großteil der Geldsumme ein. Die Folge: Kaum etwas kam überhaupt bei den 5500 Arbeiterinnen an. Jede von ihnen erhielt am 15. Oktober 2013 gerade mal 1500 Taka (etwa 14 Euro). Zudem blieben nun die Aufträge aus, sodass die Fabrik schließen musste: Alle 5500 Arbeiterinnen verloren ihren Arbeitsplatz und somit ganze Familien ihre Existenzgrundlage.[15] Dieser Fall zeigt, was *nicht* passieren sollte … Das Accord-Koordinierungskomitee versprach, sich zu kümmern.

Positiv hervorzuheben ist die Tatsache, dass die detaillierten Inspektionsberichte auf den Websites von Accord und Alliance für jedermann einsehbar sind.[16] Das ist ein Novum, denn bislang sind derartige Prüfungsergebnisse (Audits) nur den jeweiligen Fabrikbesitzern und Einkäufern zugänglich gewesen. Mit den Berichten erhalten jetzt erstmals auch die Beschäftigten Einblick. Während Alliance bis Mitte Juli 2014 Inspektionsberichte über 45 Fabriken ins Netz gestellt hat, veröffentlichte Accord 100 Berichte, darunter waren auch einige der für dieses Buch untersuchten Fabriken.

Zusätzlich zu den Inspektionen enthält das Accord-Abkommen, wie oben dargestellt, weitere Maßnahmen, die sich auf die Beschäftigten beziehen. So wurden über 2000 Vertreter der Belegschaften über die Inspektionen und die zu erfolgenden Korrekturmaßnahmen informiert. Parallel erhielten über hundert Delegierte von 14 Gewerkschaften, die im internationalen Dachverband IndustriALL organisiert sind, Fortbildungen zu dem Thema. In den unter dem Accord erfassten Fabriken sollen demnächst Wahlen zu den Arbeitsschutzkomitees stattfinden. In den meisten Fabriken werden es die ersten Wahlen sein, denn in der Vergangenheit hat meist das Management die Komiteevertreter und -vertreterinnen benannt.

Trotz des vermutlich noch ziemlich langen Weges mit etlichen Hürden und Barrieren muss der Accord als ein Meilenstein bei der

Verbesserung der Sicherheitssituation in Bangladeschs Textilfabriken bezeichnet werden – und als lebenswichtig für Millionen von Arbeiterinnen. Der Einsturz einer Schuhfabrik in Kambodscha am 16. Mai 2013 mit mehreren Todesopfern sowie der Brand in der pakistanischen Textilfabrik Ali Enterprises am 11. September 2012 mit fast 300 Toten zeigen zudem einmal mehr, dass ein solches Brand- und Gebäudeschutzabkommen auch für andere Länder dringend nötig ist, um die dortigen Regierungen davon abzubringen, weiterhin verantwortungslos gegenüber der eigenen Bevölkerung zu handeln.

Allerdings sollte dabei jedem und jeder bewusst sein, dass dieses wichtige Verbesserungsprogramm zwar dazu beiträgt, in Zukunft die Gebäudesicherheit und den Brandschutz zu gewährleisten, dass es jedoch nicht dazu angetan ist, all die anderen ausbeuterisch-unmenschlichen Arbeitsrechtsverletzungen in der globalen Bekleidungsindustrie abzuschaffen: die viel zu vielen, teils unbezahlten Überstunden, den zu geringen Mindestlohn, die mangelnde Organisationsfreiheit der Beschäftigten, oft sogar die Behinderung auch der geringsten Selbstorganisation und die ausgeprägte Frauendiskriminierung.

## Politische Reaktionen in Europa und den USA

Konsequenter war die Haltung der US-Regierung. Zwei Monate, nachdem der Rana-Plaza-Komplex zusammengestürzt war, kündigte sie die Zollvorteile für fast 5000 Exportprodukte aus Bangladesch. Erst wenn die Regierung in Dhaka endlich bereit sei, die internationalen Standards in puncto Sicherheit und Rechte der Textilarbeiterinnen ernst zu nehmen, hieß es aus dem Weißen Haus, könnten die Zollvergünstigungen wieder wirksam werden. Washington erstellte einen Katalog von Maßnahmen, die die Regierung Bangladeschs umzusetzen habe. Diese Entscheidung war jedoch keine Spontanentscheidung, sondern beruhte auf einer mehrjährigen kritischen Beobachtung und Evaluation der Arbeitsbedingungen in dem südasiatischen Land. Die Katastrophen von Tazreen und Rana Plaza waren gewissermaßen bloß die berühmten Tropfen, die das Fass zum Überlaufen brachten. Entsprechend erklärte der US-Handelsbeauftragte Michael Froman: »Trotz unseres Engagements und obwohl wir wiederholt und klar unsere Besorgnisse zum Ausdruck gebracht haben, hat die US-Regierung nicht genügend Fortschritte gesehen.«[17]

Damit setzten die USA die Regierung in Dhaka enorm unter Druck – ein Druck, der allerdings auch notwendig ist, wie die Entwicklung zeigt. Nachdem zunächst nichts passierte, verkündeten die USA nach einem Jahr, am 27. Juni 2014, die weitere Suspendierung von Zollvergünstigungen mit der Begründung, dass die Regierung Bangladeschs in den Exportförderzonen nach wie vor keine Gewerkschaften zulasse. Dies hatte eine prompte Reaktion Dhakas zur Folge. Nur eine Woche später, am 7. Juli 2014, verabschiedete die Regierung Bangladeschs eine Gesetzesvorlage für die Zulassung von Gewerkschaften in den EPZs. Dabei trifft die Suspendierung von Zollvorteilen nicht einmal in erster Linie die Bekleidungsindustrie, denn die Zollvorteile wurden für Produktgruppen wie Plastikbeutel und Tabak zurückgezogen und betreffen weniger als ein Prozent des rund 5 Mrd. Dollar schweren Handels der USA mit Bangladesch.[18] Denn Bekleidungsimporte aus Bangladesch werden in den USA gar nicht begünstigt. Bangladeschs Bekleidungsexporteure zahlen 15,6 Prozent Zoll auf Exporte in die USA (China dagegen nur 3 Prozent), 2012 waren dies 746 Mio. Dollar (etwa 557 Mio. Euro).

Ganz anders verhält sich die Europäische Union, die Bangladesch sehr wohl einen zollfreien Zugang für seine Bekleidungsexporte gewährt. Deshalb war die Regierung in Dhaka auch sehr beunruhigt, dass die EU ebenfalls einen solchen Schritt gehen könnte. Schließlich ist Europa der größte Absatzmarkt für Bekleidungsprodukte aus Bangladesch: Im Jahr 2012 lag der Gesamtwert aller Exporte von Bangladesch in die Europäische Union bei 9,2 Mrd. Euro, 90 Prozent davon Bekleidung. Das ist ein Anteil am gesamten Bekleidungsexport aus Bangladesch von 60 Prozent![19]

Schon am 30. April 2013 drohten die EU-Außenbeauftragte Catherine Ashton und Handelskommissar Karel De Gucht damit, die im Rahmen der Initiative »Alles außer Waffen« gewährten Zoll- und Quotenbefreiungen für Importe aus Bangladesch aufzuheben, sollten die Arbeits- und Menschenrechte dort weiterhin derart verletzt werden. Drei Wochen später verabschiedete das EU-Parlament (bei nur einer Gegenstimme) einen entsprechenden »Entschließungsantrag zu den Arbeitsbedingungen und Arbeitsschutznormen in Bangladesch«[20]. Hierin werden die Behörden von Bangladesch unmissverständlich aufgefordert, die bereits getroffenen Überein- und Abkommen zu Arbeitsnormen und Arbeitnehmerrechten sowie Sozial- und Umweltstandards einzuhalten.

Hier einige Auszüge:

»Das Europäische Parlament …

- fordert die Behörden von Bangladesch auf, unverzüglich zu handeln, um sicherzustellen, dass die Fabriken im ganzen Land die Internationalen Arbeitsnormen … einhalten;
- unterstreicht … nachdrücklich, dass Bangladesch verpflichtet ist, … wesentliche Übereinkommen der Vereinten Nationen und der Internationalen Arbeitsorganisation über Menschen- und Arbeitnehmerrechte tatsächlich umzusetzen;
- fordert, dass die Europäische Kommission prüft, ob Bangladesch diese Übereinkommen einhält, und vertritt die Auffassung, dass keine Zollpräferenzen gewährt werden sollten, wenn die Arbeitsbedingungen nicht verbessert werden; …
- erwartet, dass die für kriminelle Fahrlässigkeit oder auf andere Weise im Zusammenhang mit der jüngsten Tragödie strafrechtlich Verantwortlichen vor Gericht gestellt werden;
- erwartet ferner, dass die örtlichen Behörden und das Fabrikmanagement zusammenarbeiten, um zu gewährleisten, dass alle

Opfer einen umfassenden Zugang zum Justizsystem haben, damit sie Schadenersatz fordern können.«

Der Entschließungsantrag appelliert aber auch direkt an die Verantwortung der internationalen Bekleidungsimporteure:

»Das Europäische Parlament …

- begrüßt das Vorgehen der europäischen Einzelhändler, die bereits einen Beitrag zu Entschädigungsregelungen geleistet und das rechtsverbindliche Abkommen über Brandschutz und Gebäudesicherheit in Bangladesch unterzeichnet haben, um zur Finanzierung des Brandschutzes und von Verbesserungen an den Gebäuden der Fabriken, mit denen sie zusammenarbeiten, beizutragen;
- bedauert zutiefst, dass bekannte westliche Einzelhändler … beschlossen haben, das Abkommen nicht zu unterzeichnen;
- fordert die großen internationalen Bekleidungsunternehmen erneut auf, ihre Lieferketten kritisch zu prüfen und mit ihren Unterauftragnehmern im Hinblick auf die Verbesserung der Standards für die Sicherheit und den Gesundheitsschutz am Arbeitsplatz zusammenzuarbeiten; …
- fordert die Kommission auf, unter EU-Unternehmen, die im Ausland tätig sind, aktiv verpflichtende, verantwortungsvolle Unternehmungsführungsstandards zu fördern, wobei ein besonderer Schwerpunkt auf die strikte Einhaltung ihrer sämtlichen rechtlichen Verpflichtungen gelegt werden sollte, insbesondere in Bezug auf internationale Standards und Vorschriften in den Bereichen Menschenrechte, Arbeit und Umwelt; …
- spricht sich zudem dafür aus, dass internationale Rechtsverfahren eingeführt werden, mit denen die Verstöße von Unternehmen gegen geltendes Recht bestraft werden können; …
- fordert alle beteiligten Akteure auf, die Korruption in der Lieferkette zu bekämpfen, die in vielen südasiatischen Ländern of-

fensichtlich ist, einschließlich Absprachen zwischen Sicherheitsinspektoren und Fabrikbesitzern.«

Schöne und viele Worte, aber Konsequenzen? Am 8. Juli 2013 legte EU-Handelskommissar Karel De Gucht nach. Zusammen mit Dipu Moni, der damaligen Außenministerin von Bangladesch, und Guy Ryder, dem Generaldirektor der ILO, unterzeichnete er ein »Joint Statement« mit dem absichtsvollen Titelauftakt *Staying engaged.*[21] Darin verpflichtet sich Bangladesch unter anderem, folgende Punkte umzusetzen:

1. Reform des Arbeitsgesetzes bis Ende 2013,
2. Beschäftigung von weiteren 200 Inspektoren zur Kontrolle der Fabriken bis Ende 2013,
3. Verbesserung der Gebäudesicherheit und des Brandschutzes bis Juni 2014.

Im März 2014 besuchte eine Delegation des EU-Parlaments Bangladesch und drängte auf die Umsetzung der Vereinbarung. Jean Lambert, die Delegationsleiterin, meinte: »Wenn die europäischen Verbraucherinnen Kleidung kaufen, wollen sie sicher sein, dass diejenigen, die ihre Kleidung nähen, einen sicheren Arbeitsplatz haben und einen angemessenen Lohn erhalten.«[22] Anders als die USA sah die Europäische Union jedoch bislang davon ab, die zoll- und quotenfreie Einfuhr von Textilgütern aus Bangladesch zu beschränken.

Im Juni 2014 ließ die EU-Kommission die Umsetzung der vereinbarten Maßnahmen überprüfen. Ihr »Technischer Fortschrittsbericht«[23] führt gleichermaßen Fortschritte wie Mängel auf. So wird gelobt, dass das Arbeitsgesetz überarbeitet und damit die Bildung von Gewerkschaften erleichtert wurde, kritisch wird aber auch angemerkt, dass die Voraussetzungen zur Bildung von Gewerkschaften noch zu hoch sind, dass weiterhin Gewerkschaftstätigkeiten behindert, dass Gewerkschafter und Gewerkschafterinnen eingeschüchtert und bedroht werden.

Es bleibt abzuwarten, ob die EU im Lichte der Befunde dieses Berichts Schritte ergreift wie die US-Regierung. Wahrscheinlich ist dies nicht, wenn man sich das gemeinsame, lauwarme Statement des ehemaligen Handelskommissars Karel De Gucht und des ehemaligen Kommissars für Beschäftigung, Soziales und Integration László Andor anschaut: »Wir begrüßen die ernsthaften Bemühungen, Fortschritte zu erzielen. … Wir fordern die Regierung von Bangladesch auch auf, die Reform des Arbeitsgesetzes zu vollenden, Inspektoren zu rekrutieren und auszubilden und die Bedingungen für echte Organisationsfreiheit zu schaffen. Bessere Arbeitsbedingungen werden nachhaltige Handelsbeziehungen mit vielen Märkten, insbesondere der EU befördern.«[24]

Der Chefökonom der Weltbank in Dhaka, Zahid Hussain, geht davon aus, dass der gesamte Exportwert des Landes um bis zu acht Prozent einbrechen würde. Denn fiele die Zoll- und Quotenfreiheit für Textilexporte nach Europa, müssten die Exporteure auf jedes Kleidungsstück plötzlich 12,5 Prozent Zollgebühren zahlen. Ein hoher Preis – mit schwerwiegenden Folgen für Bangladesch.

## Reaktionen der Regierung in Dhaka

Bis zum Rana-Plaza-Unglück nahmen die Regierung in Dhaka und die einheimischen Unternehmer die Kritik der NGOs an den unmenschlichen Zuständen in Bangladeschs Textilfabriken nicht sonderlich ernst. Man weigerte sich, sich mit diesem Thema intensiv auseinanderzusetzen. Stattdessen wurde allen Kritikern vorgeworfen, sie wollten dem Land schaden, und die Gefahr der Abwanderung von Einkäufern in andere Länder beschworen. Dies spürte ich bei meinem Besuch im Jahr 2009 am eigenen Leib: Während meines Aufenthalts wurde ich auf Schritt und Tritt von Agenten eines der diversen Geheimdienste überwacht. Und alle meine Gesprächspartner und Gesprächspartnerinnen wurden nach meinem Besuch verhört. Ich aber wurde überhaupt nicht befragt.

Die Fabrikbesitzer verhielten sich mit ihrer Ignoranz gegenüber den kritischen Stimmen aus den Importländern nur folgerichtig; denn sie merkten ja, dass Handeln und Reden der Einkäufer stark auseinanderfielen. Für die zählten letztlich nur niedrige Preise. Die Einkäufer stimmten zwar in die Rufe nach Sozialstandards ein, gingen aber über deren Nichtbeachtung schulterzuckend hinweg. Das Geschäft lief also trotzdem. Erst die vielen toten und verletzten Arbeiterinnen beim Tazreen-Brand und dem Einsturz des Rana Plaza mit den darauffolgenden lautstarken Protesten und Sanktionsdrohungen aus den großen Absatzmärkten zwangen die Regierung und den Unternehmensverband BGMEA zu einem gewissen Einlenken.

## Ein neues Arbeitsgesetz

Die geltende Rechtsordnung in Bangladesch weist durchaus etliche Regeln zum Schutz der Arbeiterschaft auf. Das Land hat sieben der acht ILO-Kernarbeitsnormen ratifiziert – darunter auch die ILO-Konventionen 87 (Organisationsfreiheit) und 98 (Kollektivverhandlungen) –, ebenso die drei wichtigsten internationalen Menschenrechtsabkommen mit arbeitsrechtlichen Belangen. Aber der Arbeitnehmerschutz weist gravierende Schwachstellen auf und ist auch deshalb nicht wirksam, weil er aufgrund ungenügender Kontrollen, löchriger rechtsstaatlicher Strukturen, unterbesetzter und unterfinanzierter Gerichte sowie wegen der allgegenwärtigen Korruption und Vetternwirtschaft nicht hinreichend durchgesetzt wird.

Als der Druck der US-Regierung infolge des Rana-Plaza-Unglücks plötzlich spürbar zunahm, erfolgte endlich eine Überarbeitung des Arbeitsgesetzes. Im Juli 2013 wurde eine Neufassung verabschiedet, die in einigen Bereichen durchaus Verbesserungen enthält, aber weiterhin erhebliche Defizite aufweist:[25]

- 30 Prozent aller Beschäftigten in einer Fabrik müssen gewerkschaftlich organisiert sein, damit die Gewerkschaft überhaupt anerkannt wird. Dieser Prozentsatz ist viel zu hoch. Die Gewerkschaften fordern eine Quote von zehn Prozent.

- Gewerkschaftsverbände haben kein Recht auf Zutritt in eine Fabrik. Und Betriebsgewerkschaften ist es nicht erlaubt, Versammlungen während der Arbeitszeit abzuhalten.
- Um zu streiken, müssen zwei Drittel der Belegschaft einem solchen Arbeitskampf zustimmen (zuvor waren es drei Viertel).
- Die Regierung kann einen Streik verbieten, wenn er den »nationalen Interessen abträglich« ist.
- Gehört die Fabrik einem Ausländer oder ist dieser daran auch nur beteiligt, sind Streiks in den ersten drei Jahren verboten.
- Nun sollen die Arbeitervertreter und-vertreterinnen in den sogenannten Participation Committees gewählt werden (bislang wurden sie meistens vom Management ernannt). Allerdings ist die Rolle dieser Komitees weiterhin unklar, denn faktisch unterminieren sie die Arbeit von Gewerkschaften.
- Diskriminierung aufgrund des Geschlechts ist zwar verboten, doch macht das Gesetz keinerlei Vorgaben, wie dagegen vorzugehen ist.

Die Entschädigungen, die Fabrikbesitzer nach einem von ihnen mitverschuldeten Unfall oder Unglück aufzubringen haben, liegen seit Jahren unverändert bei 100 000 Taka (rd. 960 Euro) für Tote und bei 125 000 Taka (rd. 1200 Euro) für dauerhaft Behinderte. Diese Summen sind viel zu niedrig. Denn wie kann eine Arbeiterin mit 125 000 Taka ihre Existenz sichern, wenn sie einen Arm oder ein Bein verloren hat? Und was bekommt diese Frau, wenn der Fabrikbesitzer pleite ist oder sich aus dem Staub macht?

Für die Gewerkschaften könnte sich das neue Arbeitsgesetz laut Kritikern wie Human Rights Watch und dem amerikanischen Dachverband der Gewerkschaften AFL-CIO sogar nachteilig auswirken.[26] Denn diesem Gesetz zufolge müssen sie sich eine staatliche Genehmigung einholen, wenn sie einem internationalen Verband beitreten oder ausländische Unterstützungsgelder in Anspruch nehmen wollen. Dies widerspricht zwar der ILO-Konvention 87, wonach eine Gewerkschaft das Recht hat, jeder internationalen Arbeiterorganisation beizutreten; dies scheint die Regierung aber nicht zu kümmern, sichert ihr doch das Gesetz eine bessere Kontrolle über die Finanzmittel der Gewerkschaften im eigenen Land.

## Die staatliche Fabrikaufsicht

Weil es in Bangladesch an staatlicher Kontrolle der Fabriken fehlt, sind die einkaufenden Unternehmen aus Europa und den USA letztlich »gezwungen«, selber Audits durchzuführen. Andererseits kommen ihnen die mangelnde Kontrolle der Sozialstandards und der ohnedies schon geringen Umweltauflagen ganz gelegen; denn sie sind relevante Gründe dafür, dass in Bangladesch produzierte Kleidung so billig zu bekommen ist.

Die Regierung in Dhaka gibt an, für die mehr als 5000 Fabriken im Land 51 Inspektoren für Sicherheit und Gesundheit am Arbeitsplatz einzusetzen. Doch nicht einmal diese 51 staatlichen Inspektoren nehmen ihre Aufgabe wahr. Und falls sich doch einmal einer anmeldet, wird er von den Fabrikbesitzern umgehend bestochen. Nach dem Einsturz von Rana Plaza allerdings wurde der internationale Appell an die Regierung, stärker ihrer Verantwortung für die Sicherheit ihrer Bürger und Bürgerinnen nachzukommen, so laut, dass es schließlich zu folgender Vereinbarung zwischen der Regierung Bangladeschs und der ILO kam: In einem umfassenden Projekt mit einem Budget von über 24 Mio. Dollar (17,9 Mio. Euro; finanziert über ausländische Geber) soll die ILO unter anderem mehr Inspektoren ausbilden.* Srinivas Reddy, der Leiter der ILO in Bangladesch,

---

* Die der ILO zur Verfügung gestellten 24 Mio. Dollar dienen aber nicht nur der Aufstockung von Inspektoren, sondern fließen auch in die Inspektion der

teilte mir im Februar 2014 persönlich mit, dass der Verband plane, weitere 200 Inspektoren auszubilden. Bis Anfang 2014 aber konnte die ILO aufgrund von bürokratischen Hürden nur 42 neue Inspektoren rekrutieren. Langfristig soll die Zahl der Inspektoren auf 575 steigen.

Zugleich wurde das Büro der staatlichen Aufsichtsbehörde von einem Chief Inspectorate zu einem Directorate of Inspection aufgewertet und finanziell erheblich besser ausgestattet. So wurde das Budget verzehnfacht von 600 000 auf 6 Mio. Dollar (von 447 800 auf 4,48 Mio. Euro).

## Erhöhung des Mindestlohns

Drei Jahre vor dem Rana-Plaza-Einsturz war der (Brutto-)Mindestlohn zum letzten Mal angehoben worden. Davor hatte es sogar vier Jahre gedauert; denn jedes Mal müssen diese Lohnanhebungen monatelang hart erkämpft werden, bis sich das Wage Board (»Lohngremium«), das sich aus Vertretern von Regierung, Unternehmensverbänden und einem von der Regierung benannten Gewerkschaftsvertreter zusammensetzt, auf einen neuen Mindestlohn einigt – immer wieder begleitet von etlichen Streiks, vielen Demonstrationen und leider auch Dutzenden Toten.

Der jeweilige Brutto-Mindestlohn eines Arbeiters oder einer Arbeiterin setzt sich aus dem Grundlohn (je nach Qualifizierung und Erfahrung) und Zuschlägen zusammen. Dabei gibt es sieben Lohnstufen. Für Beschäftigte ist es allerdings oft schwer nachvollziehbar, wie der Lohn, den sie bekommen, genau zustande kommt, zumal Zu-

---

nicht von Accord und Alliance abgedeckten restlichen Fabriken, in die medizinische Rehabilitierung von Rana-Plaza-Opfern sowie in das Better-Work-Programm in Bangladesch, das im Oktober 2013 begann.

schläge durchaus ohne weitere Erklärung zurückgenommen oder Arbeiterinnen willkürlich eine Gehaltsstufe heruntergesetzt werden.

Der monatliche (Brutto-)Mindestlohn für die niedrigste Stufe (Helferin) beläuft sich seit Januar 2014 auf 5300 Taka, also etwa 51 Euro (vorher waren es 3000 Taka); für eine normale Näherin liegt er bei 5600 bis 6800 Taka (54 bis 65 Euro). Neu eingeführt wurde die Lohnstufe für Lehrlinge. Bemerkenswert ist, dass der Mindestlohn für die niedrigeren Lohnstufen stärker erhöht wurde (um 70 Prozent) als für die höheren Lohnstufen. Sprich: Je höher der Lohn, desto niedriger die prozentuale Anhebung.[27]

Darüber hinaus wurde erstmalig eine automatische Anhebung des Lohns um fünf Prozent jährlich vereinbart. Dies ist zweifellos erst einmal positiv zu bewerten. Allerdings liegt die fünfprozentige Anhebung noch unter der Inflationsrate (über sieben Prozent), weshalb die Verteuerung der Lebenshaltungskosten nicht einmal aufgefangen wird.

Abgesehen davon haben die Textilunternehmer von Bangladesch einen ziemlich cleveren Deal gemacht, indem es ihnen gelang, beim Grundlohn nur eine geringfügige Erhöhung durchzusetzen. Stattdessen waren sie bei den Zuschlägen (für Miete und medizinische Versorgung) zu größeren Zugeständnissen bereit. So stieg der (Brutto-)Mindestlohn für die niedrigste Lohnstufe von 3000 auf 5300 Taka (von rd. 29 auf rd. 51 Euro), der Grundlohn einer Helferin aber nur von 2000 auf 3000 Taka (entsprechend von 19 auf 29 Euro). Für die Bezahlung der Überstunden ist aber eben dieser (geringfügig gestiegene) Grundlohn maßgebend. Angesichts der vielen Überstunden, die die Textilarbeiterinnen zu leisten haben, ein lohnendes Geschäft für die Fabrikbesitzer.

Bei den Mindestlohnverhandlungen 2013 verließen die Unternehmensverbände wütend das Lohngremium, weil sie die ursprünglich vorgesehenen Erhöhungen rigoros ablehnten. Dann aber einigte man sich plötzlich doch – in einer zweistündigen Sitzung hinter verschlossenen Türen. Während die Gewerkschaften den Kompromiss akzeptierten – die jeweilige Gewerkschaftsvertreter am Verhandlungstisch werden stets vom Arbeitsministerium bestimmt! –, waren Tausende Arbeiterinnen dagegen und demonstrierten weiter für den ursprünglich geforderten Mindestlohn von 8000 Taka (rund 77 Euro), für Zuschläge bei Akkordlohn (Bezahlung nach Stück), einen Festzuschlag (vergleichbar unserem Weihnachtsgeld) sowie Urlaubsgeld. So kam es am 21. September 2013 zu einer der größten Demonstrationen in Dhaka mit bis zu 200 000 Arbeiterinnen. Die Asia Floor Wage, eine in Indien gegründete Organisation, die regelmäßig Berechnungen für einen existenzsichernden Lohn in mehreren Ländern Asiens erstellt, hat übrigens ermittelt, dass der Existenzlohn in Bangladesch bei 25 687 Taka (etwa 246 Euro) liegen müsste, um eine vierköpfige Familie ernähren zu können.

Die folgende Grafik zeigt, dass die gesetzlichen Mindestlöhne in Asien weit unter einem existenzsichernden Niveau liegen. Während der Mindestlohn in China und Malaysia bei rund der Hälfte eines Lohns zum Leben liegt, sind die Mindestlöhne in Bangladesch und Sri Lanka extrem niedrig und stellen nur rund 19 Prozent eines Lohnes dar, der einer Familie zum Leben reicht.

Insofern haben sich die Gewerkschaftsverbände bei den letzten Lohnverhandlungen viel zu moderat gezeigt. Das ist auch deshalb erstaunlich, weil ihre Verhandlungsposition nach der Rana-Plaza-Katastrophe und mit dem Rückenwind der internationalen Öffentlichkeit eigentlich ausgesprochen gut war.

Arbeiterinnen, die bei einer Fabrik in einer Exportzone (EPZ) angestellt sind, haben offiziell einen etwas höheren Lohn als die Arbeiterinnen in den übrigen Fabriken des Landes. Im Dezember 2013 wurden hier ebenfalls die Löhne aller fünf Lohnstufen erhöht. Auch liegt die jährliche Anpassung in der EPZ nicht bei fünf, sondern bei zehn Prozent.

Dabei ist aber zu bedenken, dass, wie bereits erwähnt, nicht einmal zehn Prozent aller Textilfabriken von Bangladesch in den EPZ liegen. Das heißt, in mindestens 4000 Fabriken des Landes arbeiten

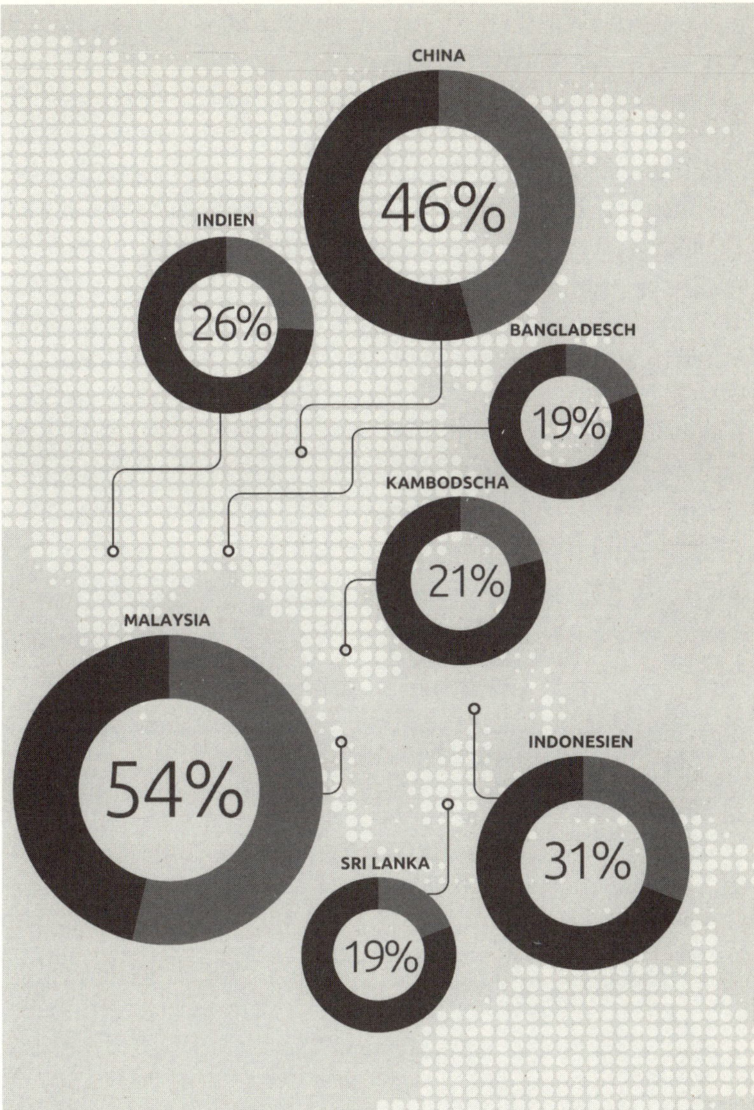




Gesetzlicher Mindestlohn in Asien als Prozentzahl eines Existenzlohns. In Bangladesch ist der Mindestlohn so niedrig, dass er nur 19 Prozent eines Existenzlohns ausmacht.

die meisten »Helpers« und »Operators« für den geringeren, vom Wage board ausgehandelten Lohn.

Dennoch klagen die Fabrikbesitzer nach den jüngsten gesetzlichen Lohnerhöhungen, dass nun die Textilbranche in Bangladesch bald nicht mehr konkurrenzfähig und damit in Gefahr sei. Diese Panikmache ist jedoch völlig fehl am Platz, denn Bangladesch zählt im Bekleidungssektor weiterhin zu den Ländern mit den niedrigsten Löhnen der Welt. Nur Myanmar und Äthiopien liegen leicht darunter, haben aber längst nicht die Kapazitäten wie Bangladesch. Äthiopiens Export beläuft sich derzeit (2013/14) auf gerade mal 60 Mio. Dollar (44,78 Mio. Euro); und die rund 200 Bekleidungsfabriken von Myanmar haben Kleidung im Wert von 1,5 Mrd. Dollar (1,12 Mrd. Euro) exportiert (zum Vergleich Bangladesch: 11 Mrd. Dollar bzw. 8,21 Mrd. Euro). Die folgende Grafik zeigt die Unterschiede in der Höhe der Löhne in den einzelnen Staaten:

Mindestlohn nach Ländern

Viele Fabrikbesitzer beklagen allerdings mit Recht, dass die Einkäufer den Fabriken niedrigere Preise zahlen würden als noch vor einigen Jahren – trotz steigender Kosten. Die Preise für Exporte in die EU seien um 15 Prozent und für die in die USA um 25 Prozent gefallen.

In Großbritannien etwa kostete eine Jeans im Jahr 2000 noch rund 80 Euro, 2009 jedoch nur noch 51 Euro. Die Preise für ein T-Shirt fielen im selben Zeitraum von 5 auf 2 und die eines Pullis (Sweater) von über 5 auf ca. 3,60 Euro.[28]

Die Unternehmen aus Europa und den USA reden gern von Sozialstandards und fairen Löhnen. In Wahrheit aber werden die Preise gedrückt. Dafür zahlen die Arbeiterinnen – nicht selten mit ihrem Leben.

# 3

# Achtung, Audit! Hinter den Kulissen der Überprüfungsindustrie

Die Überprüfung von Fabriken in Hinblick auf ihre Einhaltung von Sozialstandards ist mittlerweile ein Milliardengeschäft geworden. Um einen Auftrag zu bekommen, muss eine Fabrik nachweisen, derartige Kontrollen und Überprüfungen – neudeutsch eben: Audits – absolviert zu haben. Es ist eigentlich absurd: Neben den niedrigen Löhnen sind es vor allem die geringen Auflagen und die lückenhaften Kontrollen bei den Sozial- und Umweltstandards, die die Bekleidungseinkäufer dazu veranlassen, nach Bangladesch zu gehen. Andererseits verlangen sie Audit-Berichte, die nachweisen, dass in diesen Fabriken Sozialstandards eingehalten werden. Was nur heißen kann: Ganz so ernst werden Audit-Berichte nicht genommen, sie dienen vielmehr der eigenen Absicherung, damit ein Unternehmen nach außen sagen kann, es habe doch geprüft.

## Das Audit-Business

Das Geschäft mit Zertifikaten sowie Audits in asiatischen Bekleidungsfabriken hat sich zu einer wahren Goldgrube für Prüfgesellschaften entwickelt – für den deutschen Exportschlager TÜV, aber auch für internationale Zertifizierungsgesellschaften wie SGS, Bureau Veritas oder EuroCert. Denn jeder Textildiscounter und jedes Modelabel braucht die Audits für sein Image, um eine »saubere«

Herkunft ihrer Ware nachzuweisen, deshalb beauftragen sie nur noch zertifizierte Fabriken mit der Produktion ihrer Shirts und Shorts. Was zählt, ist das Stück Papier, das eine Überprüfung der jeweiligen Fabrik bescheinigt. Details will niemand wissen – auch nicht, wie die Fabrik eigentlich zu diesem Zertifikat gekommen ist. Denn tatsächlich werden die meisten Audits von den Fabrikbesitzern selbst in Auftrag gegeben und von diesen bezahlt. Ein Audit, für das oft nur zwei Prüfer ein bis zwei Tage beansprucht werden, kostet in Bangladesch zwischen 1200 und 2500 Dollar. Für Bangladesch viel Geld, und verständlicherweise erwarten die Fabrikbesitzer eine gute Bewertung. Kein Problem, schließlich wollen die Auditoren ihren Auftraggeber nicht verprellen. Da wäscht eine Hand die andere …

Sogenannte Sozialaudits, die eingeführt wurden, um die Umsetzung von Sozialstandards in den Bekleidungsfabriken zu überprüfen, gibt es seit etwa zwanzig Jahren. Den Arbeiterinnen aber geht es heute nicht besser als damals, ihre Arbeitsbedingungen sind genauso katastrophal wie eh und je. Denn Sozialaudits dienen den Bekleidungsunternehmen aus Europa und den USA lediglich dazu, der Öffentlichkeit zu demonstrieren, dass sie »etwas tun« und dass alles unter Kontrolle ist. Auch die für dieses Buch untersuchten Fabriken wurden auditiert, allen voran die Fabriken, die für Hugo Boss und H&M produzieren lassen.

Teilweise werden die Audits noch immer von Leuten durchgeführt, die nicht die entsprechende sozialwissenschaftliche Ausbildung haben. Wie aber soll ein in Sachen Buchhaltung erfahrener Finanzprüfer kontrollieren können, wie es um die Sozialstandards in der jeweiligen Fabrik bestellt ist? Hierzu fehlen ihm schlicht das Know-how und die erforderliche Sensibilität.

Zudem werden derartige Überprüfungen in der Regel angekündigt, sodass die sonst extrem verdreckten Toiletten rechtzeitig geputzt werden und der Raum für die Kinderbetreuung vorzeigbar ist. Arbeiterinnen, die mit den – mitunter geschmierten – Kontrolleuren reden, dürfen nicht die Wahrheit sagen, da sie sonst ihren Arbeitsplatz verlieren. Auch dass den Prüfern gefälschte Lohnunterlagen vorgelegt werden, ist keine Seltenheit. Ein TÜV-Prüfer äußerte sich gegenüber dem Fernsehmagazin *Monitor*: »70 Prozent der Prüfungen sind in der Regel vorher angekündigt. Bei noch mal 15 Prozent kündigen wir zumindest den Zeitraum an.«[1]

Insofern geben die meisten dieser angekündigten, von dem Nutznießer eines guten Audit-Ergebnisses finanzierten Fabrikkontrollen nur eine aufpolierte Momentaufnahme wieder. Am nächsten Tag, wenn die Kontrolleure weg sind, sieht die Fabrik wieder aus wie gehabt, mit allen Mängeln, Problem- und Gefahrenstellen. Tausende Kontrollen in den Bekleidungsfabriken von Bangladesch verlaufen deshalb wirkungslos im Sande. Da helfen selbst noch so wohlklingende Verhaltenskodizes der Unternehmen nichts. Solange die Vorstände und Lobbyisten auf die »freiwillige Selbstverpflichtung« pochen, sind die meisten dieser Codes of Conduct nichts weiter als soziale Tarnkappen.

Drei grausame Beweise:

- Im April 2005 stürzte die Fabrik Spectrum Sweater in sich zusammen und riss 64 Beschäftigte mit in den Tod. Der Fabrikbesitzer hatte illegalerweise weitere Stockwerke auf das vierstöckige Gebäude gesetzt, was von den Audit-Prüfern nicht beanstandet worden war. Nur den Arbeiterinnen waren die Risse in den Wänden aufgefallen. Sie hatten das Management ausdrücklich darauf hingewiesen, aber ihre Warnungen verhallten ungehört.
- Bei einem verheerenden Brand in der Sweater-Fabrik Garib & Garib kamen 21 Arbeiterinnen ums Leben, weil die Notausgänge verschlossen und Gänge versperrt waren. An diesen Missständen hatten die mehrfachen Sozialaudits nichts geändert, die auch im Auftrag des schwedischen Moderiesen Hennes & Mauritz durchgeführt worden waren. Dessen Prüfer hatten die Fabrik zuletzt im Oktober 2009 inspiziert, bevor im Februar 2010 das Feuer ausbrach. Es versteht sich von selbst, dass Feuerschutzmaßnahmen Bestandteil eines jeden Audits sind.

- Der Brand in der Tazreen-Fabrik am 24.11.2012 kostete 112 Arbeiterinnen das Leben. Verschlossene Notausgänge, fehlende Feuertreppen und Notfallpläne: Die Arbeiterinnen hatten keine Chance … Die Fabrik war in den Monaten vor dem Brand und im Dezember 2011 insgesamt dreimal kontrolliert worden, unter anderem von Walmart-Auditoren und BSCI sowie C&A.

In all diesen Fällen ging es um sichtbare Mängel wie fehlende Feuerleitern und Feuerlöscher, versperrte Fluchtwege, mangelnde Luftzirkulation, unzureichendes Licht etc., die leicht zu beheben gewesen wären – weshalb es umso schlimmer ist, dass sie nicht behoben worden sind. Was aber in der Regel unentdeckt bleibt, das sind grundsätzliche Probleme wie fehlende Organisationsfreiheit, erzwungene Überstunden, Beschimpfungen und Demütigungen durch Vorgesetzte, Zurückhalten von Lohn und Krankheitsurlaub oder diskriminierende Praktiken bei Einstellung und Beförderung. Und sie bleiben deswegen viel zu oft unentdeckt[2],

- … weil nicht nur die Arbeiterinnen selbst, sondern auch gewerkschaftliche Organisationen und NROs bei Sozialaudits marginalisiert oder gar nicht einbezogen werden, obwohl sie regelmäßigen Kontakt zu der Belegschaft haben. Ohne die Einbeziehung der Beschäftigten aber können sich Auditoren kein korrektes Bild der Arbeitssituation einer Fabrik verschaffen.
- … weil Sozialaudits in der Regel zu oberflächlich sind, weil sie nur einen punktuellen Einblick zum Zeitraum der Erhebung wiedergeben und weil dieser Zeitraum zu kurz ist (ein paar Stunden bis zu zwei Tagen). Die Fragebögen bzw. Checklisten werden mehr oder weniger schematisch abgearbeitet. Da bleibt für einen kritischen zweiten Blick keine Zeit.
- … weil Sozialaudits meist Tage vorher angekündigt werden, womit die Betriebsleitungen genügend Zeit haben, sich vorzubereiten (Toiletten säubern, Fluchtwege vorübergehend freiräumen, Medizinschränke auffüllen, Unterlagen präparieren etc.).

- … weil sich manch ein Sozialauditor von den Fabrikbesitzern bestechen lässt oder diese aktiv zur Zahlung einer Summe auffordert. So ist in China Bestechung weit verbreitet, ca. 3000 Dollar kostet ein Audit. Zahlreiche Fabriken erhalten auf diese Weise ein Zertifikat nach dem höchsten Standard SA8000, obwohl die Arbeitsbedingungen in der Fabrik dies keinesfalls rechtfertigen.
- … weil Sozialauditoren von den Fabrikbesitzern auf vielfache Weise betrogen werden. Zum Beispiel werden Belege gefälscht, um Überstunden zu verstecken. Die Fair Labour Association (FLA), eine in Washington D.C. ansässige NRO, gab in ihrem Jahresbericht 2010 an, dass bei 40 Prozent der von ihr kontrollierten Fabriken die Gehaltslisten gefälscht waren. Ein anderes beliebtes Täuschungsmanöver der Fabrikmanager besteht darin, die Auditoren in eine Vorzeigefabrik zu führen, obwohl die Hauptarbeit in anderen Fabriken geleistet wird.
- … weil den Arbeiterinnen vorgeschrieben wird, wie sie auf Fragen der Auditoren zu antworten haben. Oft setzt das Fabrikmanagement die Arbeiterinnen unter Druck, indem es behauptet, der nächste Auftrag hinge davon ab, wie gut das Audit ausfällt – und dass die Beschäftigten ihre Arbeit verlieren, sollten sie den Auditoren von irgendwelchen Problemen berichten.
- … weil der Corrective Action Plan, den Auditoren anhand ihrer Ergebnisse erstellen, von den Auftraggebern selten konsequent verfolgt wird. Zudem wird er weder den Beschäftigten noch einer Gewerkschaft zur Kenntnis gegeben.
- … weil nur die Fabriken geprüft, nicht aber die Einkaufspraktiken (Preisdruck, Lieferzeiten) der Einkäufer in die Audits einbezogen werden. Das Management der Fabrik wird kritisch beleuchtet, nicht aber, ob die Konditionen des Einkäufers überhaupt Sozialstandards erlauben.

Unerhört ist eigentlich die Tatsache, dass das Audit-Business eine Geheimsache ist. Die Ergebnisse der Prüfungen kennen nur der Fabrikbesitzer und der Einkäufer. Die Betroffenen aber, zu deren angeblichem Schutz die Audits durchgeführt werden, erfahren nichts. Auch Gewerkschaften erhalten keine Kopie des Berichts.

**Erkenntnisse eines erfahrenen Auditors[3]**

- Die größten Probleme in den Bekleidungsfabriken von Bangladesch sind die niedrigen Löhne, die Überstunden, der Mangel an Training in Arbeits- und Gesundheitsschutz, fehlende Schutzkleidung und der Kontakt mit Chemikalien.
- Wenn es ein Training gibt, dann ist es meist nur Gerede und nicht effektiv.
- Urlaub wird nicht gewährt, auch nicht bei Krankheit.
- Das mittlere Management der Bekleidungsfabriken hat die Einstellung, dass Sozialstandards zu den Aufgaben der Personalabteilung gehören, aber nichts mit der Produktion zu tun haben – und delegiert die Verantwortung an kleine Angestellte, die nebenbei für Beschwerden zuständig sind.
- Die Einkäufer drücken die Preise: Vor zehn Jahren waren die Preise höher als heute!
- Den meisten Fabrikmanagern und Einkäufern ist es egal, unter und zu welchen Bedingungen die Näherinnen arbeiten.
- Höchstens zehn Prozent aller Textilfabriken in Bangladesch haben ein vernünftiges Management.
- Ca. 60 Prozent aller Fabriken, insbesondere die kleineren, sind in einem schlechten Zustand.
- Auch wenn Fabriken von außen gut aussehen, sagt das nichts darüber aus, welche Arbeitsbedingungen drinnen herrschen.

## Audit light à la BSCI

Einige Unternehmen haben die begrenzte Wirksamkeit von Audits im Hinblick auf die Verbesserung von Sozialstandards erkannt. Sie wollen die Rolle des Inspektors mehr und mehr ablegen und bauen zunehmend auf partizipative Ansätze wie gemeinsame Trainings von

Management und Arbeiterinnen sowie direkte Unterstützung und Beratung der Zulieferfabriken. Die überwiegende Mehrheit der Unternehmen aber verfolgt weiter den Top-down-Ansatz, der nicht nur teuer, sondern auch ineffizient ist. Großer Fürsprecher dieses Ansatzes ist die Business Social Compliance Initiative (BSCI), die im Jahr 2013 mit viel Medienrummel ihr zehnjähriges Jubiläum feierte. Die BSCI ist ein Zusammenschluss von über 1200 europäischen Unternehmen nicht nur aus der Bekleidungsbranche, sondern auch anderen Sektoren. Mitglieder sind die Discounter Aldi und Lidl, Konzerne wie Metro, Karstadt, Otto, Esprit, Tom Tailor, Ernsting's Family, Adler Modemärkte u.v.m. Das Premiumlabel Hugo Boss sucht man in der Mitgliederliste vergeblich. Zumindest würde es gut zu all den anderen Unternehmen passen, die ihre Verantwortung für Sozialstandards in ihrer Lieferkette gerne an BSCI abgeben. Auch etliche Zwischenhändler und Textilimporteure sind inzwischen Teil der großen BSCI-Familie. So hat Aldi beispielsweise alle seine Importeure wie Güldenpfennig, Brands Fashion und Miles dazu verpflichtet, der BSCI beizutreten.

Laut Wikipedia ist die BSCI »eine wirtschaftsgetriebene Plattform zur Verbesserung der sozialen Standards in einer weltweiten Wertschöpfungskette. Die BSCI bietet Wirtschaftsunternehmen ein systematisches Überwachungs- und Qualifikationssystem an, um die Arbeitsbedingungen von Menschen verbessern zu können.« Die BSCI ist 2003 vor allem deshalb gegründet worden, um die Sozialstandards ihrer Mitgliedsunternehmen und die Prüfung von Fabriken (und auch landwirtschaftlichen Betrieben), also die Audits, zu vereinheitlichen. Dies sollte doppelte Kontrollen vermeiden und vor allem auch Kosten sparen. Das hat sich offenbar gelohnt, denn laut BSCI sind in den letzten zehn Jahren aufgrund der gemeinsamen Prüfungen 65 Mio. Dollar (48,5 Mio. Euro) gespart worden.[4] Den BSCI-eigenen Verhaltenskodex, der im Februar 2014 aufgefrischt wurde, muss jedes neue Mitglied unterschreiben. Das tun diese in der Regel allzu gern, färbt er das eigene Image doch so wunderbar sozial. Mit der Unterzeichnung dieses Kodexes erkennen produzierende Unternehmen die in ihm enthaltenen sozialen Kriterien an, was aber noch lange nicht die Umsetzung bei den Lieferanten bedeutet – ein feiner, aber bedeutsamer Unterschied.

Der Verhaltenskodex der BSCI enthält die bereits an anderer Stelle angesprochenen Kernarbeitsnormen der ILO: Recht auf Organisationsfreiheit und Kollektivverhandlungen, Verbot von Kinderarbeit und Zwangsarbeit und keine Diskriminierung. Zudem enthält der Kodex einige weitere Sozialstandards der ILO wie beispielsweise eine Arbeitswoche von 48 Stunden, in der maximal zwölf Überstunden erlaubt sind, Sicherheit und Gesundheitsschutz am Arbeitsplatz und eine faire Bezahlung. Unter Letzterer versteht BSCI die Zahlung von staatlich festgesetzten Mindestlöhnen, die, wie bekannt ist, keine existenzsichernden Löhne sind.

Quelle: www.bsci-intl.org

Die BSCI-Grundsätze

Ein Blick auf die Aussagen der BSCI zu den Fabrikeinstürzen sagt alles. 2006 anlässlich des Einsturzes der Fabrik Spectrum Sweaters ließ die BSCI verlauten: »BSCI-Mitglieder haben ihre Anstrengungen gesteigert, um die Lage zu verbessern.« Zu Rana Plaza 2013 heißt es bei der Plattform: »BSCI arbeitet daran, eine Lösung zu finden, die solche Tragödien in Zukunft verhindert.«[5]

Ich sehe die Initiative als einen Versuch aller daran Beteiligten, sich ein Sozialmäntelchen umzuhängen oder »Social Washing« zu betreiben. Sobald Kritik aufkommt, beziehen sich die Unternehmen auf ihre Mitgliedschaft bei dieser Business-Initiative. Meinen sie tatsächlich, ihrer sozialen Verantwortung damit genügend nachgekommen zu sein?

**BSCI im Überblick**

- Ein zentrales Instrument ist die Durchführung von Audits bei den Lieferanten ihrer Mitglieder. Der Akzent liegt dabei eindeutig auf Prüfung und Kontrolle, nicht auf Unterstützung der Fabrikbesitzer bei der Umsetzung von Sozialstandards (z. B. Aufbau von Beschwerdesystemen).
- Mit diesen Sozialaudits werden kommerzielle Audit-Unternehmen beauftragt. Die Geprüften, also die Fabriken, müssen die Audits meistens selber bezahlen, nur so erhalten sie Aufträge.
- Lokale Nichtregierungsorganisationen und Gewerkschaften werden bei den Audits nicht einbezogen.
- Der Verhaltenskodex der BSCI verpflichtet die Fabriken lediglich zur Zahlung des im Lande geltenden Mindestlohns. Dieser aber reicht in vielen Produktionsländern kaum zum Überleben.
- Die BSCI ist alles andere als transparent. So werden die Namen der Zulieferer nicht genannt und Audit-Ergebnisse der einzelnen Fabriken nicht veröffentlicht.
- In den ersten zehn Jahren ihres Bestehens wurden Aspekte der Gebäudesicherheit bei den Audits der BSCI ausdrücklich *nicht* überprüft. Wäre das anders gewesen, hätte der Einsturz des Rana Plaza und der Tod von über 1000 Menschen womöglich verhindert werden können.

Laut Jahresbericht 2013 hat die BSCI 9345 Audits im Jahr 2013 durchgeführt, von denen 8947 in Asien stattfanden, die meisten in China (72 Prozent), gefolgt von Bangladesch (9,5 Prozent), der Türkei (5,3 Prozent) und Indien (5,1 Prozent). Von den 9000 Audits waren zwei Drittel volle Audits (im Jahr 2012 waren es nur 3566). Der Anstieg liegt u. a. an der gestiegenen Zahl von Mitgliedern der BSCI, die entsprechend viele neue Produzenten mitbringen. Das restliche Drittel sind sogenannte Re-Audits, die stattfinden, um zu überprüfen, ob eine Fabrik die empfohlenen Korrekturmaßnahmen aus dem vollen Audit umgesetzt hat oder nicht.

Stolz verweist die BSCI auf ihre Wirksamkeit. Laut ihrer eigenen Zehnjahresstudie seien Ende 2011 rund 60 Prozent aller Fabriken, die keine Nahrungsmittel produzieren, »compliant« gewesen, hätten also ihren Kriterien entsprochen.[6] Dem widerspricht allerdings die Aussage im Jahresbericht 2012, wonach der Anteil der »konformen« Fabriken von 21 auf 40 Prozent gestiegen sei, bei 33 Prozent der Audits sei wie im Vorjahr eine Verbesserung nötig (so wie bei Rana Plaza!), und die Zahl der Audits, bei denen Fabriken und Farmen durchfielen, habe sich von 36 auf 27 Prozent reduziert. Unabhängig von den widersprüchlichen Zahlen dürfen wir weiterhin bezweifeln, dass die Prüfungen uns wirklich die Wahrheit über die Verhältnisse in den Fabriken sagen. Allein die Bestechlichkeit der Auditoren spricht für eine nur sehr begrenzte Aussagekraft der Audits.

John Ruggie, der ehemalige UN-Sonderbeauftragte für Wirtschaft und Menschenrechte, sagte 2009 gegenüber einer Frauenzeitschrift: »Eigentlich jeder, zumindest unter der Hand, erzählt Ihnen, dass Monitoring und Audits von Zulieferfabriken nicht funktionieren, weil Menschen betrügen.«[7]

Recherchen der CCC vor Ort haben – wen wundert's? – ergeben, dass sich die Arbeitsbedingungen (Löhne, Arbeitszeiten, Organisationsfreiheit) bei den Zulieferfabriken der BSCI-Mitglieder in Bangladesch keineswegs verbessert haben. Es ist eben nicht die Anzahl der Audits und Zertifikate, die darüber entscheidet, ob in den Produktionsländern wirklich die Arbeits- und Menschenrechte eingehalten werden.

Außerdem ist Audit nicht gleich Audit. Ein weitgehend anderes Beispiel bietet die Multistakeholder-Initiative (gebildet aus Unternehmensverbänden, Gewerkschaften und Nichtregierungsorganisationen) Fair Wear Foundation (FWF). Inzwischen sind viele Outdoor-Marken (Deuter, Schöffel, Jack Wolfskin), aber auch andere Bekleidungsunternehmen (Hessnatur, Waschbär, Nudie) Mitglied bei dieser Initiative. Die FWF überprüft beispielsweise Jahr für Jahr die Einkaufspolitik ihrer Mitgliedsunternehmen und veröffentlicht die Ergebnisse in Form von »Brand Performance Checks«. Diese Transparenz sucht man bei anderen Sozialstandardinitiativen wie BSCI und SAI vergeblich.

Ein Vergleich von Audits der BSCI und der FWF in ein und derselben chinesischen Fabrik hat gezeigt, dass beide zu jeweils gänzlich anderen Ergebnissen kamen. Bei den BSCI/SAI-Audits werden Checklisten abgehakt, es wird nur nach dem »Was« gefragt, aber nicht »Woher kommt das Problem?« und »Wie lässt es sich lösen?«. Die Auditoren füllen Tabellen aus, wollen die Aufgabe schnell erledigen und den zahlenden Fabrikbesitzern auch oft einen Gefallen tun. Das BSCI- Audit wurde von einer Person drei Tage lag durchgeführt, das FWF-Audit in derselben Fabrik von drei Personen anderthalb Tage lang. Bei den Überstunden stellte der BSCI-Bericht fest, dass einige Beschäftigte bis zu 58 Stunden pro Woche arbeiteten. Das FWF-Audit ermittelte hingegen bis zu 64 Stunden pro Woche. Bei einer Arbeiterin waren es sogar 81 Stunden, und eine andere hatte 24 Tage ohne einen freien Tag geschuftet. Beim BSCI-Audit gab es keine einzige Frage zur Einkaufspraxis des Modeunternehmens, denn die BSCI prüft einzig und allein den Produzenten. Die Frage nach der (Mit-)Schuld der Einkäufer stellt sich für diese Unternehmensinitiative (logischerweise) nicht.

Letztlich kann, wie bereits festgestellt, eine Verbesserung der Arbeitsbedingungen nur durch die Kontrolle seitens der Beschäftigten selbst erfolgen. Dazu muss jedoch die Mitsprache, wenn nicht gar die Mitbestimmung der Belegschaften in den Fabriken zugelassen werden. Statt also ebenso kostspielige wie fadenscheinige Audits durchführen zu lassen, an denen nur die Audit-Industrie Millionen verdient, sollten die Rechte der Beschäftigten gestärkt werden. Ein Beispiel hierfür ist das Indonesische Protokoll zur Organisationsfreiheit, das im Juni 2011 zwischen dem internationalen Gewerkschaftsdachverband IndustriALL, indonesischen Gewerkschaften, indonesischen Sportfabriken und internationalen Sportunternehmen, darunter Adidas und Puma, unterzeichnet wurde. Es garantiert den lokalen Gewerkschaften den Zugang in die Fabriken, schützt Gewerkschafter und Gewerkschafterinnen vor Entlassung und sieht Kollektivverhandlungen vor.

## Mit Sicherheit Profit: der TÜV

Nicht erst seit der Manipulationsaffäre bei dem »guten alten« ADAC wissen wir, dass es bei Tests und Überprüfungen offenbar nicht immer seriös zugeht und dass nicht jedes publizierte Ergebnis für bare Münze zu nehmen ist. Auch der andere deutsche »Vertrauensverein« geriet in den vergangenen Jahren wiederholt in die Schlagzeilen: »Gekaufte Führerscheine: Staatsanwaltschaft ermittelt gegen TÜV Nord«[8]; »TÜV-Siegel für defekte Autos«[9]; »S&K-Anlageskandal: Finanzaktivitäten bringen TÜV ins Zwielicht«[10]; »Deutscher TÜV muss für Billig-Brustimplantate haften«[11]. Das aber scheint zumindest dem geschäftlichen Erfolg von TÜV Rheinland keinen Abbruch zu tun, denn die Erlöse des Unternehmens kletterten um rund 5 Prozent im Jahr 2013 auf 1,6 Mrd. Euro und der Gewinn um mehr als 3 Prozent auf 117 Mio. Euro.[12]

Doch wie kommt dieser Millionengewinn einer Prüfgesellschaft mit jenem Vertrauen, Sicherheit und Sorgfalt suggerierenden Kürzel »TÜV« im Namen zustande?

Unter dem Deckmantel Technischer Überwachungsverein operieren mehrere selbstständige Regionalgesellschaften: TÜV Nord, TÜV Rheinland, TÜV Süd, TÜV Thüringen, TÜV Saarland, TÜV Hessen. Die ersten drei sind die bekannteren und haben die Form einer Aktiengesellschaft. Ur-Aufgabe der miteinander konkurrierenden TÜV-Gesellschaften ist es, technische Sicherheitskontrollen auf den Gebieten Kfz (Hauptuntersuchung!), Fahrerlaubnis, Geräte und Produkte durchzuführen. Dabei gehört der deutsche Staat zu den treuesten Auftraggebern. So obliegt es dem TÜV, auf privatwirtschaftlicher Basis die Befolgung entsprechender staatlicher Gesetze und Anordnungen zu kontrollieren (»TÜV-geprüft«). Darüber hinaus aber bieten die einzelnen Gesellschaften inzwischen Privat- wie Geschäftskunden ein buntes TÜV-Allerlei an: von A wie Abnahme oder Audit über betriebspsychologische Beratungen und Gutachten bis Z wie Zertifizierung.

TÜVRheinland®
Genau. Richtig.

Zertifizierungsplakette vom TÜV Rheinland

Auch der TÜV hat die (Dollar-)Zeichen der Zeit erkannt, und seine lukrative Beratungs-, Prüfungs- und Zertifizierungstätigkeit für Firmen in aller Welt erstreckt sich unter anderem auf Fragen der Unternehmensethik. So bietet der TÜV Rheinland ein BSCI-Lieferantenaudit an und bewirbt dieses Zertifikat als Maßnahme, um »das Vertrauen von Kunden und Konsumenten sowie Geschäftspartnern und Mitarbeitern« zu gewinnen. Zudem ließen sich damit »aufwändige Mehrfach-Auditierungen« vermeiden, was nicht nur »Kosten und Zeit« spare, sondern im Ergebnis auch »Wettbewerbsvorteil« biete.[13]

Der TÜV Rheinland, selber ein Unternehmen, hält sich zugute, »weltweit bereits einige tausend Unternehmen auditiert« zu haben, darunter auch deutsche Modeunternehmen in etlichen Bekleidungsfabriken von Bangladesch.

## TÜV-Audit der Fabrik Phantom Apparels im Rana Plaza

Einer dieser Audit-Berichte gelangte ausnahmsweise einmal in kritische Hände. Es handelt sich dabei um das Ergebnis einer Überprüfung, die der TÜV Rheinland in einer der fünf Bekleidungsfabriken durchgeführt hatte, die im Rana-Plaza-Komplex untergebracht waren. Bei Phantom Apparels Ltd. ließen sowohl die Adler Modemärkte als auch die NKD-Firmengruppe produzieren, die in Deutschland und Österreich eigenen Angaben zufolge zu den größten Unternehmen im Textileinzelhandel gehört. Auch Güldenpfennig in Quakenbrück, eine Tochter der JCK Holding und Lieferant der Discounter Lidl und Aldi, gehörte zu den Auftraggebern. Der Audit-Bericht ist eine »Lieferantenbewertung nach der BSCI«, die im Juni 2012 bei Phantom Apparels durchgeführt wurde, also zehn Monate vor dem Einsturz des Rana PLaza.

### Baumängel nicht erfasst

Obwohl es in mindestens zwei Fabriken des Rana-Plaza-Komplexes zwischen 2011 und 2012 mehrfache TÜV-Kontrollen gegeben hatte, konnten diese den tragischen Einsturz des Gebäudes nicht verhindern, weil Baumängel nicht Bestandteil der Prüfung waren. Dazu erläutert der TÜV in einem Schreiben an das ARD-Magazin *Monitor* als Reaktion auf den Filmbeitrag *TÜV-geprüftes Leid*[14]:

> »Anschließend inspizieren die Prüfer das Werk, einschließlich des Produktionsbereichs oder Sozialbereichen. Hierbei handelt es sich um eine reine Begehung beispielsweise im Hinblick auf menschenwürdige Arbeitsplatzgestaltung oder Hygiene. *Bautechnische Kontrollen, Kontrollen der Gebäudestatik, Brandschutzanlagen sowie Gebäude- und Elektrotechnik sind kein Bestandteil von Audits gemäß BSCI-Standard. Bei offensichtlichen Mängeln informieren die Auditoren jedoch selbstverständlich unverzüglich Betreiber und Auftraggeber.* [kursiv im Original; G.B.]
> Als weiterer Bestandteil befragen die Auditoren Führungskräfte und Mitarbeiter und überprüfen die Dokumentationen – unter anderem, ob die Betriebsgenehmigungen durch die lokalen Behörden vorliegen –, mit denen die Einhaltung der Kriterien belegt werden muss.«[15]

Man kann dem TÜV-Rheinland also nicht vorwerfen, dass er die Mängel in der Gebäudestatik überhaupt nicht erkannt hätte. Wie der TÜV aber selber schreibt, muss bei einem Sozialaudit laut BSCI-Vorgaben überprüft werden, ob die Dokumentation korrekt ist. Im BSCI-Prüfbericht der Fabrik Phantom Apparels steht, dass das Gebäude über eine gute bauliche Qualität verfüge und korrekt bewilligt worden sei. Außerdem habe die Firma alle gesetzlich vorgeschriebenen Genehmigungen der zuständigen Behörden eingeholt.

Inzwischen weiß man, wie bereits erwähnt, dass die dortige Bodenbeschaffenheit (ehemaliges Sumpfland) nicht für mehrstöckige Gebäude geeignet ist und deshalb keine Genehmigung für das Rana Plaza hätte ausgestellt werden dürfen. Angeblich wurde die Baugenehmigung zudem ohne ein umfassendes statisches Gutachten erteilt. Allzu oft reichen in Bangladesch nämlich Dollarscheine, um sich eine Genehmigung zu verschaffen.

Es stellt sich also die Frage: Konnte der Prüfer die ursprünglichen Dokumente überhaupt richtig prüfen, oder wurde er mit falschen Dokumenten hinters Licht geführt?

## Arbeitsbedingungen nicht moniert

Der Bericht versieht die Fabrik Phantom Apparels mit dem Stempel: »Improvement needed«, also »Verbesserungen nötig«. Das ist das Ergebnis vieler Prüfungen und soll heißen: Die Arbeitsbedingungen sind nicht besonders gut, aber auch nicht so schlecht, als dass Einkäufer keine Aufträge an die Fabrik vergeben dürfen. Bezeichnend ist aber, dass Phantom Apparels nicht nur einmal, sondern immer wieder geprüft wurde: im Mai 2011 vom TÜV Rheinland, im August 2011 und im März 2012 jeweils vom TÜV Süd. Vermutlich hieß es immer »Improvement needed«, und vermutlich gab es auch sogenannte »Corrective Action Plans« (Verbesserungskataloge), aber die wurden von den Verantwortlichen einfach nicht umgesetzt. So läuft das Business eben: Eine Prüfung nach der anderen, man kassiert ab, doch verändern tut sich nichts …

Das TÜV-Zertifikat im Auftrag der BSCI dient den einkaufenden Unternehmen als Rechtfertigung und Entlastung, um nicht selbst vor Ort prüfen zu müssen, wie die Arbeitsbedingungen bei ihren Lieferanten sind. Mehrere Unternehmen wiesen nach dem tragischen Unglück darauf hin, dass sie dort Aufträge nur deshalb platziert hätten, weil ein BSCI- bzw. TÜV-Zertifikat vorlag.

Aus Seite 4 (Zusammenfassung) geht hervor, dass knapp bei der Hälfte aller Prüfkriterien (fünf von zwölf Punkten) ein Verbesserungsbedarf konstatiert wurde: Management, Dokumentierung/Belege, Lohnzahlung, Arbeitsbedingungen, medizinische und soziale Einrichtungen. Bei folgenden Aspekten hingegen gab es angeblich keinerlei Grund für Beanstandungen:

- *Arbeitszeiten*: Angeblich liegt die reguläre Arbeitszeit bei 48 Wochenarbeitsstunden an sechs Tagen pro Woche; nur ab und an zwei Überstunden. Wie abwegig dieses Ergebnis in vielen Fällen sein dürfte, hat nicht zuletzt die Studie zu diesem Buch gezeigt. Näherinnen arbeiten nicht selten sieben Tage die Woche täglich zwölf, manchmal bis zu 15 Stunden. Das bestätigen auch Überlebende von Rana Plaza.
- *Kinderarbeit*: Aus den Trümmern des eingestürzten Rana-Plaza-Gebäudes wurde eine elf Jahre alte Näherin geborgen. Nun muss die nicht unbedingt bei Phantom Apparels gearbeitet haben, aber …
- *Versammlungsfreiheit*: In keiner der Bekleidungsfabriken gab es eine gewerkschaftliche Vereinigung. Auf Seite 5 sind zwar sogenannte Participation Committees vermerkt, doch jeder, der sich nur ein wenig mit der Textilindustrie von Bangladesch auseinandersetzt, weiß, dass deren Mitglieder oft vom Fabrikmanagement ernannt und nicht frei gewählt werden.
- *Überstundenzwang:* Angeblich seien alle Beschäftigten weder zu Überstunden gezwungen noch mit Disziplinarmaßnahmen belegt worden. Allein die Tatsache, dass zum Teil Arbeiterinnen trotz der Sicherheitsbedenken unter Strafandrohung genötigt wurden, in die Fabrik zu gehen, zeigt die Fragwürdigkeit dieser Aussage. Zudem ist bekannt, dass die Arbeiterinnen von ihren Vorgesetzten dazu angehalten werden, nichts Negatives über die Fabrik und ihre Arbeit zu sagen, wenn ein Auditor sie befragt – sonst blieben die Aufträge weg, und damit sei ihr Arbeitsplatz gefährdet.
- *Diskriminierung*: Die Arbeiterinnen von Phantom Apparels Ltd. sollen nicht diskriminiert worden sein? Das darf getrost bezweifelt werden. Frauen wurden und werden in fast jeder Textilfabrik beschimpft und gedemütigt, ob in Sabhar oder Chittagong, Gazipur oder Dhaka. Berichte von Überlebenden legen davon ein beredtes Zeugnis ab.[16]

## B. Audit Assessment Part B BSCI Mandatory Social Requirements

| | | Results | | | |
|---|---|---|---|---|---|
| | | 2 | 1 | 0 | NA |
| B.1 | Management Practice | ☐ | ☒ | ☐ | |
| B.2 | Documentation | ☐ | ☒ | ☐ | |
| B.3 | Working Time | ☒ | ☐ | ☐ | |
| B.4 | Compensation | ☐ | ☒ | ☐ | |
| B.5 | Child Labour / Young Employees | ☒ | ☐ | ☐ | |
| B.6 | Forced Labour / Prisoner Labour / Disciplinary Measures | ☒ | ☐ | ☐ | |
| B.7 | Freedom of Association / Collective Bargaining | ☒ | ☐ | ☐ | |
| B.8 | Discrimination | ☒ | ☐ | ☐ | |
| B.9 | Working Conditions | ☐ | ☒ | ☐ | |
| B.10 | Health and Social Facilities | ☐ | ☒ | ☐ | |
| B.11 | Occupational Health and Safety | ☐ | ☒ | ☐ | |
| B.12 | Dormitories | ☐ | ☐ | ☐ | ☒ |
| B.13 | Environment | ☒ | ☐ | ☐ | |

| **Total Result:** | **Good** ☐ | **Improvements Needed** ☒ | **Non-compliant** ☐ |
|---|---|---|---|

### Remarks

1. Audit Scope Description:
This factory is located at Rana Plaza, Bus stand - Savar, Dhaka. It is a Woven garments manufacturing unit. All the floors are used for production. They have cutting sewing, finishing section The factory started its operation in year 1994. On audit day 642 people were present.
2. Special remarks on records provided
The factory provided the required records pertaining to BSCI requirement, was found factual, properly index and stored.
3. Negative and positive Points:
The top management was cooperative and shown commitment to work on audit findings
4. B.1.0 Management Practice
The company does not subscribe to any management system certification . The company has designated Mr. Mahadi Hasan, (Compliance & HR executive) to look after BSCI related issues.The company does not source its product from any sub-contractor in line with BSCI definition of sub-contractor. All issues are explained in corrective action findings.

| Please fill in under results | | | |
|---|---|---|---|
| 2 = Good | 1 = Improvements Needed | 0 = Non-compliant | NA = Not Applicable |
| No deviation from requirements or only minor deviations and full protection of employees is given | Deviations in the minority of requirements and no crucial points | Deviations in 50% or in the majority of requirements or/and in crucial points (double framed) | Requirements do not match to the company structure |

| BSCI<br>Social Audit Report | Name of Company | Audit Date | DBID number | |
|---|---|---|---|---|
| | Phantom apparels Ltd | 16th,17th ,18th June 2012 | p22659 | Page 5 of 12 |



B 2.0 DOCUMENTATION
The company has obtained legal approvals from competent authority as required by law.
They have pregnant workers working in the factory . Other issues are explained in corrective action findings.
B 3.0 WORKING HOUR
The normal working hours are 8 hours per day and 6 days per week, i.e 48 hours regular working per week. There is case of reported overtime maximum of two hour. checked last three months salary and Overtime records on random sampling basis.It was also cross verified during workers interview and found consistency between records produced Vs workers statement. The manual In & out-time recorded by the time keeper and cross checked, signed by the employees.
B 4.0 Compensation
The legal minimum wage is Taka 3000/- , all the employees are paid minimum or above the legal minimum wage. The average compensation calculated is Taka 4000/- . The salary is paid on or before 7th working day of every month for the preceeding month worked through cash and wage slip indicating wages details, deductions etc are provided to all the employees. It was also cross verified during workers interview .The company provide leaves on demand by employees on paid basis. Some issues are explained as corrective action findings
B 5.0 CHILD LABOUR/YOUNG EMPLOYEES
There was no child labour or young labor identified during document review, plant tour and worker interviews
B.6.0 Forced Labour / Prisoner Labour / Disciplinary Measures
It was verified through worker interviews that there was no prison labour or forced labour. During plant tour, it was observed that workers were working without pressure. There is no reported cases of Disciplinary measures.
B.7 Freedom of Association and Collective Bargaining
There is a workers Participatory committee . Some of workers in the committee are as follows
1.Mr. Sadam Mia - worker - Sewing
2. Mrs. Sumi Begum - worker - Finishing
B.8.0 Discrimination
During worker interviews, it was found that there was no un-equal, abuse, un-usual disciplinary practices, and there were no preference on the religion, origin, political affiliation or age
B 9.0 WORKING CONDITION
The building and machine layout is process based, good construction quality, duly approved. Buildings were maintained in good situation. Working environment was clean, overall conditions of the factory as well . The Noise & Light test results are not available. Inside room temeperature are acceptable
B.10 Health and Social Facilities
The first aid/sick room provided in case required by any employees. The first aid kit/box are provided at suitable loctaions as per law. Dining capacity is insufficient. All explained in corrective action findings.
B.11 Occupational Health and Safety
The company provided required personnel protective equiment (PPE) like ear plugs, safety shoes, mask to the employees. There is lack in training on health and safety issues. insufficuent number of workers are trained of fire fighting . There is also lack in effective training on machine safety and operational procedure . All are explained in Corrective action findings.
B.12 Dormitories :- No dormitories provided by the company.
B 13 ENVIRONMENT :- No enviourmental issue found as it is accepted as per country law.

Die beiden besonders relevanten Seiten 4 und 5 aus dem »Social Audit Report« des TÜV Rheinland vom Juni 2012

Was heißt das nun? Das Audit hat wesentliche Probleme, sowohl die möglicherweise gefälschte Dokumentation als auch massive Arbeitsrechtsverletzungen, offenbar nicht festgestellt und damit *nicht* bemängelt. Gerade deshalb bietet solch ein blütenweißer Bericht etlichen großen Modeunternehmen die Legitimation, mit einer entsprechend zertifizierten Fabrik zusammenzuarbeiten! Ob NKD, Adler oder Güldenpfennig: Alle beziehen sich auf ihre BSCI-Audits – ohne zu differenzieren, wie die Ergebnisse im Einzelnen aussehen.

Hier ein entlarvendes Zitat aus einer E-Mail, die das Modeunternehmen Adler im April 2014 einem Kunden zukommen ließ:

> *»ADLER ist nach dem Einsturz des Fabrikgebäudes in Rana Plaza tief betroffen von dem großen Leid, das über die betroffenen Menschen gekommen ist. ADLER sieht sich jedoch nicht unmittelbar in der Verantwortung, an den offiziellen Entschädigungsverhandlungen teilzunehmen. Denn ADLER hatte zu keinem Zeitpunkt Geschäftsverhältnisse mit Firmen aus dem eingestürzten Rana-Plaza-Komplex. ADLER wird in diesem Zusammenhang nur deshalb genannt, weil einer der Metro-Zulieferer hinter dem Rücken und ohne das Wissen von ADLER einen kleinen Teilauftrag an einen Auftragsfertiger aus Rana Plaza vergeben hatte. Metro und ADLER hatten die fertige Ware als Ausnahmefall nur deshalb akzeptiert, weil für diese Fabrik ein BSCI-Zertifikat nachgewiesen werden konnte. Dieses war 2012 durch den TÜV Rheinland erstellt worden.«*

Dass die Audit-Berichte den Einkäufern nur als Feigenblatt dienen und dass die Industrie mitunter sogar selbst nicht an die Berichte glaubt, hat auch der bereits angeführte *Monitor*-Bericht vom 6. Juni 2013 über die Kontrollen des TÜV Rheinland und des TÜV Süd in Bangladesch zutage gefördert. Die Journalisten interviewten Näherinnen, deren Aussagen über die Fabriken in krassem Gegensatz zu den Berichten des TÜV stehen. Eine Näherin sagte: »Einmal wollte ich mir nur kurz die Beine vertreten. Da hat mich der Aufseher geschlagen. Da ist niemand da, der uns hilft. Niemand.« Und eine andere Näherin: »Wir müssen den Prüfern erzählen, dass wir pünktlich unseren Lohn bekommen, keine Überstunden machen müssen, dass alles gut ist. Ich würde den Prüfern gern die Wahrheit sagen, aber wenn ich das tue, machen sie mich erst fertig, und dann werde ich gefeuert.«

Besonders interessant ist die Antwort von Raven Karalus, dem Sprecher des Verbandes der Fertigwarenimporteure, auf die Frage der Journalisten, was er denn von diesen ganzen Codes, Standards und Prüfverfahren halte: »Nichts. Das ist eine Augenwischerei gegenüber dem Verbraucher.« Wohlgemerkt, dies sagt ein Insider, der die Interessen der Industrie vertritt! Dort weiß man also ziemlich genau, was von derlei Prüfungen zu halten ist. Karalus ist der Meinung: »Das ist reiner Populismus. Da soll jetzt gezeigt werden, wie sehr man das bedauert und dass das alles vermieden werden soll. Und ich garantiere Ihnen, morgen brennt wieder eine Fabrik oder stürzt wieder eine Fabrik ein, weil es gar nicht machbar ist. Es ist überhaupt nicht machbar.«[17]

# 4

# Luxuslabel und Discounterriesen

Insbesondere die deutschen Textilverbände erklären gerne, dass ihre Mitglieder – das sind die Markenhersteller und nicht die großen Handelshäuser – unter angemessenen Arbeitsbedingungen in Bangladesch produzieren lassen. Unwürdige Arbeitsbedingungen gebe es nur bei den Lieferanten der großen Handelsmarken und Discounterriesen. Der Textilverband GermanFashion gibt an, dass rund 65 Prozent der in Deutschland verkauften Bekleidung vom Handel importiert und nur noch 35 Prozent von deutschen Firmen – im Ausland – produziert werden.[1] Der Verband will also die Schuld an den schlimmen Arbeitsbedingungen in Bangladesch auf die Händler abschieben. Doch unter diesen 35 Prozent Produzenten befinden sich bekannte Luxusmarken wie Hugo Boss, Seidensticker und Willy Bogner oder Unternehmen des mittleren Preissegments wie Esprit, S.Oliver und Gerry Weber und auch der Sportartikelhersteller Adidas. Alle diese umsatzstarken Unternehmen lassen vermutlich in Bangladesch produzieren – laut eigenen Aussagen natürlich unter Einhaltung der Sozialstandards.

Auf der von der Fachzeitschrift *Textilwirtschaft* jährlich herausgegebenen Liste aller europäischen Bekleidungslieferanten für das Jahr 2012 steht Adidas an erster Stelle mit einem Umsatz von fast 6,3 Mrd. Euro (weltweit), gefolgt von Esprit mit 2,6 Mrd. Hugo Boss liegt auf Platz 6 mit 2,3 Mrd. Umsatz.[2] Zum Vergleich: Auf der Liste der größten Textileinzelhändler in Deutschland steht an der Spitze seit Jahren die Otto-Gruppe mit einem Umsatz von 4,1 Mrd. EUR, gefolgt von

H&M mit 3,4 Mrd.[3] Unter den zehn größten Textileinzelhändlern befinden sich auch die Discounter Lidl, Aldi und KiK (Tengelmann), wobei die meisten Menschen bei Lidl und Aldi ja eher an Lebensmittel und weniger an Kleidung denken. Die sogenannte Aktionsware, zu der auch Kleidung zählt, nimmt aber mittlerweile einen großen Anteil am Umsatz der Discounter ein, der rund eine Milliarde allein bei Textilien ausmacht.

Der Umsatz von Hugo Boss mit 2,3 Mrd. (2012) ist etwa so hoch wie der von Metro (Galeria Kaufhof, Sport Arena) im Bekleidungssektor mit 2,1 Mrd. Euro und etwa doppelt so hoch wie der von KiK/Tengelmann mit 1,2 Mrd. Euro. Die Umsatzgröße sagt natürlich nichts aus über die Produktionsziffern, und es ist bemerkenswert, dass Hugo Boss mit weniger Kleidung, aber einem hohen Markenimage und hohen Preisen einen doppelt so hohen Umsatz macht wie KiK mit seinen Billigklamotten.

Nach dem Einsturz von Rana Plaza beeilten sich die deutschen Markenproduzenten zu versichern, dass ihre Lieferanten alle Sozial-, Gesundheits- und Sicherheitsstandards einhalten würden. Ihre Verlautbarungen variierten stets ein und dieselbe Botschaft: Rana Plaza? Ohne uns! In solchen maroden Gebäuden und Fabriken lassen doch nur die KiKs und Konsorten herstellen.

Was mir zu Ohren kam, klang hingegen ganz anders. Demzufolge schien es zwischen den Produktionsbedingungen teurer Markenkleidung und denen billiger Massenware gar keinen sonderlichen Unterschied zu geben. Die Vertreter der lokalen Partnerorganisationen von FEMNET und der CCC berichteten uns jedenfalls immer wieder, dass die teuren Marken wie Tommy Hilfiger, Seidensticker, Hugo Boss u.a. in denselben Fabriken in Bangladesch produzieren lassen wie die billigen Handelsketten.

Ein himmelschreiender Widerspruch, der unbedingt aufgelöst oder eben hieb- und stichfest belegt werden musste. Deshalb beauftragte ich die bangladeschische Nichtregierungsorganisation RISE (Research Initiative for Social Equity Society) mit der Recherche, unter welchen Bedingungen Markenproduzenten in ihrem Land produzieren lassen und ob sich die Arbeitsbedingungen bei Lieferanten teurer Markenkleidung von jenen billiger Massenware unterscheiden.

Die Frauenorganisation FEMNET, deren Vorsitzende ich bin, unterstützt mit ihrem Solidaritätsfonds die Gewerkschaft NGWF in Bangladesch und unterhält schon seit Jahren Kontakte zu dortigen Gewerkschaften und Nichtregierungsorganisationen, auch in Zusammenarbeit mit der CCC. Bei allen kleinen und großen Unfällen wie eben vor allem dem Brand in der Tazreen-Fabrik oder der Rana-Plaza-Katastrophe informieren uns unsere Partner über die Zahl der Toten und Verletzten sowie darüber, welche Auftraggeber in den Fabriken produzieren lassen. Oft ist der wichtigste Hinweis das in die Kleidung eingenähte Label, selten finden sich Auftragsunterlagen. Es geht darum, Beweise zu suchen und zu sichern, damit die Auftraggeber sich bei anstehenden Entschädigungsleistungen ihrer Verantwortung nicht entziehen können.

Seit Jahren besuche ich Bangladesch, so auch im Sommer 2013 nach dem Einsturz des Rana Plaza und vorläufig zuletzt Anfang 2014. Ich habe bei diesen Besuchen mit Fabrikbesitzern gesprochen, mit Vertretern des bangladeschischen Unternehmensverbands, mit Auditoren, mit Gewerkschaftern und Gewerkschafterinnen, vor allem mit Näherinnen, die von RISE befragt worden waren, meistens abends zu Hause. Ich habe dabei niederschmetternde Eindrücke von den armseligen Lebensverhältnissen der Frauen bekommen – und das hat mich dazu gebracht, dieses Buch zu schreiben.

## Eine Untersuchung vor Ort bei zwölf Fabriken

RISE begann Mitte 2013 mit der Recherche. Es ging zunächst darum, Fabriken ausfindig machen, in denen auch Hugo Boss produzieren lässt. Dies war ein mühsames Unterfangen, weil die Marken nicht veröffentlichen, wo genau sie anfertigen lassen – wohl auch aus Angst, man könnte ihnen auf die Finger schauen. In mühsamer Kleinarbeit, durch geradezu detektivische Suche im Internet, durch zahlreiche Kontakte zu Gewerkschaften, vor allem durch langwierige Nachforschungen und Gespräche mit Näherinnen – die die Label in der Kleidung wiedererkennen – kam RISE schließlich in und um Dhaka und Chittagong einigen Fabriken auf die Spur, die für Luxusmarken wie Hugo Boss und gleichzeitig für H&M, C&A und S.Oliver produzieren.

In einem zweiten Schritt, zwischen August und November 2013, befragte RISE insgesamt 115 Arbeiterinnen aus zwölf Fabriken. Das waren jeweils rund zweistündige Gespräche, die außerhalb der Arbeitszeit (spätabends oder an einem Freitag, der in Bangladesch ein Feiertag ist) im privaten Umfeld der Arbeiterinnen geführt wurden oder zumindest an einem Ort, an dem die Befragten sich unbeobachtet und somit sicher fühlen konnten. Die fünf Interviewerinnen und ein Interviewer befragten überwiegend Näherinnen, aber auch Helferinnen, deren Aufgabe es ist, Nähte zu säubern und Handlangerdienste zu leisten, und die der niedrigsten Lohnstufe angehören.

89 Prozent der Befragten waren Frauen, was etwas über dem Anteil von Frauen unter den Beschäftigten in der Textilindustrie allgemein (ca. 80 Prozent) liegt. 85 Prozent der Befragten waren zwischen 18 und 30 Jahre alt, und gerade mal nur ein Prozent war älter als 43 Jahre. Grund dafür sind die extrem harten Arbeitsbedingungen, die Frauen ab 40 Jahren kaum noch aushalten können. Rund drei Viertel aller Frauen in den Fabriken sind zwischen 18 und 27 Jahren alt.[4] Trotz ihrer überwiegend jungen Jahre waren rund 80 Prozent der Arbeiterinnen verheiratet, und mehr als die Hälfte von ihnen hatte mindestens ein Kind. Interessant und wichtig ist auch, dass rund die Hälfte der befragten Frauen Alleinverdienerinnen sind, also ihre ganze Familie ernähren müssen. Damit ist Frauenarbeit folglich alles andere als eine »Zusatzarbeit«, wie so oft behauptet wird.

Die Beschäftigten wurden auch nach ihren Wohnverhältnissen befragt. Alle haben nur ein einziges Zimmer für sich und ihre ganze

Familie. Unverheiratete Frauen wohnen in der Regel bei Verwandten und teilen sich auch dort ein Zimmer mit anderen Angehörigen. Die Miete für ein Zimmer lag zum Zeitpunkt der Befragung zwischen 1700 und rund 3400 Taka (etwa 16 bis 32 Euro) – je nachdem, um was für eine Behausung es sich handelte. Am günstigsten ist eine Unterkunft in einer Hütte aus geflochtenem Material, worin 25 Prozent der Befragten lebten. 62 Prozent waren in einer sogenannten Colony untergekommen, einem teurer zu bewohnenden Haus aus Ziegelsteinen mit einem Wasserhahn in der Nähe, in dem mehrere Familien mit bis zu vier Personen in jeweils einem Zimmer wohnen und sich eine Gemeinschaftstoilette teilen. Bei einem Mindestlohn von 3000 Taka (ohne Überstunden) verschlingt die Miete allein schon das Grundgehalt einer Person.

Um die Arbeiterinnen vor Repressalien seitens des jeweiligen Fabrikmanagements zu schützen, wahre ich hier ihre Anonymität. Und ich nenne auch die Fabriknamen nicht, da es mir bei dieser Untersuchung nicht um einzelne Betriebe, nicht um die Arbeitsrechtsverletzungen einzelner Produzenten geht, sondern um eine Darstellung des Systems. Was zählt, sind nicht die Ausnahmefälle – was zählt, ist die Regel.

Die untersuchten zwölf Fabriken – im Folgenden F 1 bis F 12 genannt – sind demzufolge auch nicht die übelsten Sweatshops, sondern gehören eindeutig zu den besseren in Bangladesch, mindestens eine gilt gar als Vorzeigefabrik. Als Unterauftragnehmer, bei denen in der Regel eher schlechtere Arbeitsbedingungen vorzufinden sind, agiert folglich keine der untersuchten Fabriken.

Kinderarbeit konnte nirgendwo festgestellt werden, aber mangelnde Organisationsfreiheit ist fast überall an der Tagesordnung. Keine der Fabriken hatte einen Betriebsrat. Auffallend ist außerdem, dass nur wenige Beschäftigte schriftliche Arbeitsverträge haben (ob nun im Original oder als Kopie), und regelrecht erschreckend ist, dass fünf von zwölf Fabriken keine monatlichen Lohnabrechnungen ausstellen, aus denen die Frauen ersehen könnten, aus was sich ihr

Verdienst zusammensetzt. In allen Fabriken gab es einen faktischen Zwang zu Überstunden auch über die offiziell zwei pro Tag erlaubten hinaus, denn wer sich weigerte, verlor seinen Job. Die Bezahlung dieser Überstunden ist in allen Fabriken intransparent, weshalb sich die Beschäftigten häufig betrogen fühlen. In einigen Fällen stecken sich die Aufseher einen Teil des Geldes, das den Frauen zusteht, ein, in anderen Fällen zahlt die Fabrik nicht die korrekten Überstundenzuschläge.

Bezahlter Mutterschaftsurlaub (laut Gesetz vier Monate) wurde nur in zwei Fabriken korrekt gewährt, in drei weiteren wurde er eigenmächtig um zwei Wochen auf 3,5 Monate gekürzt. Die sieben verbleibenden Fabriken zahlten signifikant kürzer als gesetzlich vorgesehen. Zudem wird oft keine Rücksicht auf Frauen genommen, die schwanger sind. In der Regel müssen sie stehend weiter arbeiten wie bisher, ohne leichtere Tätigkeiten zugewiesen zu bekommen.

Bis auf eine Ausnahme müssen in diesen Fabriken die Arbeiterinnen verbale Herabsetzungen und Beschimpfungen über sich ergehen lassen. Die Aufseher respektieren die Frauen nicht, sondern behandeln sie wie Dreck.

Obwohl laut Arbeitsgesetz ab einer Größe von 300 Beschäftigten ein Arzt oder zumindest eine Krankenschwester dauerhaft beschäftigt werden muss, hatten nicht alle Fabriken medizinisches Personal. Auch wissen die Frauen nicht, welche Medikamente ihnen eigentlich verabreicht werden, wenn es ihnen bei der Arbeit nicht gut geht. Oft sind es Paracetamol- oder Aspirintabletten oder auch Vitamin- und Eisenpräparate. Immerhin sagten die Befragten aus, dass das Trinkwasser in allen Fabriken in Ordnung sei, wobei sie keineswegs immer Wasser trinken dürfen, wenn sie es wollen beziehungsweise brauchen. Es ist aus anderen Fabriken bekannt, dass nur in vorgeschriebenen Zeitintervallen Frauen kurz auf die Toilette gehen dürfen.

Auch Kantinen sind laut Arbeitsgesetz ab 50 Beschäftigten Vorschrift. Dennoch haben vier der zwölf untersuchten Fabriken keinen Essraum. Die Frauen müssen zum Essen ihren Arbeitsplatz verlassen, weil die Fabrikleitung befürchtet, dass die Kleidungsstücke, die sie zusammennähen, beschmutzt werden könnten. Die Arbeiterinnen sitzen oft in den Treppenhäusern auf den Stufen, manchmal wird sogar noch aus Spargründen das Licht ausgeschaltet.

In allen zwölf Fabriken ähneln sich die Arbeitsbedingungen, es gibt also auch massive Arbeitsrechtsverletzungen dort, wo für Markennamen produziert wird. Fabrik 2 ist ein gutes Beispiel, wo Luxusmarken wie Hugo Boss und Tommy Hilfiger wie auch Billigmarken wie H&M und C&A produzieren lassen. Auch in den anderen vier Fabriken, in denen H&M zum Zeitpunkt der Befragung Aufträge platziert hatte, ließen gleichzeitig Luxusmarken wie Tommy Hilfiger oder Gap produzieren.

Am Ende des Buches befindet sich eine tabellarische Übersicht über die Arbeitsbedingungen und Auftraggeber in allen zwölf Fabriken.

## Luxus unter der Lupe: Hugo Boss

Das Unternehmen aus dem schwäbischen Metzingen gilt seit Jahren als eine der stärksten Modemarken Deutschlands. Bis heute ist der elegante Zwei- oder Dreiteiler das Markenzeichen des Labels Hugo Boss, das Mitte der 1980er-Jahre an die Börse ging und seither die beiden Buchstaben AG im Unternehmensnamen führt. Zehn Jahre später weitete die Hugo Boss AG ihre Marketingaktivitäten aus. Zu dem Sportsponsoring – ganz Boss-adäquat in der Formel 1 und im Tennis Davis Cup – kam jetzt das Kultursponsoring hinzu: Seit 1996 unterstützt der deutsche Bekleidungskonzern die Solomon R. Guggenheim Foundation mit dem jährlich ausgelobten Hugo Boss Prize; seit 1999 ist er Kultursponsor der Salzburger Festspiele.

Fast jede und jeder kennt diesen Anbieter hochpreisiger Kleidung und Accessoires. Bei einem sogenannten Brand-Feel-Ranking im Sommer 2014 überzeugte Hugo Boss mit dem besten Markenbild und ließ Giorgio Armani, JOOP und Tommy Hilfiger hinter sich. »Dem Ranking-Primus attestieren die Mode-Liebhaber ein Höchstmaß an Attraktivität, Dynamik und innovativer Modernität. Die Kenner vertrauen Boss und empfinden die traditionsreiche Marke als besonders, qualitativ hochwertig und besser als andere Modelabels.«[5] Das hört der Vorstand der Aktiengesellschaft bestimmt gern. Doch ein solches Image will gut gehegt und gepflegt sein – insbesondere in Zeiten, da die globale Bekleidungsindustrie ins Visier der breiten Öffentlichkeit geraten ist.

**Hugo Boss AG: Zahlen und Fakten[6]**

- Unternehmensform: Aktiengesellschaft; Mehrheitsaktionär ist der britische Hedge Fonds Permira.
- Der Konzern umfasst 54 Tochtergesellschaften, davon 34 Vertriebsgesellschaften.
- Vorstandsvorsitzender seit 2008: Claus-Dietrich Lahrs.
  Im dreiköpfigen Boss-Vorstand sitzt keine Frau. Noch ist »Boss Woman« kein konzernpolitisches Statement, sondern nur ein Eau de Parfum.
- Umsatz 2013 weltweit: 2,43 Mrd. Euro (ein Plus von 4 Prozent gegenüber 2012).
  Das Ziel für 2015: 3,0 Mrd. Euro.
  Umsatz 2013 in Deutschland: 417 Mio. Euro
- Gewinn 2013: 565 Mio. Euro (ein Plus von 7 Prozent gegenüber 2012)
- Mitarbeiter und Mitarbeiterinnen weltweit: knapp 12 500
- Vertrieb: in 127 Länder
- Verkaufspunkte: 7100
- Großhandel (Kaufhäuser/Shop-in-Shops, Fachhändler, Franchisenehmer): rund 6100
- konzerneigene Stores / Shop-in-Shops: 1010 (170 mehr als 2012)
- hinzu kommen Online-Stores (Schweiz, Deutschland, Niederlande, Frankreich, Großbritannien, Österreich, China, USA)
- Boss-Marken:
  *Boss* (Charakteristik: dezenter Luxus),

*Boss Green* (Charakteristik: dynamischer Lifestyle),
*Boss Orange* (Charakteristik: unbeschwertes Lebensgefühl & Individualität),
*Hugo* (Charakteristik: progressiv-urbaner Look)

Deshalb investieren Modelabel mit einem Luxus- oder auch Exklusivitätsimage auch viel, um dieses kostbare Image nicht zu gefährden. Vor allem in kostspielige Glamourwerbung. Spannend dabei ist die spontane gedanklich-emotionale Verknüpfung vor allem bei uns Kundinnen: ob elegante Stores, edle Outfits, dezente Farben oder sportlich-legere Looks mit einem Hauch Extravaganz, eingehüllt in das entsprechende »Wording« … Sofort stellt sich ein Gefühlscocktail aus Zutaten wie Individualität, Genuss, Wertigkeit, Lebensfreude, Leichtigkeit und Fülle ein. Produkte und Marke werden »emotionalisiert«, wie Hugo Boss das nennt:

*»Sportsponsoring-Maßnahmen konzentrieren sich auf Premium-Sportarten wie Formel 1, Golf oder Segeln, die Markenwerte wie Dynamik, Perfektion und Präzision auf ideale Weise transportieren. In seinen Kultursponsoring-Aktivitäten betont der Konzern die Gemeinsamkeiten zwischen Kunst und Mode im Hinblick auf Design, Ästhetik und Kreativität. Akzente setzt das Unternehmen außerdem durch medienwirksame Fashion Events in den Modemetropolen der Welt, die die Attraktivität und Akzeptanz der Marken des Konzerns bei wichtigen Zielgruppen zusätzlich unterstreichen und die Markenwelt von Hugo Boss emotionalisieren.«*[7]

Dazu passen der exquisite Preis und großzügige, in Zitrusduft gehüllte Stores in bester Lage ebenso wie die Assoziation mit einem luftig-geräumigen Atelier, in welchem die teuren Kleidungsstücke feinsäuberlich gefertigt werden. Aber eine stickige Fabrikhalle mit vergitterten Fenstern, in der Hunderte Näherinnen für einen Stundenlohn von 15 Eurocent arbeiten?

**Drei O-Töne**

- Eine Verkäuferin: »In Bangladesch produzieren wir nicht, nein!«
- Eine Kundin: »Ich schaue, wo die Ware herkommt, und gehe davon aus, dass Menschen für Boss nicht ausgenutzt werden. Die Sachen haben ja ihren Preis.«[8]
- Eine andere Kundin: »Super, ich kaufe gerne Produkte von Hugo Boss, und nach den neuesten Schlagzeilen aus Bangladesch bin ich froh, dass bis jetzt von Boss solche schrecklichen Produktionsstandards nicht bekannt sind. Mir ist es sehr wichtig, mit gutem Gewissen kaufen zu können. Gruß, Moni.«[9]

Seit der Rana-Plaza-Katastrophe und dem entsprechenden medialen Echo, den zahlreichen Reportagen, Talkshows und Berichten zum Thema Bekleidungsindustrie hat sich bei erfreulich vielen europäischen Konsumentinnen und Konsumenten das Bewusstsein für die untragbare Situation der Textilarbeiterinnen in den sogenannten Beschaffungsländern geschärft. Allerdings zeigt sich, dass bei den meisten kritischen Kundinnen und Kunden vor allem *eine* Information verankert ist: Billigklamotten = Billigproduktion. In diesem Zusammenhang wird gerade KiK immer wieder als Negativbeispiel genannt (»Wie es da schon riecht!«). Aber da geht »man« ja sowieso nicht hin … Von jenen, die (zu Recht) über KiK die Nase rümpfen und einen großen Bogen um die Läden des Textildiscounters machen, gehen jedoch viele regelmäßig »beim Kaiser's« um die Ecke einkaufen. »Immer eine gute Idee«? Nicht unbedingt. Denn Kaiser's gehört ebenso wie KiK zur Tengelmann-Unternehmensgruppe. Wieder ist es das werbebasierte Markenimage, sprich der äußere Schein samt seinen Assoziationen, der das Kundenverhalten bestimmt.

## Produktionsstandorte von Hugo Boss

Eigene Produktionsstätten hat Hugo Boss nicht in Bangladesch – die liegen vor allem in Izmir (Türkei), aber auch in Radom (Polen), Morrovalle (Italien), Cleveland (USA) und Metzingen (Deutschland). Jedoch werden nur 20 Prozent des Warensortiments in den eigenen Produktionsstätten hergestellt (15 Prozent allein aus dem eigenen Werk in Izmir), 80 Prozent stammen von Zulieferern in Lohnfertigung. Dabei hat Hugo Boss die Zahl seiner Lieferanten von 320 (2012) auf 300 (2013) reduziert – ein Trend, der übrigens bei vielen Marken festzustellen ist. Während Anzüge, Sakkos und Hosen in osteuropäischer Lohnfertigung produziert werden, wobei der Lieferant Stoffe und Zutaten von Hugo Boss gestellt bekommt, wird sämtliche Sportswear in asiatischen Fabriken gefertigt. Die dortigen Produzenten beschaffen sich die benötigten Rohmaterialien selber.

Fast die Hälfte der Hugo-Boss-Produkte wird in Osteuropa und der Türkei hergestellt, 32 Prozent kommen aus Asien, insbesondere aus China, doch Bangladesch scheint zuzulegen.

Hugo Boss bezeichnet sich als »einer der Weltmarktführer im Premium- und Luxussegment des globalen Bekleidungsmarkts«[10], aber inwiefern spielen dabei Anforderungen an Sozial- und Sicherheitsstandards in den Fertigungsstätten eine Rolle? Zumindest laut Geschäftsbericht 2013 besteht da ein hoher Anspruch:

> *»Das Ziel der Beschaffungs- und Produktionsaktivitäten von Hugo Boss ist es, Produkte von höchster Qualität zu wettbewerbsfähigen Kosten und unter Einhaltung strikter Sozial- und Umweltstandards zu beschaffen und termingerecht an die Einzelhandelspartner und eigenen Stores auszuliefern. Um dieses Ziel zu erreichen, arbeitet Hugo Boss beständig daran, durch eine gezielte Lieferantenauswahl, die fortlaufende Vertiefung der bestehenden Lieferantenbeziehungen und die Einhaltung höchster produktionstechnischer Standards [»in den eigenen Fertigungsstätten« ist weggefallen] fehlerfreie, effiziente*

*und nachhaltige Beschaffungs- und Produktionsprozesse zu gewährleisten.«*[11]

In zwei der zwölf für dieses Buch untersuchten Fabriken – in den Fabriken F1 und F2 – in Bangladesch lässt Hugo Boss produzieren (siehe die Tabelle am Buchende). Kunden dieser beiden Fabriken sind neben Hugo Boss auch andere teure Labels wie Tommy Hilfiger und Calvin Klein, aber eben auch preiswerte Marken wie H&M und C&A. Marken des mittleren Preissegments wie Esprit und S.Oliver lassen ebenfalls in einer der beiden Fabriken produzieren. Diese Fabrik F1 ist vielfach ausgezeichnet und mit allen relevanten Zertifikaten bedacht worden[12] und gilt in Bangladesch nachgerade als Vorzeigefabrik. Auf ihrer Website wird unter dem modischen Stichwort »Nachhaltigkeit« der große Stellenwert der Corporate Social Responsibility (CSR) für die eigenen Belange herausgestrichen. So sei zum Beispiel Diskriminierung strengstens verboten und werde in keiner Form geduldet. Und das Management setze sich für ein gesundes Verhältnis zu seinen Arbeiterinnen ein. Die Fabrik erstellt selber jährliche Nachhaltigkeitsberichte nach dem internationalen Standard der Global Reporting Initiative (GRI).

Schöne Worte – aber wie sieht die Realität aus? Erhalten die Näherinnen einen angemessenen Lohn? Werden sie respektvoll behandelt? Wie sieht es mit ihrem Recht auf Organisationsfreiheit aus? Ist der Brandschutz gewährleistet?

Hier ist die Geschichte einer Näherin, die bei einem Hugo-Boss-Produzenten arbeitet, die von RISE im Herbst 2013 – also vor der Mindestlohnerhöhung – befragt worden ist und die ich hier Riya nenne.

**Riya, 23, Näherin in der Fabrik 2**
Riya kommt vom Land. Als jüngste Tochter von insgesamt fünf Geschwistern musste sie die Schule nach der siebten Klasse abbrechen und einen Jungen in ihrem Alter heiraten. Mit ihm zusammen wurde sie in die Stadt geschickt, um dort Geld für die Familie zu verdienen. Doch ihr Ehemann erwies sich als bequem und trug nichts zum Einkommen bei. Ein Jahr nach ihrer Hochzeit bekam Riya eine Tochter, gänzlich ungeliebt von dem Vater. Als die Kleine drei Jahre alt war, ließ Riya sich scheiden – und begann als Hilfsarbeiterin in der Bekleidungsfabrik 2. Heute verdient sie mit sämtlichen Überstunden höchstens 4000 Taka (38 Euro) monatlich.

Jeden Morgen um fünf Uhr steht Riya auf, um für sich und ihre Tochter zu kochen und die Wäsche zu waschen. Dann geht die inzwischen Siebenjährige zur Schule und Riya selbst in die Fabrik. Spätestens um zehn Minuten vor acht muss sie dort sein, denn nur eine Minute Verspätung könnte einen Lohnabzug bedeuten. In der einstündigen Mittagspause isst Riya, was sie sich von zu Hause mitgebracht hat. Frühestens um 21 Uhr, manchmal aber auch erst um Mitternacht darf sie die Fabrik und die Aufseher, unter deren Beleidigungen und Beschimpfungen sie sehr leidet, endlich verlassen. Auf ihrem Fußweg in die Siedlung hofft Riya, dass es ihrer Tochter, die auf sie wartet, gut geht.

Von ihrem Monatslohn überweist sie stets auch etwas an ihre Eltern im Dorf, ein Teil ist für die Ausbildung ihrer Tochter, der Rest reicht gerade für Miete, Essen und, wenn nötig, für Medikamente. Gerne würde Riya auch ein wenig Geld für später zurücklegen, aber das geht nicht. Wenn sie sich etwas wünschen dürfte, so wäre das, mehr Zeit mit ihrer kleinen Tochter verbringen zu können und diese gut behütet aufwachsen zu sehen.

## Verantwortungsvolles Handeln?

In seinem Geschäftsbericht behauptet der Konzern voller Emphase: »Hugo Boss handelt verantwortungsvoll.«[13] Insbesondere nimmt er die Erfüllung folgender Sozialstandards für sich in Anspruch:

*»Partner. ›Verantwortungsbewusst zusammenarbeiten‹*

*Social Compliance und Umweltschutz sind die Schwerpunkte des Nachhaltigkeitsengagements in der globalen Lieferkette von Hugo Boss. Die Einhaltung von Menschenrechts- und Umweltstandards insbesondere auch in Schwellenländern zu gewährleisten, ist für das Unternehmen von zentraler Bedeutung. …*

*Neue Lieferanten werden vor Aufnahme einer dauerhaften Geschäftsbeziehung stets hinsichtlich der Erfüllung der Sozialstandards auditiert. In den Sozialstandards sind folgende Punkte geregelt:* ***Einhaltung von nationalen Gesetzen, Verbot von Kinderarbeit, Verbot von Zwangsarbeit, maximale Arbeitszeiten, menschenwürdige Arbeitsbedingungen, Diskriminierungsverbot, Zahlung angemessener Löhne, gesunde und sichere Arbeitsbedingungen, Anspruch auf Koalitionsfreiheit und Tarifverhandlung sowie ein bewusster Umgang mit der Umwelt*** *[meine Hervorhebung; G.B.].«*[14]

Sehen wir uns die soeben aufgelisteten Punkte mal genauer an …

### Zum Beispiel »Einhaltung von nationalen Gesetzen«, »Verbot von Zwangsarbeit« und »maximale Arbeitszeiten«

Davon kann in den beiden Textilfabriken keinesfalls die Rede sein. Die Frauen und Männer, ob Hilfsarbeiter oder Näherin, arbeiten täglich zehn, oft auch 13, mitunter sogar 15 Stunden – mit einer Stunde Mittagspause. Eine Näherin kann nicht einfach um 17 Uhr ihren Arbeitsplatz verlassen, um zum Arzt zu gehen oder ihre Tochter von der Schule abzuholen. Sie muss so lange arbeiten, bis die geplante Anzahl an Poloshirts oder Tank-Tops fertig ist und die bestellte Ware pünktlich verschifft werden kann. Daher haben die Arbeiterinnen, insbesondere in der Fabrik 2, öfter nur zwei statt vier Tage im Monat frei. Das bedeutet, dass die Arbeiterinnen in der Boss-Fabrik bis zu sieben Tage die Woche arbeiten müssen. Letztlich büßen sie für die schlechte Planung des Managements. Aber auch vom Einkäufer bisweilen in letzter Minute vermittelte Änderungen am Design können zu Zeitverzögerungen führen, die die Arbeiterinnen durch noch mehr Überstunden wieder aufholen müssen. Fast alle befragten Arbeiterinnen gaben an, dass sie Überstunden machen *müssen*, wenn sie nicht ihren Job verlieren wollen.

Dass damit sowohl gegen das nationale Arbeitsgesetz als auch gegen das entsprechende ILO-Übereinkommen verstoßen wird, scheint in den beiden Fabriken niemanden zu interessieren. Und den Modekonzern Hugo Boss offenbar auch nicht, obwohl damit gleich zwei seiner Zuliefererfabriken massiv gegen die konzerneigenen Sozialstandards verstoßen.

Lediglich 4,3 Prozent der Befragten arbeiteten die gesetzlich erlaubten acht Stunden, 15,6 Prozent die zusätzlich erlaubten zwei Überstunden. Die übrigen rund 80 Prozent schuften über das erlaubte Maß hinaus bis zu 15 Stunden am Tag.

Die massiven Überstunden belegt auch der WDR-Dokumentarfilm *Edelmarken zum Hungerlohn*[15]: Arbeiterinnen aus einer für Hugo Boss, Calvin Klein und Armani produzierenden Fabrik beklagten im Interview Überstunden, Beschimpfungen und Lügen. Auf Nachfrage der Redaktion bestätigte Calvin Klein die Überstunden, während Armani sich damit herausredete, dass die Fabrik kein direkter Vertragspartner sei. Hugo Boss aber wies überraschenderweise sämtliche Vorwürfe »nachdrücklich zurück«. Man führe schließlich »regelmäßig Kontrollen« durch. Mehrarbeit finde, sofern überhaupt, dann nur »im zulässigen Rahmen« statt.

### Zum Beispiel Mutterschutz

Die befragten Arbeiterinnen der Fabrik 2 waren sich im Hinblick auf die Mutterschutzregelungen ihres Arbeitsgebers nicht ganz sicher: Einige meinten, es gebe zwei Monate, andere sagten, dass kein Mutterschaftsurlaub gezahlt werde. Die Fabrik 1 hingegen gewährt ihren Arbeiterinnen die gesetzlich vorgeschriebenen vier Monate Mutterschaftsurlaub. Allerdings kommt es offenbar vor, dass schwangere Frauen entlassen werden, bevor sie den bezahlten Mutterschaftsurlaub überhaupt antreten können. Außerdem müssen sie mindestens ein Jahr in der Fabrik gearbeitet haben, bevor sie ein Anrecht auf Mutterschaftsurlaub haben. Das Gesetz spricht jedoch nur von sechs Monaten! Die Auditoren von Hugo Boss (»Neue Lieferanten werden vor Aufnahme einer dauerhaften Geschäftsbeziehung stets hinsichtlich der Erfüllung der Sozialstandards auditiert. … Lohnfertiger und Handelswarenlieferanten, die einen relevanten Umsatz mit Hugo Boss generieren, werden weltweit in regelmäßigen Audits überprüft.«[16]) scheinen entweder auf dem einen oder anderen Auge blind zu sein oder selbst vom Fabrikmanagement mit falschen Behauptungen und Papieren getäuscht zu werden …

### Zum Beispiel »menschenwürdige Arbeitsbedingungen« und »Diskriminierungsverbot«

Insbesondere Arbeiterinnen der für Hugo Boss produzierenden Fabrik 2 werden von ihren Vorgesetzten immer wieder beschimpft und gedemütigt: »Tochter einer Hure«, »Tochter eines Schweins«, »Hurenfickerin«. Viele der Frauen gaben an, diese diskriminierenden Beschimpfungen inzwischen als Teil ihres Lebens akzeptiert zu haben. Und kann es als »menschenwürdig« gelten, wenn Arbeiterinnen durch Androhung von Entlassung, teils sogar Schlägen unter Druck gesetzt werden? Ein Drittel der Befragten dieser Fabrik ist schon mit solchen Drohungen konfrontiert worden.

### Zum Beispiel »Zahlung angemessener Löhne«

Was der Modekonzern Hugo Boss offenbar für angemessen hält, reicht für die meisten Textilarbeiterinnen kaum zum Überleben – zumal 50 Prozent der befragten Arbeiterinnen Alleinverdienerinnen sind und davon eine Familie versorgen müssen.

Je nach Qualifizierung und Erfahrung lag der Lohn zum Zeitpunkt der Befragung 2013 im Schnitt zwischen 3000 und 5000 Taka (etwa 29 und 48 Euro) (= Grundlohn + Zuschläge für Miete und Medizin). In der einen Hugo-Boss-Fabrik (Nr. 2) verdienten die Frauen im Jahr

2013 im Durchschnitt 3000 Taka, also gerade mal den staatlich festgesetzten Mindestlohn, in der anderen (Nr. 1) rund 4500 Taka. Davon bleibt kaum etwas zum Leben, wenn man sich allein die Höhe der Mieten vor Augen führt.

Da der Lohn derart niedrig ist, sind die Arbeiterinnen in den Bekleidungsfabriken auf die vielen Überstunden angewiesen. Allerdings hängt es oft von der Willkür der Aufseher ab, ob diese Überstunden auch korrekt entlohnt werden. In keiner der zwölf untersuchten Fabriken erhalten die Arbeiterinnen eine entsprechende schriftliche Abrechnung. Aus Sicht des Managements verständlich, weil ja schließlich nur zwei Überstunden täglich gesetzlich erlaubt sind. Für die Arbeiterinnen aber bedeutet das, dass sie gar nicht nachvollziehen können, wann wie viele Überstunden angerechnet wurden. Zudem werden die Überstunden nur auf Basis des Grundlohns honoriert, ohne also die Zuschläge mit einzubeziehen – ein Trick, mit dem die Fabrikbesitzer ihre Bruttolohnkosten erheblich reduzieren.

### Zum Beispiel Arbeitsverträge

Den Arbeiterinnen kann jederzeit gekündigt werden, wovon besonders gerne bei geringerer Auftragslage Gebrauch gemacht wird. Zwei Drittel der befragten Arbeiterinnen aller zwölf Fabriken haben keinen schriftlichen Arbeitsvertrag. Dies erleichtert es den Besitzern, sie zu entlassen. Die ständige Furcht davor, von einem Tag zum anderen ohne Einkommen dazustehen, setzt die Arbeiterinnen extrem unter Stress. Selbst bei der Vorzeigefabrik Nr. 1 haben nur jene einen schriftlichen Arbeitsvertrag, die höher eingestuft sind, nicht aber die Helferinnen und offenbar auch nicht jede Arbeiterin in der Schnittabteilung. In der anderen Hugo-Boss-Fabrik Nr. 2 gibt es für die Beschäftigten grundsätzlich keinen schriftlichen Arbeitsvertrag.

### Zum Beispiel »gesunde und sichere Arbeitsbedingungen«

Die Arbeiterinnen gaben an, jedes Mal vorgewarnt zu werden, wenn in der Fabrik eine Inspektion oder eine Audit-Überprüfung ansteht. Auch Brandschutzübungen finden, zumindest in der Fabrik 2, stets mit vorheriger Ankündigung statt, sodass ein »Ablauf nach Plan« vorprogrammiert ist. Die sogenannte Brandschutzübung besteht darin, sich in Reih und Glied aufzustellen und geordnet durch eine Tür nach außen zu gehen. Über Brandgefahren, die Funktion von Feuerlöschern und das Verhalten im Fall eines Brandes werden die Beschäftigten nicht aufgeklärt. In der Fabrik 1 werden zwar Brandschutztrainings durchgeführt, allerdings nur mit ausgewählten Arbeiterinnen, von denen erwartet wird, dass sie ihrerseits ihre Kolleginnen instruieren. Wie gut das bei einer Belegschaft von insgesamt 4500 Personen funktioniert, sei dahingestellt.

Inzwischen wurden beide Fabriken im Rahmen der Fabrikinspektionen von Alliance und Accord überprüft. Dabei stellte sich bei der Fabrik 2 heraus, dass einige Betonpfeiler nicht stark genug sind, um das ganze Gewicht zu tragen. Wegen dieser akuten Gefahr für das Leben der Arbeiterinnen empfahl das Aufsichtsgremium deshalb die Schließung von Teilen der Fabrik! Auch bei der sogenannten Vorzeigefabrik Nr. 1 fanden die Kontrolleure Sicherheitsmängel beim Brandschutz (verschlossene Fluchtwege und solche, die nicht nach außen führen) und bei der Elektrizität (nicht fixierte Kabel) u. ä.

Von »gesunden und sicheren Arbeitsbedingungen« – wie Hugo Boss es in seinem Bericht formuliert – ist das Unternehmen also noch weit entfernt.

### Zum Beispiel »Anspruch auf Koalitionsfreiheit und Tarifverhandlung«

In keiner der zwölf untersuchten Fabriken, also auch nicht bei den zwei Boss-Zulieferern, haben die Arbeiterinnen das Recht auf organisierte Mitsprache. So etwas wie einen Betriebsrat gibt es nicht.

Trotzdem kommt es in den Fabriken immer wieder zu Protesten oder Streiks – meist für höhere Löhne.

In der Fabrik Nr. 1 protestierten im November 2013 mehrere Hundert Arbeiterinnen. Sie verlangten von dem Fabrikbesitzer, ihnen den sogenannten Provident Fund (PF), eine Art Betriebsrente, auszuzahlen. Dieser Fonds, an den der Fabrikbesitzer offiziell einen monatlichen Betrag abführt, wird den Arbeiterinnen laut Fabrikstatuten erst ausgezahlt, wenn sie die Fabrik verlassen. Da aber viele Fabrikbesitzer gar nicht in den Fonds einzahlen und es keine Belege darüber gibt, misstrauten die Beschäftigten dem Besitzer und forderten vom Management die Auszahlung des »angesparten« PF-Betrags zusammen mit dem nächsten Monatslohn. Sie randalierten, schalteten das Licht aus, und es kam zu einem einwöchigen Streik. Schließlich willigte der Fabrikbesitzer tatsächlich ein und erklärte sich auch einverstanden, künftig seinen PF-Betrag jeweils mit dem Monatslohn auszuzahlen. Für mindestens 200 Arbeiterinnen aber hatte dieser lautstarke Protest die sofortige Entlassung zur Folge.

Zwar gibt es in den meisten der zwölf untersuchten Fabriken mittlerweile offiziell auch die Möglichkeit, Beschwerden über die »Complaint Boxes« an das Management zu übermitteln. Ob ihre Beschwerden und Forderungen überhaupt gelesen und bearbeitet werden, das wussten die befragten Arbeiterinnen allerdings nicht. Selbst die Arbeiterinnen der Fabrik 1, in der sogar ein spezielles Beschwerdesystem installiert wurde, hatten keine Ahnung, wie dieses eigentlich funktioniert. Immerhin aber scheint es eine gewisse Wirkung zu haben, da die Beschimpfungen der Frauen dort im Gegensatz zu allen anderen Fabriken aufgehört haben. Ganz offensichtlich aber entspricht die interne Informationspolitik des Fabrikmanagements nicht dem per Webseite vermittelten Standard.

Die Befragung der Arbeiterinnen aus zwei Bekleidungsfabriken in Bangladesch, die für den schwäbischen Modekonzern Hugo Boss produzieren, hat eines deutlich gezeigt: Mit der harten Realität der

Arbeiterinnen haben die wohlklingenden Formulierungen zu Sozialstandards und Arbeitsbedingungen im Geschäftsbericht des deutschen Weltkonzerns wenig zu tun.

Eine Studie über Arbeitsbedingungen in Osteuropa und der Türkei, die im Juni 2014 erschien, stellt ebenfalls folgende Arbeitsrechtsverletzungen bei Hugo-Boss-Produzenten fest:

- alle möglichen Schikanen, um zu verhindern, dass sich die Beschäftigten organisieren, darunter Mobbing aktiver Gewerkschaftsmitglieder sowie der Versuch, sie durch Druck und Bestechung dazu zu bewegen, die Gewerkschaft zu verlassen,
- Outsourcing und Wiederbeschäftigung zu niedrigeren Löhnen bei einem Schwesterunternehmen,
- sexuelle Belästigung,
- keine korrekte Bezahlung von Überstunden,
- Verpflichtung der Frauen bei Einstellung, fünf Jahre lang nicht schwanger zu werden (!).[17]

Reichlich kühn klingt daher folgende Aussage im Geschäftsbericht 2013 von Hugo Boss: »Die Nichteinhaltung der Sozialstandards des Konzerns wird durch den Gesamtvorstand aktuell als unwahrscheinlich eingestuft.« Und gleich darauf: »Unerwartete Verstöße könnten sich in moderatem Umfang auf die Vermögens-, Finanz- und Ertragslage des Konzerns auswirken.«[18] Der Hugo-Boss-Vorstand interessiert sich für das Thema Unternehmensverantwortung oder Corporate Social Responsibility (CSR) offenbar vor allem unter dem Aspekt, inwiefern es sich auf die eigene Ertragslage auswirkt. Selten werden die Interessen eines Unternehmens so deutlich ausgedrückt wie hier. Die unternehmerische Sozialverantwortung scheint bei Hugo Boss weniger einem ernst gemeinten Verantwortungsgefühl zu entspringen als vielmehr hart kalkulierter Bestandteil der Imagepflege zu sein. Warum sonst gibt es dort die Abteilung »Corporate Responsibility & Arts Sponsorship«[19]? Statt CSR gemäß der EU-Definition als »Verantwortung von Unternehmen für ihre Auswirkungen auf die Gesellschaft« zu verstehen, sieht Hugo Boss CSR offensichtlich als Marketing-Instrument. Hielt der Konzern es deshalb auch nicht für nötig, das Gebäude- und Brandschutzabkommen Bangladesh (Safety Accord) zu unterzeichnen? Fürchtet man ein Mehr an Transparenz? Oder will man sich einfach vor Kosten drücken?

**Forderungen an die Hugo Boss AG**

- Hugo Boss soll die Fabriken nennen, in denen das Unternehmen fair und sauber produzieren lässt.
- Hugo Boss soll die Audit-Ergebnisse veröffentlichen.
- Hugo Boss soll aufzeigen, wie gut die Arbeitsbedingungen bei seinen Zulieferern sind (Umkehrung der Beweislast) – insbesondere geht es um die Punkte existenzsichernder Lohn (statt Mindestlohn) und Organisationsfreiheit der Beschäftigten.
- Hugo Boss soll dem Accord beitreten, um seiner Vorsorgepflicht nachzukommen.
- Hugo Boss soll in den Entschädigungsfonds für Rana-Plaza-Opfer einzahlen. Auch wenn das Unternehmen selber nicht in einer der dortigen Fabriken Aufträge platziert hatte, ist es ein Akt der Solidarität gegenüber den Arbeiterinnen in Bangladesch.
- Hugo Boss soll erklären, warum seine Ware so hochpreisig ist – der preiswerteste Anzug kostet 399 Euro –, wenn der Lohnanteil sich in denselben Bereichen bewegt wie bei den Billiganbietern.

## Imagepflege à la Hugo Boss

Das Unternehmen Hugo Boss hat in seiner mittlerweile 90-jährigen Firmengeschichte bereits einmal eine gefährliche Imageklippe umschifft.

Der Firmengründer Hugo Ferdinand Boss erhielt dank seiner Parteimitgliedschaft in der NSDAP (seit 1931) den »ehrenvollen« Auftrag, Uniformen für die SS, SA, Hitlerjugend und Wehrmacht zu

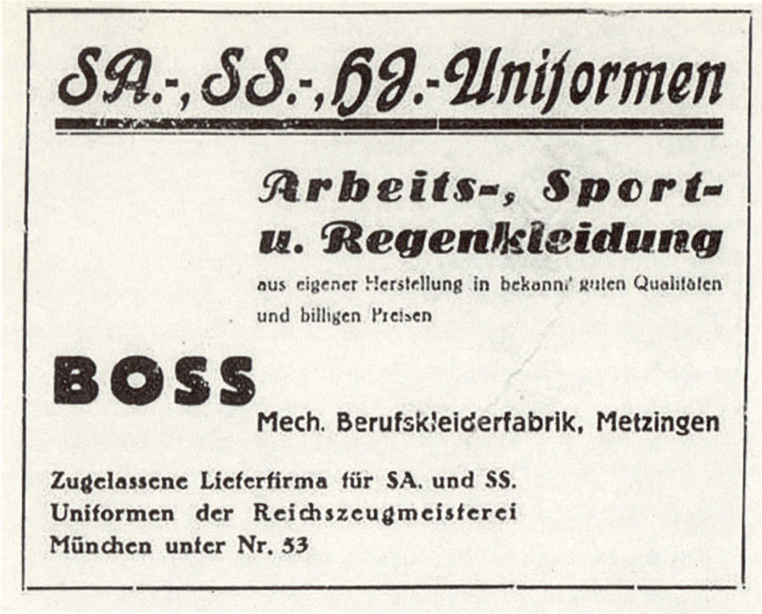


liefern. Das war nicht nur ehrenvoll, sondern auch lukrativ. Die Geschäfte liefen gut, man expandierte. Ab 1940 beschäftigte die Firma – ebenso wie viele andere deutsche Industrieunternehmen in der Zeit – etwa 140 Zwangsarbeiterinnen, die aus den besetzten Gebieten deportiert worden waren. Das war knapp die Hälfte der Belegschaft (1925: 33 Mitarbeiter; 1944: 324). Nach dem Krieg wurde der inzwischen sechzigjährige Unternehmer Hugo Ferdinand Boss für seine Mitverantwortung an der Aufrechterhaltung des verbrecherischen NS-Regimes zur Rechenschaft gezogen. Er galt als »belastet« und wurde zu einer Geldstrafe von 100 000 RM verurteilt. 1948 allerdings, nur wenige Monate vor seinem Tod, befand man ihn nur noch der Mitläuferschaft für schuldig und sprach ihn frei. Die ursprünglich verhängte Geldstrafe wurde nie gezahlt.

Als Ende der 1990er Jahre der politische Druck im Hinblick auf Entschädigungen für ehemalige Zwangsarbeiter, vor allem aus den USA, enorm zunahm, beauftragte der damalige Finanzvorstand von

Hugo Boss die Historikerin Elisabeth Timm, zur Unternehmensgeschichte zu recherchieren.[20] Ein strategischer Schachzug, um das edle Image der Marke Hugo Boss vor moralischen Verurteilungen und die Bilanzen vor Entschädigungszahlungen zu schützen? Die Firma beteiligte sich zwar an der frisch gegründeten Bundesstiftung »Erinnerung, Verantwortung, Zukunft« und zahlte auch die Minimalquote von einem Promille seines aktuellen Umsatzes ein, war aber mit Timms Befunden über die eigenen Verwicklungen in das Nazisystem derart uneinverstanden, dass sich der damalige Vorstand ohne weitere Begründung gegen eine Veröffentlichung entschied. Erst nachträglich wurde der Autorin vorgeworfen, die Zwangsarbeit bei Hugo Boss zu sehr als moralisches Problem dargestellt zu haben. Und moralische Defizite sind genau das, was sich die feinen Modemacher aus Metzingen partout nicht leisten können …

## Billigklamotten auf dem Prüfstand: H&M

H&M

Gibt es eigentlich noch eine Einkaufsstraße, eine Shoppingmall auf der Erde, in der einem nicht das H&M-Logo begegnet? In Wien, Seoul, Riad und Santiago de Chile genauso wie in Hiroshima, Doha, Beirut und Bochum – überall ist der schwedische Modehändler mit trendigen Klamotten zum kleinen, pardon, »zum besten Preis« präsent. Und jedes seiner rund 3200 Geschäfte wird nahezu täglich mit einer Lkw-Ladung Frischware versorgt. Mehrheitlich stammen die T-Shirts, Kleider, Jeans und Hotpants aus Asien. Ein wichtiger Produktionsstandort: Bangladesch. Hier fertigen mehr als 160 Zuliefererfabriken im Auftrag von H&M die »nachhaltigere Mode für alle«.[21]

© Swantje Steinbrink

Jeansjacke von H&M, »Made in Bangladesh«

**Hennes & Mauritz: Zahlen und Fakten**[22]

- Unternehmensform: Aktiengesellschaft
- Sitz: Stockholm
- Gründungsjahr: 1947 – als Geschäft für preiswerte Damenbekleidung namens »Hennes« (aus dem Schwedischen übersetzt: »für sie«)
- Vorstandsvorsitzender seit 2009: Karl-Johan Persson, Enkel des Firmengründers Erling Persson
- Umsatz 2013: 17,35 Mrd. Euro (ein Plus von 6 Prozent gegenüber 2012), davon 3,6 Mrd. Euro in Deutschland
- Gewinn 2013: rund 2,5 Mrd. Euro
- jährliche Werbeausgaben in Deutschland: 50,6 Mio. Euro
- Anzahl der Mitarbeiterinnen weltweit: mindestens 116 000 (12 000 mehr als im Vorjahr), umgerechnet auf Vollzeitarbeitsplätze: 81 000

- weltweiter Vertrieb: knapp 3200 Geschäfte in 53 Ländern – plus wachsendem Online-Vertrieb. Im Jahr 2014 kommen erstmals H&M-Läden auf den Philippinen und in Australien hinzu; 2015 ist Südafrika an der Reihe.
- Top-Markt: Europa (allein in Deutschland 418 Geschäfte, 30 davon in Berlin; zum Vergleich: in den USA 305 Geschäfte, in China 205)
- Anzahl der Lieferanten: 872 Firmen mit 1946 Fabriken.[23]
- Anzahl der Produktionsstätten: rund 1800. 80 Prozent seiner Ware lässt H&M in Asien produzieren.
- Marken der H&M-Gruppe: H&M – COS – Monki – & Other Stories – Weekday – Cheap Monday

Befragt nach der Kaufhäufigkeit war H&M im Jahr 2013 die beliebteste Modemarke Deutschlands (37,8 Prozent), gefolgt von Adidas (31,4 Prozent) und Esprit (24,9 Prozent). Das unterstreicht die extreme Marktpräsenz des schwedischen Labels. Allerdings schneidet H&M im *Sustainability Image Score 2013* – einer Umfrage bei über 8400 Verbrauchern und Verbraucherinnen über das Nachhaltigkeitsimage – sehr schlecht ab: Von 103 Unternehmen aus 17 Branchen, darunter zehn aus dem Textileinzelhandel, steht H&M an vorletzter Stelle und wird nur noch von KiK negativ übertrumpft.[24]

## H&M: der Auftraggeber

»Wir haben eine Verantwortung gegenüber allen, die zu unserem Erfolg beitragen … Aus diesem Grund arbeiten wir eng mit unseren Lieferanten zusammen, um nachhaltige soziale und ökologische Standards in allen Fabriken durchzusetzen, in denen H&M-Produkte entstehen. Wir müssen sicherstellen, dass die Menschenrechte unserer Mitarbeiter nicht verletzt werden, dasselbe gilt auch für unsere Lieferanten, andere Geschäftspartner und natürlich für unsere Kunden.« So hieß es noch vor Kurzem auf der verschachtelten

H&M-Webseite unter der Überschrift »Vision und Unternehmenspolitik«.

Schöne Worte, aber sowohl die Ergebnisse unserer Vor-Ort-Studie in Bangladeschs Bekleidungsfabriken als auch die Ergebnisse der ersten Inspektionen im Rahmen des Brand- und Gebäudeschutzabkommens Accord (dem H&M ja beigetreten ist) zeichnen ein anderes Bild.

Anfang der 1980er-Jahre war H&M eines der ersten westlichen Modeunternehmen, die das Billiglohnland Bangladesch als Produktionsstandort für sich entdeckten. Nach Walmart gehört das Label aus Schweden heute zu den größten Einkäufern in dem kleinen südasiatischen Land.

Allein von den für dieses Buch untersuchten zwölf Bekleidungsfabriken fertigen fünf auch für H&M. Es handelt sich sowohl um kleinere Bekleidungsfabriken mit etwa 1000 als auch um große mit bis zu 12 000 Beschäftigten. In der Fabrik 2 lässt H&M genauso wie Hugo Boss produzieren, und die oben dargestellten Arbeitsrechtsverletzungen treffen also auch auf H&M zu. Hier eine kurze Vorstellung der fünf Fabriken.

**Fabrik 2**

- Einkäufer: C&A, Esprit, Hugo Boss, Tommy Hilfiger, H&M (zum Zeitpunkt der Untersuchung)
- 3000 Beschäftigte
- (weitere Einzelheiten siehe Seite 135ff.)

**Fabrik 3**

- Einkäufer: C&A, H&M, Phillips-Van Heusen (Tochterfirmen Calvin Klein, Tommy Hilfiger), Esprit
- 12 000 Beschäftigte
- keine Arbeitsverträge
- 10 bis 15 Arbeitsstunden täglich (von 8 Uhr bis 22 Uhr)

- Überstundenzwang
- keine Garantie auf einen arbeitsfreien Freitag
- keine Organisationsfreiheit; keine Gewerkschaft
- Arbeiterinnen werden von Vorgesetzten als »Motherfucker«, »Tochter einer Hure«, »Hurenfickerin« beschimpft und auch bedroht, wenn sie zu langsam sind. Bisweilen kommt es sogar zu körperlichen Übergriffen.

**Fabrik 4**

- Einkäufer: H&M, Next, Tesco, Zara (Inditex Group), Gap
- 4000 Beschäftigte
- Der Fabrikbesitzer ist ein hochrangiger Politiker, Managing Director von zwölf Fabriken (im Bekleidungs- und im Agrarsektor) und nach eigener Aussage ein verantwortungsbewusster Unternehmer. Auf seiner Webseite unterstreicht er denn auch seine CSR-Aktivitäten zum Wohle der Mitarbeiter. Die Realität sieht ganz anders aus.
- keine Arbeitsverträge
- tägliche Arbeitszeit: bis zu 15 Stunden
- Arbeiterinnen werden nicht nur beschimpft, sondern auch vereinzelt geschlagen.
- Der Betriebsgewerkschaft, die die Beschäftigten gebildet haben, verweigerte der Besitzer die Anerkennung.

**Fabrik 5**

- Einkäufer: H&M, Takko, Tommy Hilfiger
- 1000 Beschäftigte
- Anspruch und Wirklichkeit: Auf der Fabrik-Webseite heißt es: »Any type of forced labor … is firmly prohibited. Our Company is free of harassment.« (»Jegliche Form von Zwangsarbeit ist verboten, unser Unternehmen ist frei von Belästigungen.«) Und hier die tatsächlichen Arbeitsbedingungen:
- tägliche Arbeitszeit bis zu 15 Stunden
- keine Arbeitsverträge
- Überstundenzwang und undurchsichtiges Abrechnungsgebaren
- bezahlter Mutterschutzurlaub nur zwei Monate

- Arbeiten die Frauen nicht schnell oder exakt genug, werden sie massiv beschimpft.
- Obgleich sowohl Tommy Hilfiger (P.VH) als auch H&M zu den Accord-Unterzeichnern gehören und somit verpflichtet sind, ihre Zulieferfabriken anzugeben, damit diese in den nächsten Monaten überprüft werden, findet sich diese Fabrik 5 nicht in der Accord-Liste!
- Im Dezember 2013 kam es wegen des Mindestlohns zu Unruhen in der Fabrik; deren Sicherheitsdienst (genannt »Muscle Men«) soll gegen Arbeiterinnen vorgegangen sein – und rund 150 Beschäftigte wurden entlassen. Einige von ihnen wurden so eingeschüchtert, dass sie nicht einmal wagten, ihren ausstehenden Lohn abzuholen.

**Fabrik 7**

- Einkäufer: Gap, H&M
- 4000 Beschäftigte
- keine schriftlichen Arbeitsverträge
- Es gab 2013 Streiks wegen der Entlassung von 25 bis 30 Arbeiterinnen, die höhere Löhne forderten. Im Januar 2014 wurden wiederum ohne Begründung Arbeiterinnen entlassen.

Zusätzlich zu diesen angeführten Missständen bei den H&M-Lieferanten haben die befragten Arbeiterinnen in den Fabriken 2 und 7 bauliche Mängel bemerkt: Risse und Feuchtigkeitsschäden in Decken und Pfeilern, die ein mögliches Risiko für die Gebäudesicherheit darstellen. Zudem hat die Fabrik 7 offenbar mehr Geschosse, als in der Accord-Liste angegeben sind: Während die Arbeiterinnen von acht Stockwerken sprechen, sind es laut Accord-Liste nur sechs Stockwerke.

Sehen so faire und sichere Arbeitsbedingungen aus?

Als einer der wichtigsten Auftraggeber im Bekleidungssektor von Bangladesch stand H&M stets im Zentrum der Kritik, sobald es in der Öffentlichkeit aufgrund eines schrecklichen Unfalls oder Brands um »Ausbeutung der Näherinnen« und »Sicherheitsmängel in den

Textilfabriken« ging. So auch Ende Februar 2010, als bei einem verheerenden Feuer in der Fabrik Garib & Garib, einem Zulieferer von H&M, 21 Arbeiterinnen zu Tode kamen. Sie hatten keine Chance, den Flammen zu entkommen: Notausgänge waren verstellt, der Hauptausgang war wie üblich versperrt, Feuerlöscher fehlten entweder ganz oder funktionierten nicht … Den Auftraggeber H&M brachte diese Brandkatastrophe umso mehr in Erklärungsnot, als das Unternehmen kurz zuvor dort eine Sicherheitskontrolle hatte durchführen lassen, bei der offenbar kein Grund für Beanstandungen gefunden worden war. Die vielen Menschenleben, die das Feuer in der siebenstöckigen Fabrik gekostet hat, sind ein weiterer Beweis dafür, dass Audits die Realität in den Fabriken nicht abbilden. Der schwedische Modekonzern geriet entsprechend massiv unter Druck. Negativschlagzeilen sind nun einmal alles andere als eine gute Werbung für ein Unternehmen, das Kundinnen und Kunden extrem aufwendig mit exklusiven Designerkollektionen und teuren Topmodels in seine Läden lockt.

**Die sieben Selbstverpflichtungen von H&M[25]**

1. Mode für bewusste Kunden anbieten,
2. verantwortungsbewusste Partner auswählen und prämieren,
3. ethisch handeln,
4. klimaschonend handeln,
5. reduzieren, wiederverwenden, recyceln,
6. verantwortlich mit natürlichen Ressourcen umgehen,
7. die Gemeinschaft unterstützen.

Diese anspruchsvollen Selbstverpflichtungen hat der Mode-Schwede seit der tödlichen Brandkatastrophe bei einem seiner Zulieferer in Bangladesch auf der eigenen CSR- und PR-Agenda nun ganz weit nach oben geschoben. Als wichtiger Auftraggeber Hunderter Bekleidungsfabriken in Asien will das Unternehmen nach den vielen Fabrikunfällen und -bränden mit zig Toten und noch mehr Verletzten offenbar alle künftigen Zweifel an der konsequenten Durchsetzung dieser Werte im Keim ersticken. Schon ein Blick auf die hauseigenen Online-Nachrichten zeigt, wie intensiv der Modekonzern das Feld CSR in all seinen Facetten mittlerweile beackert: Im Jahr 2009 gab es nur eine »News« zum Thema Nachhaltigkeit (»H&M Collaborates with major celebrities for Fashion Against AIDS«), 2010 waren es insgesamt drei, also auch nicht viel mehr, 2011 immerhin schon sechs. Ein Jahr später setzte dann der CSR-Boom ein: Sowohl 2012 als auch 2013 waren es jeweils 30 Meldungen, die H&M – genauer die Abteilung Sustainability, die seit Dezember 2010 von der Schwedin Helena Helmersson geleitet wird – in eigener CSR-Sache veröffentlichte.

## »Conscious Actions Highlights«

Fraglos geht die H&M-Gruppe seit einigen Jahren in die Nachhaltigkeitsoffensive und inszeniert sich als Vorbild für andere (Mode-)Unternehmen. Die entsprechenden Maßnahmen bezeichnet H&M als »Conscious Actions«. Die Botschaft: Ein verantwortungsbewusstes Unternehmen macht nachhaltige Mode für verantwortungsbewusste Kunden. Passend dazu veröffentlichte H&M die nebenstehende Werbung mit dem Model Amber Valetta.

Die CCC reagierte hierauf mit einer Persiflage und fragte, wie bewusst (*conscious*) ein Modeunternehmen sein kann, bei dessen Zulieferer die Näherinnen reihenweise in Ohnmacht (*unconscious*) fallen (wie in Kambodscha bei 2400 Näherinnen im Jahr 2010 geschehen), weil sie infolge zu niedriger Löhne unter- und mangelernährt sind.[26]

Unter fairen und sicheren Arbeitsbedingungen arbeiten derzeit noch die wenigsten Näherinnen. Vielmehr werden die allermeisten Arbeiterinnen nach wie vor gnadenlos ausgebeutet – in einem zum

Werbekampagne von H&M

© Erklärung von Bern/CCC Schweiz

Persiflage einer H&M-Werbung

Teil lebensgefährlichen Arbeitsumfeld (giftige Dämpfe, Baumängel, unzureichender Brandschutz) und unter unwürdigen Arbeitsbedingungen. Hier ist also noch viel zu tun für die »Conscious-Aktivisten« von H&M.

### Transparenz in Sachen Lieferanten

Im Jahr 2013 veröffentlichte H&M erstmals eine Liste mit seinen Lieferanten aus mehr als zwanzig Ländern. Dieser Schritt zu mehr Transparenz, den bislang nur sehr wenige Modelabels getan haben (neben H&M auch Nike, Puma und Adidas), ist beachtenswert und verdient Anerkennung. Allerdings stellt sich die Frage, ob H&M auch wirklich alle Lieferanten aufgeführt hat. Obwohl fünf der für dieses Buch untersuchten Bekleidungsfabriken nachweislich für H&M produziert haben, tauchen auf der Liste von Accord nur vier namentlich auf. Warum nicht auch die fünfte? H&M zufolge enthält die Liste 95 Prozent der aktuellen Lieferanten, bei den fehlenden fünf Prozent handele es sich um Fabriken, die entweder nur ein Jahr lang Kleidung für das Unternehmen gefertigt hätten oder sich noch in der »Evaluationsphase« befänden. Unsere »Stichprobe« mit fünf H&M-Fabriken ist zugegebenermaßen klein, von einer 95:5-Verteilung aber doch noch etwas entfernt. Zufall? Oder sollte H&M nicht alle seine Produzenten kennen? Gibt es illegales Subcontracting?

### Kontrollen in den Zulieferfabriken

Im Jahr 2013 führte H&M 2870 Fabrikkontrollen durch, von denen 73 Prozent nicht angekündigt gewesen seien, heißt es.[27] Durch diese Kontrollen sind in jenem Jahr 82 Prozent aller Lieferanten mindestens einmal überprüft worden.

Ich bin durchaus der Meinung, dass Kontrollen ab und an nötig sind, aber wer seine Produzenten kennt, weiß im Prinzip, wo die Probleme liegen, und muss das nicht immer wieder durch neue Audits belegen. Zudem zeigen die über zwanzig Jahre Erfahrung mit Audits, dass sie, wie wir bereits gesehen haben, weder die Realität in den Fabriken widerspiegeln noch spürbare Verbesserungen zur Folge haben. Zudem finden bei H&M die Audits durch firmeninterne Kontrolleure statt. Aber nur firmenunabhängige, extern finanzierte Kontrollen durch sogenannte Multistakeholder-Initiativen, die lokale Gewerkschaften und NGOs einbeziehen, können die wahren Arbeitsbedingungen und Probleme in einer Fabrik ans Tageslicht bringen. Die Fair Labor Association (FLA)*, bei der auch H&M Mitglied ist, ist eine solche Multistakeholder-Initiative, hat jedoch nur drei Verifizierungskontrollen bei Produzenten von H&M im Jahr 2013 durchgeführt.[28]

Betrachtet man die »Supplier Compliance«, eine Zusammenfassung der Audit-Ergebnisse, so liest man voller Erstaunen, dass offenbar alle Lieferanten von H&M Vorzeigefabriken sind. Denn in den südasiatischen H&M-Fabriken (darunter sind die Lieferanten in Bangladesch, Indien, Pakistan und Sri Lanka zusammengefasst) gebe es keine Zwangsarbeit (was aber sind die obligatorischen Überstunden anderes?); die Beschäftigten könnten ihren Arbeitsplatz jederzeit verlassen, wenn sie es wollen; und wenn es zu Überstunden komme, so seien diese komplett freiwillig. Auch sexuelle Belästigung sei äußerst selten. Angeblich sind die Beschäftigten frei, eine Gewerkschaft zu bilden – aber nur drei Prozent der Fabriken hätten eine (immerhin stellt H&M das auch fest). Und in lediglich zwei Prozent aller Fabriken gebe es einen Kollektivvertrag.

Dieser Compliance-Bericht widerspricht in allen Punkten dem, was die interviewten Beschäftigten selbst sagen.

### Mindestlohnerhöhung in Bangladesch

Im September 2012, als die Proteste der Arbeiterinnen für eine Anhebung des Mindestlohns auszuufern drohten, kam es in Dhaka zu einem denkwürdigen Treffen. »Ich habe die Premierministerin Scheich Hasina getroffen und verlangt, dass die Mindestlöhne nicht nur angehoben, sondern jährlich neu überprüft werden«, sagte

* Die Fair Labor Association, selbst eine NGO mit Sitz in Washington D.C., ist seit 1999 ein Zusammenschluss von akademischen Institutionen, anderen NGOs und Unternehmen und setzt sich weltweit für eine Verbesserung des Arbeitsrechts und der Arbeitsbedingungen ein. Zu den Mitgliedern zählen unter anderem Firmen wie Adidas, Apple, Nestlé, Puma und eben H&M sowie diverse US-amerikanische Universitäten.

Karl-Johan Persson, der H&M-Präsident, gegenüber dem *Spiegel*.[29] Das klingt gut: ein Unternehmen, das sich kümmert.

Aber was genau meint Persson mit Anhebung von Mindestlöhnen? Von existenzsichernden Löhnen spricht er jedenfalls nicht. Und was ist nach seinem Gespräch mit der Premierministerin passiert? Nichts. Es bedurfte vieler Arbeitskämpfe in Bangladesch, bis die Regierung ein Jahr später Verhandlungen über einen neuen Mindestlohn aufnahm. Warum auch sollte eine Premierministerin den Wünschen nachkommen, die in allen Fensterreden herbeigebetet werden, deren Zweck es bloß ist, das eigene Image aufzupolieren? In Wirklichkeit geht es doch eher um Gewinne, um Rendite, um Kostensenkung, um Profit, weshalb die Einkaufspreise gedrückt werden müssen. Und diese Einkaufspreise sind in Bangladesch nachweislich in den letzten Jahren gefallen. Was also zählt letztlich für die Fabrikbesitzer, für den Vorstandsvorsitzenden eines großen Einkäufers und für die führende Politikerin des Landes? Sie alle wissen, dass Arbeitsbedingungen und Löhne trotz schöner Reden nicht so wichtig sind, schließlich kommt es auf die Preise an.

### Fair Living Wage

Am 25. März 2013 plädierte die Clean Clothes Campaign in einer Pressemitteilung zu der aktuellen CSR-PR-»Action« von H&M nochmals an den schwedischen Konzern, sich endlich von den ausbeuterischen, staatlich festgesetzten Mindestlöhnen in Bangladesch, Kambodscha und anderswo zu verabschieden: »Mit einem Umsatz von rund 16,3 Mrd. EUR und über 2 Mrd. EUR Gewinn (im Jahr 2012) steht H&M besonders in der Pflicht, seinen Arbeiterinnen in Asien endlich genug zu zahlen, damit sie und ihre Familien wenigstens genug zu essen haben. Eine Verpflichtung des Branchenprimus zu Existenzlöhnen hätte Signalwirkung für die gesamte Industrie.«[30]

Mit ihrer Antwort ließ sich die Sustainability-Abteilung des milliardenschweren Modelabels bis Ende November Zeit. Erst auf der Konferenz Living Wages (für existenzsichernde Löhne in internationalen Lieferketten), zu der das niederländische Außenministerium und das deutsche Bundesministerium für wirtschaftliche Zusammenarbeit und Entwicklung nach Berlin eingeladen hatten, verkündete H&M seinen »Fair Living Wage«-Plan. Der sogenannten Roadmap entsprechend wurden zunächst drei Modellfabriken (zwei in Bangladesch, eine in Kambodscha) ausgewählt, die H&M fünf Jahre lang zu hundert Prozent auslasten will und deren Arbeiterinnen einen fairen Lohn erhalten sollen. Bis 2018 soll das Modell auf weitere 750 Bekleidungsfabriken, die rund 60 Prozent der H&M-Produkte fertigen, ausgedehnt werden.

Mit seinem »Fair Living Wage«-Plan spricht H&M Fabrikbesitzer, Beschäftigte und Regierungen der Produktionsländer an. Und tatsächlich – das ist unbedingt anzuerkennen – bedeutet er immerhin einen ersten Schritt, zumal das Unternehmen versichert hat, höhere Einkaufspreise zahlen zu wollen, damit den Arbeiterinnen höhere Löhne gezahlt werden können. Auch seine Einkaufspraxis und Planung will H&M überprüfen. Ziel ist es, die Zuliefererfabriken über das Jahr kontinuierlich auszulasten, um so Produktionsspitzen, die den Beschäftigten stets immense Überstunden abverlangen, in Zukunft zu vermeiden.

Der Begriff »Fair Living Wage«, den H&M für seine Kampagne gewählt hat, ist jedoch irreführend; denn es fehlen eindeutige Zielvorgaben hin zu einem Lohn, der wirklich ausreicht, um eine Familie in dem jeweiligen Land zu versorgen. Was versteht der Konzern überhaupt unter einem fairen Lohn? Dies gibt H&M nirgendwo an. Bestimmt H&M selbst, was fair ist? Wem gegenüber also agiert der Moderiese *fair*, wenn er solche Löhne mit viel PR-Brimborium propagiert?

H&M zufolge sollen die Löhne jährlich von sogenannten Beteiligungskomitees ausgehandelt werden, die sich auf Fabrikebene aus den jeweiligen Besitzern und dessen Managern sowie demokratisch gewählten Belegschaftsvertretern und -vertreterinnen zusammensetzen. Denn ein Fair Living Wage, so die Schweden, solle sich an den persönlichen Vorstellungen der Arbeiterinnen orientieren und den jeweiligen Grundbedarf decken. Der Fahrplan von H&M sieht daher vor, im Laufe des Jahres 2014 bereits 15 Prozent ihrer Lieferanten in Bangladesch in einem »Sozialdialog« zu trainieren. Binnen vier Jahren sollen dann sämtliche Hauptzulieferer entsprechend befähigt sein. Diese Beteiligungskomitees sind in den Fabriken bereits heute gesetzlich vorgeschrieben. Lohnverhandlungen werden auf dieser Ebene jedoch nicht geführt, da die Löhne, die sich an dem staatlich festgesetzten Mindestlohn orientieren, einseitig vom Management festgelegt werden. Insofern gibt es keinerlei Erfahrung mit Lohnverhandlungen, weder aufseiten der Fabrikbesitzer und noch viel weniger aufseiten der Arbeiterinnen. Um fair und halbwegs gleichberechtigt über die Löhne verhandeln zu können, sind die Arbeiterinnen auf eine Beteiligung der Gewerkschaften angewiesen. Doch dazu schweigt der schwedische Auftraggeber. Kein Wort darüber, wie Gewerkschaften Zutritt zu den Fabriken bekommen könnten, keine sogenannten Access Agreements. Im Gegenteil: Indem der Konzern die Beteiligungskomitees stärkt, schwächt er indirekt die Gewerkschaften.

»Für uns ist die Stimme der Arbeiterinnen entscheidend«, betont das Unternehmen.[31] Wie hoch aber müsste der Lohn aus Sicht der Textilarbeiterinnen tatsächlich sein, um ihren Grundbedarf zu decken? Die Asia Floor Wage* hat berechnet, dass eine bangladeschische Familie 25 600 Taka (ca. 245 Euro) benötigt, um menschenwürdig leben zu können. Man darf gespannt sein, welches Ergebnis bei den Verhandlungen in den H&M-Fabriken herauskommt.

---

* Die Asia Floor Wage ist seit 2009 ein Zusammenschluss von Gewerkschaften und Initiativen, die sich in ganz Asien für die Einführung eines Existenzlohns einsetzen, der diesen Namen auch verdient. Der Schwerpunkt dieser Koalition liegt im Textil- und Bekleidungssektor. In ihren Kampagnen stellt die Asia Floor Wage immer wieder multinationale Auftraggeber an den Pranger.

### Nachhaltige Baumwolle

Laut H&M soll bis 2020 die Baumwolle, die für die eigene Kleidung verwendet wird, komplett aus »nachhaltigem« Anbau stammen. Aber Achtung: Was heißt »nachhaltig« in diesem Zusammenhang genau? Bei H&M setzt sich die »nachhaltige« Baumwolle aus Biobaumwolle, recycelter Baumwolle und Baumwolle von der Better Cotton Initiative zusammen.

Der Anteil von Biobaumwolle bei H&M lag 2012 bei nur 7,8 Prozent, weltweit macht der Anteil der Biobaumwolle sogar nur ein Prozent aus. Und wie nachhaltig ist ein T-Shirt, das zwar aus Biobaumwolle besteht, aber im Hinblick auf Verarbeitung und Färbung keinem Nachhaltigkeitsstandard standhält? Außerdem garantiert Biobaumwolle noch lange nicht, dass die Arbeitsbedingungen fair sind.

Darüber hinaus wirbt H&M mit seiner Beteiligung an der soeben erwähnten Better Cotton Initiative. Die erlaubt allerdings genmanipuliertes Saatgut ebenso wie synthetische Pestizide; und die Baumwolle stammt definitiv nicht aus Bioanbau. Die Initiative zeichnet sich lediglich dadurch aus, dass sie sich für *weniger* Chemikalien einsetzt. Vermutlich werden die angestrebten hundert Prozent »Nachhaltiger Anbau« im Jahr 2020 von Better Cotton dominiert werden; da wird dann etwas recycelter Rohstoff beigemischt, der Bioanteil bleibt jedoch verschwindend klein, da innerhalb von sechs Jahren die restlichen 84 Prozent mit Sicherheit nicht erreicht werden. Denn das erscheint bei dem Schneckentempo in Sachen »nachhaltige« Baumwolle (ein Zuwachs von 4,4 Prozent von 2012 bis 2013) wenig realistisch.

Was also leistet die »H&M Conscious Collection«: bewusste und nachhaltige Kundentäuschung oder verantwortungsbewusste und nachhaltige Produktion?

### Altkleidersammlung

Mittlerweile präsentiert sich der schwedische Textilhändler als umweltbewusster Altkleidersammler: Jeder und jede kann in ausgewählten H&M-Läden gebrauchte Kleidung abgeben. Zustand und Marke sind egal. In der »Selbstverpflichtung fünf« heißt es: »Seit Februar 2013 wurden in Deutschland fast 500 000 kg Altkleidung in unseren Geschäften abgegeben.«[32] Das ist etwa der Stand von Ende November 2013.

Das klingt ganz schön nachhaltig. Wenn da nicht zwei Haken wären …

Der erste Haken: »Für jede Tüte mit Kleidung, die Sie uns bringen, erhalten Sie einen Rabattgutschein für Ihren nächsten Einkauf.«[33] Damit bedient H&M wieder das grundsätzliche Konsummuster des »immer mehr, immer billiger«. Diese »Long live fashion!«-Aktion ist also nichts anderes als Fast-Fashion-Industrie in »Grün«: ein guter PR-Trick, um den Konsum anzustacheln und sich gleichzeitig ein Öko-Image zu verschaffen.

Der zweite Haken: »Ihre Kleidung wird gemeinsam mit unseren regelmäßigen Lieferungen zur nächsten Aufbereitungsanlage geschickt und dort nach Qualität sortiert.«

H&M arbeitet mit dem Sortierunternehmen I:Co zusammen, das die Ware von H&M ankauft, sortiert und vermarktet. I:Co (das »Co« steht für *collect*) ist ein Schweizer Dienstleister für Textilvermarktung und Textilrecycling, der in über 50 Ländern Textilien und Schuhe einsammelt. Auch andere Modemarken wie Adler, C&A oder Puma machen da mit. Dieses System hat sich zu einer ernsthaften Konkurrenz für karitative Sammelorganisationen und sogar Kommunen entwickelt. Denn mit dem Altkleider-Business kann viel Geld verdient werden.

Pro Kopf kauft eine Deutsche jährlich rund 14 Kilogramm Kleidung (das sind z. B. 23 Jeans oder 140 T-Shirts) und entsorgt in den Altkleidermüll wiederum neun Kilogramm (das sind z. B. 15 Jeans oder 90 T-Shirts). So landen jedes Jahr 750 000 Tonnen Altkleider in den Sammelcontainern, was Einnahmen von 375 Mio. Euro bedeutet. Die Preise für ausgediente Jeans, Pullover und Co. haben sich seit 2010 fast verdoppelt.[34] Altkleidung ist also alles andere als nutzlos, sondern ein wertvoller Rohstoff. Zwar gibt H&M an, dass die Erlöse an karitative Organisationen und die hauseigene Conscious Foundation gehen, gleichzeitig aber beweist der Moderiese damit einmal mehr, wie *bewusst* er seine Kundinnen und Kunden samt deren Geld lenkt.

Auf einer Konferenz im Mai 2014 lauschte ich einem Vertreter von I:Co, der sein System in höchsten Tönen als ökologisches Upcycling pries. Auf der Leinwand erschien ein dicker Kreis, der das Upcycling der Ware darstellen sollte, nach dem Motto: Aus alt mach neu. Ich war tief beeindruckt, bis ich ihn nach dem Anteil der Upcycling-Ware am Gesamtsortiment von I:Co fragte. Die Antwort: »Das ist eine sehr gute Frage, der Anteil liegt bei zwei bis drei Prozent.« Die meisten Sachen werden nämlich als Secondhand-Ware nach Afrika oder Osteuropa weiterverkauft. Viel Geld lässt sich auch mit Vintage-Kleidung machen, die nach Japan exportiert wird, vertraute mir der I:Co-Mitarbeiter an. Die Darstellung seines Vortrags (der dicke Kreis!) suggerierte allerdings, I:Co würde im Auftrag von H&M und anderen Unternehmen unglaubliche Mengen an Kleidung upcyceln, während ein zart gepunkteter, parallel verlaufender Kreis sich auf »Rewear« bezog, also auf Secondhand-Ware, obwohl diese in Wirklichkeit den viel größeren Teil ausmacht. Eine bewusste Täuschung der Anwesenden?

**O-Töne aus einem H&M-Geschäft in Berlin**[35]

Ein paar Kundinnen:

- »Mir ist bewusst, dass so billige Shirts nicht unter menschenwürdigen Bedingungen produziert worden sein können. Aber wenn ich darüber nachdenke, bekomme ich ein schlechtes Gewissen. Also kaufe ich schnell und bin wieder weg.«
- »Ich will ab und zu etwas Neues und studiere noch, da geht nur H&M.«
- »Hier bekomme ich immer Mode, die trendy und billig ist. Da interessiert es mich nicht, wo sie herkommt.«
- »Hier bekomme ich viele Sachen für wenig Geld.«

- »Ich will dazugehören, öfter etwas Neues haben, was meine Freundinnen auch haben. Hier geht das.«
- »Wenn es mir nicht mehr gefällt oder eingelaufen ist beim Waschen, werfe ich es weg. Kann ja dann was Neues kaufen und bin wieder up to date.«

Ein Verkäufer:

- »Unsere Kunden schauen vor allem auf den Preis. Wenn es teurer wird, in Bangladesch zu produzieren, gehen wir in ein anderes Land. Sonst verlieren wir Kunden. Und wenn wir aus Bangladesch weggehen, haben die Näherinnen nichts zu essen. Letztendlich müssen die Manager vor Ort die Produktionsbedingungen ändern, wir haben da keine Macht. Es liegt in den Händen der Politiker. Wir produzieren in Bulgarien, Türkei, Kambodscha, China, auch Bangladesch. … Wir hatten auch Schulungen nach den Bränden in Bangladesch.«

## H&M: der Arbeitgeber

Es lohnt sich, einen Blick auf die Arbeitsbedingungen in den H&M-Filialen in Deutschland, dem größten Absatzland für das schwedische Modehaus, zu werfen. Schließlich sollte man ein Unternehmen als Einheit sehen, und die Jobberinnen in der H&M-Filiale in der eigenen Stadt sind uns näher als die Näherinnen in Bangladesch. Wenn es hier schon nicht gut steht mit den Arbeitsbedingungen, wie muss es dann erst in Bangladesch bei den Lieferanten aussehen?

Die vertrauliche Anrede »Du« ist nicht nur bei schwedischen Möbel-, sondern auch bei schwedischen Modehäusern gang und gäbe. Damit wird suggeriert, alle Beschäftigten gehörten zu der großen Firmenfamily: Jeder für jeden – und alle für einen … Für den Unternehmenserfolg!

**»Unsere Firmenphilosophie – die ›sieben Werte‹**

Die sieben Werte beschreiben, wie wir bei H&M denken und handeln. Sie sind nicht als Regeln oder Gesetze zu verstehen, vielmehr als Grundsätze unserer täglichen Arbeit, unseres gemeinsamen Erfolgs und des respektvollen Umgangs miteinander:

- Keep it simple: umgehe Bürokratie, nutze deinen gesunden Menschenverstand.
- Offen und geradeheraus: Sei ehrlich, sprich den Betreffenden direkt an, sei aufgeschlossen für neue Ideen und unterstütze sie, es gibt kein Richtig oder Falsch.
- Verkaufsideen, Eigeninitiative: Trau dich, neue Wege zu wagen, teste die Grenzen aus.
- Ständige Verbesserungen: Schnelligkeit ist unsere Natur, Neugierde ist unser Treibstoff, wir lieben den Wettbewerb.
- Kostenbewusstsein: Jeder vergeudete Cent arbeitet gegen unsere Geschäftsidee, suche aktiv nach der effizientesten Lösung.
- Wir sind ein Team: Wir haben die gleichen Ziele, im Team hat jeder eine Rolle, keine Barrieren.
- Wir glauben an den Menschen: Sei du selbst, respektiere andere als die Menschen, die sie sind.«

Diese »sieben Werte« sind Bestandteil der sogenannten Willkommensmappe, mit der das Modeunternehmen seine neuen Mitarbeiterinnen über »H&M von A bis Z« informiert. B wie Bangladesch wird allerdings ausgespart: Lediglich von Lieferanten in Asien ist dort die Rede … H&M präsentiert sich selbst nicht nur gern als Auftraggeber mit sozialem Verantwortungsbewusstsein, sondern auch als Arbeitgeber, für den der Mensch im Mittelpunkt steht. Entsprechend lautet der siebte und letzte Wert des hauseigenen Wertekatalogs: »Wir glauben an den Menschen.« An Kate Moss hat H&M dann irgendwann übrigens nicht mehr geglaubt. Als im Sommer 2005 zum wiederholten Mal Bilder des Kokain schnupfenden Topmodels auftauchten, konnten die H&M-Marketing- und PR-Strategen vermutlich nicht anders, als den Vertrag mit ihr zu kündigen.

Wer sich von der Attraktivität des Modeunternehmens als menschenfreundlicher Arbeitgeber überzeugen möchte, den heißt H&M seit Neustem ganz herzlich willkommen im sogenannten Starting House. Gelegen im trendigen Berliner Touristentreffpunkt Hackescher Markt, soll sich das Anfang 2014 eröffnete Etablissement laut H&M »durch offene Türen, eine ungezwungene Atmosphäre und transparentes Arbeiten auszeichnen«.[36] Manch langjährige Mitarbeiterin des Unternehmens dürfte angesichts dieser wohlkalkulierten Arbeitgeber- und Imagewerbung ins Grübeln kommen, ob hier wirklich von demselben H&M die Rede ist, für das sie und ihre 116 000 Kolleginnen und Kollegen weltweit arbeiten. Denn die tägliche Personalpolitik von H&M sieht anders aus: nicht ganz so transparent, nicht ganz so ungezwungen, nicht ganz so offen und familiär. Das fängt bei der Beschäftigtenstruktur an und hört bei den Betriebsräten auf.

Dem Geschäftsbericht für das Jahr 2013 ist zu entnehmen, dass H&M auf 81 099 Vollzeitbeschäftigte kommt, wenn man die 116 000 Konzernmitarbeiter und -mitarbeiterinnen entsprechend umrechnet.[37] Doch die konkrete Beschäftigtenstruktur hält der H&M-Vorstand unter Verschluss. Allerdings genügt auch schon ein Blick in einige der zig Filialen zwischen Flensburg und Freiburg, um zu erkennen, dass hier vor allem junge Leute Kleiderstapel einordnen, zusammenlegen, wegräumen oder in (nicht nachhaltige, sondern umweltschädliche!) Plastiktüten mit dem H&M-Logo packen.

Von der überwiegend jungen Kundschaft sind die H&M-Mitarbeiterinnen oft kaum zu unterscheiden. Bei den meisten handelt es sich um Studierende, die H&M in Teilzeit beschäftigt. Drei viertel der H&M-Mitarbeiterinnen sind auf Teilzeitbasis oder mit flexibler Stundenzahl angestellt.[38] Fleximodelle nennt der Einzelhandel das. Stundenlöhner-Modelle wäre wohl richtiger.

Die zahlreichen Mitarbeiterinnen mit »Studentenprivileg« haben diverse geldwerte Vorteile für das ehr*geizige* Unternehmen:

- Die »Studies« bekommen einen befristeten Vertrag über zehn Stunden pro Woche, müssen aber jederzeit einsatzbereit sein, auch abends und am Wochenende. Dadurch sind sie für die Personalverantwortlichen wunderbar flexibel einsetzbar. In umsatzschwachen Monaten wie im Januar und Februar bleibt es bei den zehn Stunden, und in Spitzenzeiten lässt man sie einfach mehr arbeiten. In den Semesterferien haben die Studierenden bisweilen 40-Stunden-Wochen.

- Oft sind die Studierenden über die Universität oder ihre Eltern günstig krankenversichert, was dem schwedischen Modelabel einiges an Abgaben erspart. Für das Unternehmen fällt ein Großteil der Lohnnebenkosten weg, da die Studierenden nicht nur kranken-, sondern auch pflege- und arbeitslosenversicherungsfrei sind. Lediglich für die Rentenversicherung zahlt das Unternehmen einen Pflichtbeitrag von 9,45 Prozent vom Bruttoentgelt. Zum Vergleich: Für andere Beschäftigte muss das Unternehmen mehr als das Doppelte an Sozialversicherungsbeiträgen aufbringen.
- Studierende, die bei H&M »jobben«, bleiben in der Regel nicht lange bei der Stange. Das bedeutet für das H&M-Personalbudget eine weitere Ersparnis, weil das Einstiegsgehalt besonders niedrig ist.
- Ab dem 1. Mai 2014 erhält – entsprechend dem Beispiel des Tarifvertrages für den Einzelhandel in Nordrhein-Westfalen – eine Vollzeitkraft im Verkauf im sechsten Berufsjahr ein fixes Monatsgehalt von 2364 Euro. Dies entspricht einem Stundenlohn von 14,50 Euro. Studierende erhalten im ersten Tätigkeitsjahr einen Stundenlohn von 9,92 Euro. Bei einem Vertrag mit zehn Wochenstunden liegen die Fixkosten für einen Studierenden somit bei nur 431,52 Euro – flexibel nach oben erweiterbar.
- Studentinnen sind jung und denken mehr an ihre spätere Karriere als an ihre Familienplanung. Somit passen sie nicht nur perfekt zum Unternehmensimage, sondern werden auch viel seltener schwanger als festangestellte Frauen ab 25 Jahre. Das Unternehmen entgeht also möglichen Forderungen nach familienfreundlichen – unflexiblen! – Arbeitszeiten.

- Wer für eine Firma nur befristet jobbt, interessiert sich auch entsprechend wenig für die Belange von Festangestellten. Im Gegenteil: Der Zuschlag für Sonntagsarbeit ist zeitweiligen Hilfskräften sogar sehr willkommen. Von den vielen studierenden Teilzeitkräften muss H&M jedenfalls keinen politischen Gegenwind befürchten.

Für das Betriebsklima allerdings sind die hohe Fluktuation der Beschäftigten sowie die Interessenskluft zwischen den vielen jobbenden studentischen Teilzeitbeschäftigten und den Mitarbeiterinnen, die auch in Zukunft von ihrem Beruf leben müssen, nicht gerade förderlich. So haben mir ältere Mitarbeiterinnen oft genug geklagt, dass sich die jungen Teilzeitkräfte ihnen gegenüber teilweise unsolidarisch verhalten würden. Eine Organisierung der Beschäftigten ist da nicht einfach, zumal H&M eben kein Freund von Betriebsräten ist. Von den am Ende des Geschäftsjahres 2013 vorhandenen 418 Filialen in Deutschland hatten 117 einen Betriebsrat, die ihrerseits in einem Gesamtbetriebsrat organisiert sind. Deren Mitgliedern legt der schwedische Arbeitgeber immer wieder gezielt Steine in den Weg.

Ein aktuelles Beispiel ist Damiano Quinto: Als er 1999 als Teilzeitler bei H&M in Trier anfing, erhielt er nicht einmal einen Vertrag, der die Stundenarbeitszeit festlegte. Erst als die Beschäftigten sich organisierten und einen Betriebsrat gründeten, wurden Verträge mit klaren Vereinbarungen eingeführt. Damit konnten die Beschäftigten zum ersten Mal eine längerfristige Planung ihrer Arbeitszeiten durchsetzen. Aber überall da, wo es keine Betriebsräte gibt, entscheidet H&M allein über die Arbeitszeiten – und Flexibilität der Beschäftigten wird erwartet. So wie von Lea Danschke, einer »Flexi«, die auf Abruf bereitstehen muss:

*»›Die Leute denken vielleicht, mir macht das nicht viel aus, weil ich noch jung bin‹, sagt die 20-jährige Danschke. ›Aber ich wohne nicht*

*mehr zu Hause, ich muss meine Miete bezahlen. Wenn das Geld nicht reicht, spare ich am Monatsende am Essen.‹ Einen zweiten Job könne sie auch nicht einfach so annehmen, sagt Danschke. ›Weil ja jederzeit H&M anrufen und fragen könnte, ob ich arbeiten will.«*[39]

Heute sitzt Quinto im Gesamtbetriebsrat von H&M – auch im Namen junger Frauen wie Lea, die sich mehr Sicherheit und Respekt ihrer Leistung wünschen. H&M zeigt sich jedoch generell wenig gesprächsbereit, vielmehr greift das Bekleidungsunternehmen zu einer seiner beiden Lieblingswaffen: Kündigung oder Rechtsweg. Deshalb ist der Gesamtbetriebsrat im Grunde permanent damit beschäftigt, gesetzlich verbriefte Rechte gegenüber H&M einzuklagen. Das zermürbt. Auch Quinto wollte der Modekonzern loswerden und traktierte ihn seit 2012 mit mehreren fristlosen Kündigungen, weil er sich in sogenannten Einigungsstellen für gesundheits- und sozialverträgliche Arbeitszeiten eingesetzt hat. Diese Einigungsstellen sollen in Konfliktfällen zwischen Betriebsrat und Arbeitgeber vermitteln – so sieht es das Betriebsverfassungsgesetz vor. Die Anwälte des Unternehmens argumentierten, Quinto würde durch seine Tätigkeit seine »Verfügbarkeiten« einschränken. Zudem liege ein Loyalitätsverstoß vor, da sich ein Arbeitnehmer nur dann gegen die wirtschaftlichen und organisatorischen Interessen seines Arbeitgebers wenden könne, wenn er entweder selbst individuell betroffen sei oder aber als Betriebsrat handele. Das Arbeitsgericht in Trier gab dem Modekonzern recht. Die Begründung des Gerichts: Quinto hätte zunächst seine Teilnahme gerichtlich durchsetzen müssen, bevor er weitere Aufträge bei Einigungsstellen annahm – obwohl er dies in seiner Freizeit getan hat.

Ende März 2014 fand das Berufungsverfahren statt. Und wieder bestätigte das Gericht die beabsichtigte Kündigung. »Meine Erwartung wäre gewesen, dass die Ausübung eines Amtes auf der rechtlichen Grundlage der Betriebsverfassung nicht zu einer Kündigung führen darf«, sagte der geschockte Quinto der lokalen Presse. Der Betriebsrat hat gegen das Urteil beim Bundesarbeitsgericht Revision eingelegt. Verdi-Gewerkschaftssekretär Jürgen Rinke-Oster sieht das Urteil nicht ganz so negativ: »Der Richter hat deutlich gemacht, dass es eine Reihe ungeklärter Fragen gibt, die das Bundesarbeitsgericht entscheiden muss.«[40] Bis zum höchstrichterlichen Urteil bleibt Quinto bei H&M beschäftigt.

Auch einer Gewerkschaft ist der vermeintlich offene und menschenfreundliche Moderiese schon aufgefallen. »Obwohl H&M von deutschen Arbeitsgerichten immer wieder korrigiert worden ist, hat sich das Verhalten des Unternehmens und seine Einstellung zu Betriebsräten bedauerlicherweise nicht wirklich geändert«, so Johann Rösch von ver.di. Die Schikanen hätten System, sagt auch sein Kollege Markus Hoffmann-Achenbach. »Wer den Mund aufmacht, dem wird das Leben zur Hölle gemacht.«[41]

Doch es gibt auch positive Gegenbeispiele. 2011 versuchte H&M, sich des Betriebsrats einer Berliner Filiale zu entledigen, indem das Unternehmen die schärfste Waffe gegen unliebsame Betriebsräte zückte: den Antrag auf Amtsenthebung. H&M ging vor das Arbeitsgericht – und scheiterte. Seitdem ist die Solidarität unter den Kolleginnen und Kollegen dieser Filiale besonders groß und die Beschäftigtenstruktur wegen des starken Betriebsrats besonders erfreulich: Von 58 Mitarbeiterinnen sind 31 in Vollzeit (37 Stunden) und 15 in Teilzeit (30 bis 35 Stunden) beschäftigt. Nur zwölf Mitarbeiterinnen sind sogenannte Flexis mit befristeten 10- bis 25-Stunden-Verträgen. Weil der Betriebsrat der befristeten Einstellungspraxis widersprach, konnte sich eine andere Beschäftigtenstruktur etablieren.

Noch ist diese Berliner Filiale zwar eine der wenigen Ausnahmen in der H&M-Welt, könnte aber für viele Mitarbeiterinnen Vorbildcharakter haben. Vor allem, wenn es darum geht, dem Arbeitgeber aus Schweden zu zeigen, dass Mitbestimmung ein logischer Bestandteil des Teamgedankens (»der sechste Wert«) und alles andere als bedrohlich ist.

Wenn man erfährt, wie H&M in Deutschland den Betriebsräten das Leben schwer macht, dann kommen einem beträchtliche Zweifel ob des Fair Living Wage, den H&M vollmundig auf der Konferenz in Berlin Ende November 2013 als Lohn seiner Lieferanten vorgestellt hat. Wie ernst gemeint kann der Vorschlag sein, dass Löhne von demokratisch gewählten Arbeiterinnen ausgehandelt werden sollen? Gewählte Näherinnen haben ja per se noch keine Erfahrung mit Tarifverhandlungen, kennen teilweise nicht einmal ihre Rechte. Ohne eine Unterstützung durch Gewerkschaften sind sie ihren Bossen hilflos ausgeliefert. Wenn die Gewerkschaften in Bangladesch auch für alle ihnen zustehenden Rechte vor Gericht klagen müssten, dann kann man sich vorstellen, wie diese Gerichtsurteile in diesem Land, wo Korruption der Normalfall ist, ausfallen würden.

## Hugo Boss und H&M im Vergleich

Zwischen den Verlautbarungen von Hugo Boss in seinem Geschäftsbericht und der Realität bei seinen Zulieferern in Bangladesch klafft eine gewaltige Lücke. Auf die Umsetzung von Sozialstandards in der Lieferkette wurde wenig geachtet, größere Anstrengungen fehlen bei dem Luxuslabel. H&M ist da um einiges weiter: Der Handelsriese zeigt Transparenz, indem er seine Lieferantenliste veröffentlicht hat. Er will, dass seine Produzenten einen »fairen Lohn« zahlen, und ist laut eigener Aussage auch bereit, dafür einen höheren Preis für die Ware zu zahlen. Hier bleibt abzuwarten, was aus dieser Initiative wird, und vor allem, was genau ein »fairer« Lohn nach H&M-Kriterien ist. Vor allem hat H&M erkannt, dass sich das Bewusstsein in der Bevölkerung ändert, dass mehr Menschen auf Nachhaltigkeitsaspekte achten, und dies geschickt für sich genutzt, indem es eine »Conscious Collection« kommuniziert – was auch immer dahintersteckt.

Auch *Feel Good Fashion*, der Bericht von Rank a Brand[42], der 368 deutsche und niederländische Marken in den Bereichen Klimaschutz, Umweltschutz und faire Arbeitsbedingungen in der Produktion untersuchte, kommt zu dem Ergebnis, dass inzwischen 63 Prozent der untersuchten Marken über das Thema Nachhaltigkeit berichten, ein Anstieg um zehn Prozent gegenüber 2011. Die Zeichen der Zeit werden also von den Unternehmen erkannt. Nur kommt der Bericht auch zu dem Ergebnis, dass ein Drittel der Marken, die über das Thema berichten, jegliche Substanz vermissen lassen, also Greenwashing betreiben. Besonders schlecht schneiden dabei die Luxusmarken ab, darunter befindet sich auch Hugo Boss, wohingegen Modehändler wie H&M eine bessere Benotung erhalten. Dies entspricht ja auch der hier vorgestellten Untersuchung.

Bei der Gesamtbewertung erhalten nur zehn von 368 untersuchten Marken die bestmögliche Bewertung A. Demzufolge sind Armed Angels, Bleed, Freitag, Hessnatur, Mud Jeans, Nudie Jeans, Pants to Poverty, Recolution, Saint Basics die Vorreiter der öko-fairen Mode. Immerhin aber befinden sich Marken wie H&M, Puma, Trigema oder Jack Wolfskin in der Kategorie B, wohingegen Hugo Boss zusammen mit der großen Mehrheit der anderen Marken in die schlechteste Kategorie E eingestuft wird. Hier ist allerdings anzumerken, dass die Bewertung der Marken nur anhand ihrer eigenen Aussagen auf ihrer Homepage erfolgte, es fand also keine Überprüfung der Aussagen und erst recht keine Recherche wie für dieses Buch statt.

Auch die Clean Clothes Campaign hat einen Firmencheck veröffentlicht.[43] Dem liegt eine Befragung von 50 europäischen Bekleidungsmarken im Jahr 2013 über die Politik der Unternehmen in Hinblick auf die Zahlung von existenzsichernden Löhnen bei ihren Lieferanten zugrunde. Die Ergebnisse zeigen, dass keine der 50 untersuchten Marken sicherstellt, dass ihre Produzenten einen Existenzlohn zahlen. Als Unternehmen »auf dem Weg« schneidet Tchibo unter den deutschen Marken am besten ab, H&M wird zusammen mit Adidas und Puma als »so lala« eingestuft. Hugo Boss gehört zu den 15 Marken, die es nicht für nötig hielten, den Fragebogen zu beantworten. Der Bericht stellt fest, dass Hugo Boss zwar Informationen über den Mindestlohn in seinem Verhaltenskodex und Nachhaltigkeitsbericht bereitstellt, es ansonsten aber keine Hinweise auf etwaige Anstrengungen gibt, dass Arbeiterinnen in der Lieferkette einen Existenzlohn erhalten. »Das ist sehr enttäuschend für eine so profilierte Marke«, heißt es in dem Bericht.

# 5

# Gesetze statt Gerede: die Politik in der Pflicht

Wenn sich an den verheerenden Produktionsbedingungen in der Modeindustrie grundsätzlich etwas ändern soll, muss endlich Schluss mit der Freiwilligkeit von Unternehmensinitiativen sein. Wir benötigen gesetzliche, verbindliche Vorgaben, die die deutschen und europäischen Unternehmen verpflichten, auf die Einhaltung von Sozialstandards in ihrer gesamten Lieferkette zu achten. Verletzungen dieser Standards müssen geahndet werden können. Nur wenn Unternehmen für die Verletzung ihrer Vorsorgepflicht zahlen müssen, können Katastrophen wie Rana Plaza vermieden werden.

Ob Hugo Boss, Seidensticker, Gerry Weber, H&M, KiK oder Tom Tailor – sie alle muss der deutsche Gesetzgeber verpflichten, die Sozialstandards in ihrer Lieferkette einzuhalten, und muss auch ankündigen, was passiert, wenn diese unterlaufen, wenn Näherinnen in Bangladesch, Kambodscha und Rumänien ausgebeutet werden. Hier helfen nur verbindliche gesetzliche Vorgaben, denn freiwillige Maßnahmen, wie sie bislang gang und gäbe sind, reichen nicht. Im Gegenteil: Bleibt es bei der von den Modelobbyisten gepredigten Selbstverpflichtung, werden letztlich jene Unternehmen benachteiligt, die beispielhaft vorangehen und sich auch finanziell an der Umsetzung von Menschenrechten in ihrer globalen Lieferkette beteiligen. Die anderen machen weiter wie bisher: Kasse auf Kosten der Arbeiterinnen.

Zu diesem Ergebnis kommt auch ein dreijähriges umfangreiches Forschungsprojekt unter Leitung des deutschen Öko-Instituts und in

Zusammenarbeit mit 17 europäischen Forschungseinrichtungen, das im Auftrag der EU-Kommission die Wirkungen von freiwilligen CSR-Maßnahmen in verschiedenen Sektoren untersucht hat.[1] Das Forschungsprojekt stellt zwar fest, dass Corporate Social Responsibility von und in Unternehmen oft beschworen werde, dass aber eine große Lücke zwischen Bewusstsein und Handeln klaffe. Die sogenannten »weichen« politischen Anreize wie CSR-Preise und Informations- und Netzwerkplattformen hätten keinen maßgeblichen Einfluss auf eine sozial wie ökologisch tatsächlich verantwortungsvolle Unternehmenspolitik. Die Autoren empfehlen deshalb mehr Regulierung. Wörtlich heißt es: »Das Öko-Institut fordert deswegen die Politik auf, das verfügbare Instrumentarium besser auszunutzen, regulatorisch stärker einzugreifen und wenn nötig auch vor härteren Maßnahmen wie Mindeststandards oder Verboten nicht zurückzuschrecken.«[2]

Eine Folge der Globalisierung ist die sogenannte Beschaffungskarawane. Die Unternehmen ziehen dorthin, wo die Löhne – zentraler Faktor bei den »Sourcing-Kosten« – am niedrigsten sind. Als Beschaffungsland für Deutschland hat Bangladesch enorm aufgeholt und liegt inzwischen laut Statistischem Bundesamt hinter China und vor der Türkei. Aber auch andere Billiglohnländer geraten zunehmend ins Visier der Beschaffungsmanager. H&M beispielsweise sondiert derzeit den afrikanischen Sourcing-Markt, wie H&M-Oberhaupt Karl-Johan Persson kürzlich in einem *Welt*-Interview sagte: »Wir testen Länder wie Kenia und Äthiopien.«[3] Gewiss nicht, um den armen Kenianern und Äthiopiern sichere Arbeitsplätze zu geben. Die globale Schnäppchenjagd und Ausbeutung geht also weiter – und zwar ohne internationale Rechtsgrundlagen, die eindeutige Rahmenbedingungen für die shoppenden Unternehmen vorgeben würden. Bislang können deutsche Textildiscounter und Luxuslabel in ihren Zulieferfabriken ungestraft auf Sozialstandards pfeifen, können weltweit agieren, ihre Profite nach Deutschland oder in Steueroasen verschieben, jedoch nicht für die Arbeits- und Menschenrechtsverletzungen ihrer Lieferanten verklagt werden. Eine extraterritoriale Rechtsprechung existiert nicht.

Auf diesen Mangel wies auch der Menschenrechtsrat der Vereinten Nationen (United Nations Human Rights Council, UNHRC) hin, als er im Juni 2011 die *Leitprinzipien für Wirtschaft und Menschenrechte* verabschiedete. Diese stehen auf drei Grundpfeilern.[4]

1. Schutzpflicht des Staates zur Einhaltung der Menschenrechte – auch gegen Übergriffe durch Dritte wie etwa Unternehmen. Gemäß Völkerrecht sind Staaten für den Schutz der Menschenrechte verantwortlich. Bei der Regulierung von Unternehmensaktivitäten jedoch spielten Menschenrechtspflichten bislang keine Rolle.
2. Verantwortung der Unternehmen, Menschenrechte zu achten. Die UN-Leitprinzipien bezeichnen die Verletzung von Menschen- und Arbeitsrechten und des Umweltschutzes durch Unternehmen als gravierendes Problem. Gemäß den UN-Leitprinzipien ist die Verantwortung der Unternehmen *nicht* allein damit erfüllt, dass sie das nationale Recht des Zuliefererlandes wie Bangladesch einhalten. Vielmehr müssen Unternehmen sich ethisch verhalten, indem sie darauf achten, die Rechte anderer nicht zu verletzen. Diese Verantwortung besteht unabhängig davon, ob die Regierungen der Produktionsländer ihre Verpflichtungen wie staatliche Fabrikkontrollen erfüllen oder nicht. Die UN-Leitprinzipien fordern die Unternehmen auf, die menschenrechtlichen Folgen ihres Handelns im Vorfeld abzuschätzen und sicherzustellen, dass kein Schaden angerichtet wird. Sie sprechen in diesem Zusammenhang von der Sorgfaltspflicht (*due diligence*). Dazu gehören auch Menschenrechtsverträglichkeitsprüfungen, die jedes Unternehmen für seine gesamte Wertschöpfungskette durchführen sollte, um zu vermeiden, dass seine Geschäftstätigkeit Menschenrechte verletzt.
3. Wirksame Wiedergutmachung und Entschädigung von Opfern. Hierbei unterscheiden die UN-Leitprinzipien zwischen gerichtlicher und außergerichtlicher Wiedergutmachung durch den Staat auf der einen sowie unternehmensbasierten Wegen der Wieder-

gutmachung (beispielsweise Beschwerdemechanismen) auf der anderen Seite.

## Politische Trippel- und Fehltritte

### Schutzpflicht des Staates

Die den Staaten vom UN-Menschenrechtsrat zugeschriebene Schutzpflicht betrifft Bangladesch ebenso wie die Bundesrepublik Deutschland, in der weltweit einkaufende Modehäuser ihren Sitz haben. Was die Regierung in Dhaka bisher zum Schutz ihrer Beschäftigten umgesetzt oder eben auch nicht umgesetzt hat, wurde bereits erläutert. Hier geht es nun um die Pflichten der deutschen Regierung und der Europäischen Union.

In ihrer *Strategie für die soziale Verantwortung der Unternehmen* bezieht sich die EU-Kommission auf die UN-Leitprinzipien für Wirtschaft und Menschenrechte und ruft jede Regierung in der EU dazu auf, einen »Nationalen Aktionsplan« zu erstellen.[5] Die ehemalige schwarz-gelbe Regierung hat in dieser Hinsicht nichts getan;[6] die derzeitige schwarz-rote Regierung verkündete im Koalitionsvertrag vom Dezember 2013 immerhin, einen Aktionsplan erstellen zu wollen. Es bleibt abzuwarten, was dabei herauskommt, vermutlich nichts Grundlegendes.

Ein Indiz dafür ist das Abstimmungsverhalten dieser Bundesregierung im UN-Menschenrechtsrat. Deutschland stimmte im Juni 2014 gegen eine von Ecuador und Südafrika eingebrachte Resolution, die vorsah, die Aktivitäten transnationaler Unternehmen zu regulieren und Opfern von wirtschaftsbezogenen Menschenrechtsverletzungen Zugang zu Rechtshilfe zu verschaffen. 20 Mitglieder des UN-Menschenrechtsrates unterstützten die Resolution, 13 Staaten enthielten sich und 14 stimmten dagegen, darunter die USA und alle im Rat vertretenen EU-Staaten.

## Verwässerte Berichtspflicht

Auch in Sachen Transparenz hat sich wenig getan. Die schwarz-gelbe Bundesregierung weigerte sich hartnäckig, die hiesige Textilbranche zu mehr Transparenz zu zwingen, wie es eine entsprechende Richtlinie der EU-Kommission vorsah.[7] Denn den Parlamentariern und dem Kanzleramt saßen die Lobbyisten im Nacken: Vehement intervenierten die Mannen vom Bundesverband der Deutschen Industrie (BDI) und der deutschen Arbeitgeberverbände gegen die Einführung einer jährlichen Berichtspflicht für Unternehmen über die Auswirkungen ihrer Tätigkeit auf Menschen und Umwelt. Und wenn Eingaben, Anhörungen und vertrauliche Unterredungen allein nicht ausreichten, halfen manchmal auch großzügige Spenden.

Zum Beispiel im Dezember 2012, kurz vor der Landtagswahl in Niedersachsen, als der Verband der Nordwestdeutschen Textil- und Bekleidungsindustrie, welcher nach eigenen Angaben rund 260 Unternehmen der Textil- und Bekleidungsindustrie in Westfalen, Niedersachsen, Schleswig-Holstein, Bremen und Hamburg vertritt, stolze 65 000 Euro auf das Konto der FDP überwies.[8] Man wolle nicht gezwungen werden, verlautet aus Kreisen der Textilindustrie. Alles soll schön freiwillig bleiben … Entsprechend heißt es in einer Stellungnahme der Spitzenverbände der deutschen Industrie:

> *»Die Spitzenverbände der deutschen Wirtschaft fordern die EU-Kommission auf, den breiten politischen und gesellschaftlichen Konsens zur Freiwilligkeit von Corporate Social Responsibility auch weiterhin zu respektieren und den bewährten Kurs der vergangenen zehn Jahre engagiert und konstruktiv fortzusetzen. Das vielfältige gesellschaftliche Engagement der Unternehmen darf nicht durch eine Verpflichtung zur Berichterstattung konterkariert werden. … Die Kommission würde damit massiv in die Gestaltungsfreiheit von Unternehmen eingreifen. Eine solche erhebliche bürokratische Last würde in keinem Verhältnis zum Nutzen stehen.«*[9]

Quelle: abgeordneten-watch.de

Kontobeleg zugunsten der FDP

Aber wie steht es um die freiwillige Berichterstattung wirklich? Laut EU-Kommission veröffentlichen von 42 000 großen Unternehmen in der EU nur 2500 einen Nachhaltigkeitsbericht.[10] Auch der Zusammenschluss mehrerer Hundert Unternehmen zur bereits erwähnten Plattform BSCI ist als Versuch zu werten, rechtsverbindlichen Sozialstandards seitens der EU oder einzelner Regierungen vorzubeugen. Sie wollen auf keinen Fall bindende gesetzliche Regelungen. Stattdessen schmückt man sich mit freiwilliger CSR und leistet mit lauten Bekenntnissen zur unternehmerischen Sozialverantwortung dem »Greenwashing« Vorschub.

Während sich die SPD noch kurz vor der Bundestagswahl 2013 für Offenlegungs- und Berichtspflichten einsetzte, verhält sie sich nun als Regierungspartei ganz im Sinne der CDU. So stimmte die Bundesregierung am 24. Februar 2014 in Brüssel nicht einmal dem bereits stark verwässerten Richtlinienentwurf des EU-Ministerrats zu, der vorsieht, dass alle große Unternehmen in ihren Lageberichten über Risiken für Umwelt, Menschenrechte und soziale Aspekte berichten müssen. Man enthielt sich lieber der Stimme.

In den vorangegangenen monatelangen Verhandlungen gelang es sowohl dem alten als auch dem neuen Kabinett Merkel, die Anforderungen an die Unternehmen zu senken. Laut der am 15. April 2014 vom EU-Parlament verabschiedeten Richtlinie müssen nur noch die *börsennotierten* Unternehmen mit über 500 Mitarbeitern berichten.

Statt der ursprünglich insgesamt 40 000 Unternehmen sind somit lediglich 6000 Kapitalgesellschaften übrig geblieben. Große Unternehmen in Privatbesitz wie Aldi, Lidl, KiK und Otto hingegen sind nicht verpflichtet zu berichten. Warum aber nimmt man die aus? Schließlich waren auch Marktgrößen wie KiK bereits in zahlreiche Katastrophen in asiatischen Nähfabriken verwickelt. Der Richtlinienentwurf gibt nicht einmal einheitliche Standards vor, nach denen ein Unternehmen zukünftig berichten soll, und Sanktionen bei fehler- oder mangelhaften Berichten sind auch nicht vorgesehen. Andere Länder wie Frankreich wollten eine weiter reichende Richtlinie, aber gegen den Willen Deutschlands lässt sich in der EU nichts durchsetzen. Entsprechend erleichtert zeigte sich der BDI und verwies auf »die bürokratischen und finanziellen Belastungen … insbesondere für den industriellen Mittelstand«, die nun deutlich geringer ausfielen als befürchtet.[11]

Insofern ist die aktuelle EU-Richtlinie bloß ein Trippelschritt in Richtung Transparenz. Die einzelnen EU-Staaten haben nun zwei Jahre Zeit, diese Richtlinie national umzusetzen.

## Ein Bündnis für nachhaltige Textilien

Im April 2014 – pünktlich zum Jahrestag der Rana-Plaza-Katastrophe – kündigte Gerd Müller, der frischgekürte Bundesminister für wirtschaftliche Zusammenarbeit und Entwicklung, für die kommenden acht Monate ein neues Textilsiegel an. Damit will er die deutschen Mode- und Textilriesen dazu bewegen, soziale und ökologische Mindeststandards einzuhalten:

> *»Wir brauchen soziale Standards, was Arbeitsschutz und Mindestlöhne betrifft. Aber auch ökologische Standards, etwa für Gerbereien, die mit aggressiven Chemikalien arbeiten. Ich erwarte auch von der Textilbranche, dass sie für die gesamte Produktionskette vom Baum-*

*wollfeld bis zum Bügel die vereinbarten Standards garantiert. Wenn das nicht auf freiwilliger Basis funktioniert, werden wir einen gesetzlichen Rahmen vorgeben.«*[12]

Ein ambitionierter Schritt des Ministers. Zumal ihm der Lobbywind prompt und scharf ins Gesicht blies, kaum hatte der CSU-Mann seine Textilsiegel-Idee öffentlich gemacht und mit »Gesetzen« gewinkt. Jan Eggert, der Hauptgeschäftsführer der Außenhandelsvereinigung des Deutschen Einzelhandels (AVE), bezeichnete die Idee Müllers als »völlig realitätsfern«: »Das würde bedeuten, dass Bekleidung für breite Bevölkerungsschichten unerschwinglich wäre. Von den Folgen für die Arbeitsplätze im deutschen Modehandel und in den Lieferländern ganz zu schweigen.«[13]

Da ist sie wieder, die »Arbeitsplatzkeule«, mit der Regierungsmitglieder im Nu zur Räson gebracht werden sollen …

Doch erfreulicherweise sieht es so aus, als ließe sich Müller von der Industrie nicht einschüchtern. In einem Interview mit der *Rheinischen Post* vom 7. Juli legte der Minister nach: »Wir arbeiten an einem Label, das den Verbrauchern signalisiert, dass bei diesem Produkt die Näherinnen von ihrer Arbeit leben können und die ökologischen Standards eingehalten werden.«[14]

Gleichwohl setzt auch Müller zunächst auf freiwillige Maßnahmen, zu denen sich die Unternehmen selbst verpflichten. Deshalb wurde am 28. Mai 2014 ein Experten-Workshop unter dem wohlklingenden Titel »Bündnis für nachhaltige Textilien« mit über 70 Vertretern und Vertreterinnen von Unternehmen, Wirtschaftsverbänden, Gewerkschaften, Zivilgesellschaft und Regierung einberufen, an dem ich als Vertreterin von FEMNET teilnahm. Im weiteren Verlauf dieses Prozesses wurde zwei Monate später, am 24. Juli, ein Eckpunktepapier im Steuerungskreis verabschiedet. Darin besteht Übereinstimmung, dass das Textilbündnis die gesamte Lieferkette in den Blick zu nehmen habe, dass also alle Stufen der Verarbeitung vom Baumwollfeld bis zur Konfektion einbezogen und sowohl soziale als auch ökologische und ökonomische Herausforderungen berücksichtigt werden sollen. In mehreren Arbeitsgruppen geht es jetzt darum, unter anderem die Mindest- und Zielanforderungen von Sozial- und Umweltstandards sowie die Bedingungen für eine Mitgliedschaft im Bündnis zu definieren. Der Start des Textilbündnisses ist für Herbst 2014 geplant.[15]

Ein wesentlicher Aspekt ist dabei die Überprüfung der Umsetzung von Standards. Dabei wäre eine Kontrolle, die nicht nur das Produkt untersucht, sondern das gesamte Unternehmen samt seiner Einkaufspraxis in den Blick nimmt, ein wichtiger Schritt. Dann würde der beliebten Schönfärberei nämlich ein Riegel vorgeschoben; dann könnten die Unternehmen nicht mehr nur vereinzelte Produkte »fair-und-grün-siegeln« lassen, während der massenhafte Rest wie gehabt unter unmenschlichen Arbeitsbedingungen hergestellt wird. Ein paar »Fair globe«-Produkte machen aus Lidl noch lange kein sozialverantwortliches Unternehmen. Jedes Modeunternehmen und jeder (Textil-)Discounter ist also daraufhin zu prüfen, ob seine Beschaffungspraxis es dem Produzenten überhaupt ermöglicht, faire Löhne zu zahlen und gute Arbeitsbedingungen umzusetzen.

Zudem ist es von einiger Bedeutung, wer da überhaupt prüft und in welcher Tiefe geprüft wird. Was dabei herauskommt, wenn ein kommerzielles Audit-Unternehmen wie der TÜV im Auftrag einer Fabrik oder eines einkaufenden Unternehmens entsprechend beauftragt wird, habe ich ja bereits in Kapitel 3 beschrieben. Deshalb sind unbedingt unabhängige Instanzen wie etwa eine Multistakeholder-Initiative mit der Durchführung solcher Prüfungen zu beauftragen: Werden die vereinbarten Standards eingehalten? Werden Gewerkschaften und Nichtregierungsorganisationen gleichberechtigt bei der Kontrolle von Fabriken einbezogen? Agiert das betreffende Unternehmen transparent (Offenlegung der Lieferkette und der Audit-Ergebnisse)? Und prüft das Unternehmen nach dem Audit auch die Umsetzung der Korrekturmaßnahmen?

Es bleibt abzuwarten, ob sich dieses Textilbündnis auf freiwilliger Basis auch tatsächlich etabliert und vor allem, welche Mindeststandards und Zugangsvoraussetzungen zugrundegelegt werden. Der Minister will ein möglichst breites Bündnis, dem dann auch kleine und mittelständische Unternehmen angehören sollten, die bislang noch nichts in Richtung Nachhaltigkeit unternommen haben und ihre Lieferketten nicht einmal kennen. Eigentlich werden dadurch die Nichtstuer wie Hugo Boss und nicht die Vorreiter wie Hessnatur belohnt. Es besteht die Gefahr, dass die Standards zu niedrig angesetzt werden. Auch gerät vor lauter Bemühen um die mittelständischen Unternehmen leicht aus dem Blick, dass nur noch 35 Prozent der Kleidung von deutschen Produzenten (im Ausland) hergestellt, 65 Prozent aber vom zumeist großen Handel wie H&M, KiK oder C&A importiert werden (die ebenfalls an den Gesprächen beteiligt sind). Falls die Industrieverbände nicht einmal Mindeststandards wie die Organisationsfreiheit und langfristig die Zahlung eines Existenzlohns für die Näherinnen akzeptieren, verliert ein solches Bündnis seine Glaubwürdigkeit.

Der Minister will eine freiwillige Verpflichtung der Industrie, doch was ist mit all den Unternehmen, die nicht dem Bündnis beitreten? Nur gesetzliche Vorgaben können sie zwingen, ihrer Versorgungspflicht nachzukommen.

## Sorgfaltspflicht und Unternehmenshaftung

Für meine Begriffe muss Schluss sein mit der Freiwilligkeit. Die ganzen vielen freiwilligen Kontrollen, Audits und Selbstverpflichtungen waren nicht dazu angetan, solche schrecklichen und schuldhaft verursachten Unglücke wie den Brand bei Tazreen und den Einsturz des Rana Plaza zu verhindern. Wünschenswert wäre aus meiner Sicht eine gesetzliche Festschreibung der menschenrechtlichen Sorgfaltspflichten von Unternehmen – da sich dann alle daran halten müssen – sowie die Einführung einer Unternehmenshaftung bei Verletzung dieser Pflichten.

Nur wenn es für deutsche Unternehmen teuer wird, ihrer menschenrechtlichen Vorsorgepflicht nachweislich nicht nachgekommen zu sein, wird sich etwas ändern. Laut den *Leitprinzipien für Wirtschaft und Menschenrechte* des UN-Menschenrechtsrats müssen Unternehmen ihrer Sorgfaltspflicht hinsichtlich ihrer Lieferkette vorbeugend nachkommen. Bisher versteckten sich die meisten Unternehmen hinter der für sie bequemen Auffassung, die Verantwortung liege bei der Regierung des jeweiligen Produktionslandes, im vorliegenden Fall von Bangladesch. Der vom UN-Menschenrechtsrat postulierten Sorgfaltspflicht zufolge müssen sie jedoch selbst aktiv werden und dafür sorgen, dass ihre Lieferanten die Gesetze des Landes einhalten. Schon die Befolgung der bestehenden Arbeitsgesetze von Bangladesch wäre ein wichtiger Schritt vorwärts, weil der Staat selbst geltendes Recht nicht umsetzt. Wie auch – angesichts fadenscheiniger rechtsstaatlicher Strukturen, unterbesetzter und unterfinanzierter Gerichte, von Korruption und Vetternwirtschaft?

Hier müssten die Bundesrepublik oder, besser noch, die Europäische Union aktiv werden, indem sie die menschenrechtliche Sorgfaltspflicht von Unternehmen in Bezug auf ihre Zulieferbetriebe gesetzlich vorschrieben. Bisher wurde es vermieden, die »gebotene Sorgfalt« der Unternehmen gesetzlich zu verankern. Die Konsequenzen sind derzeit bei den Entschädigungsverhandlungen für die Opfer von Rana Plaza zu beobachten: Es liegt einzig und allein am Goodwill der Einkäufer, ob und wie viel sie in den Entschädigungsfonds für die Verletzten und Hinterbliebenen einzahlen. Da die Entschädigung »freiwillig« ist, wurde viel zu wenig Geld in den Entschädigungsfonds eingezahlt trotz der Millionengewinne, die die westlichen Unternehmen jährlich einstreichen.

Adler-Modemärkte zum Beispiel machten im Jahr 2013 einen Umsatz von mehr als 500 Mio. Euro und einen Gewinn von 18,6 Mio. Euro. Doch das Unternehmen ist nicht bereit, den Opfern Entschädigungen zu zahlen. Zumindest nicht freiwillig. Könnte Adler haftbar gemacht werden, weil es seine Sorgfaltspflicht vernachlässigt hat, *müsste* es also für die Opfer zahlen, sähe die Situation völlig anders aus. Dann läge es nämlich plötzlich im Interesse der Einkäufer, dass solche Katastrophen erst gar nicht passieren.

## Strafbarkeit von Unternehmen

In Deutschland können nur Einzelpersonen strafrechtlich belangt werden, juristische Personen wie GmbHs und Aktiengesellschaften hingegen nicht. Die Staatsanwaltschaft muss deshalb immer einzelnen Managern oder Mitarbeitern ein strafbares Verhalten wie etwa Steuerhinterziehung, Korruption oder Produktpiraterie nachweisen. Mittlerweile ist jedoch bekannt, dass Banken ihren Kunden bei der Steuerhinterziehung helfen und dass hier und da (siehe Siemens) auch gewaltige Bestechungssummen fließen, um an Aufträge zu kommen. Unternehmen – nicht Individuen – machen also kriminelle Geschäfte, können dafür aber nicht belangt werden.

Der Justizminister von Nordrhein-Westfalen, Thomas Kutschaty, will das nun ändern. Er hat einen Gesetzesentwurf zur Unternehmensstrafbarkeit vorgelegt, der von der Mehrheit der Landesjustizminister begrüßt wurde. Allerdings ist der Vorschlag bisher nur ein Diskussionsentwurf, noch keine offizielle Bundesratsinitiative. In den Berliner Koalitionsgesprächen zwischen CDU, SPD und CSU hat man immerhin »Handlungsbedarf« festgestellt. Die USA und andere europäische Länder wie Österreich haben gezeigt, dass es durchaus möglich ist, ein Unternehmen strafrechtlich zu verfolgen. Kutschaty gegenüber dem *Manager Magazin*:

> *»Bislang können Straftaten von Unternehmen nur als Ordnungswidrigkeit geahndet werden. Das verharmlost die zum Teil dramatische Dimension dieser Fälle. Unter Ordnungswidrigkeiten werden in der*

*breiten Öffentlichkeit zum Beispiel Verkehrsverstöße verstanden. Mit den Delikten, wie sie in manchen Unternehmen vorkommen, hat das wenig zu tun, auch wenn das nur Ausnahmen sind.*«[16]

Ob der Justizminister von NRW allerdings auch die Strafbarkeit von Unternehmen für Verletzungen der Menschenrechte einführen will, die sich weiter vorn in ihrer Lieferkette ereignen, ist mir nicht bekannt.

## Wiedergutmachung und Entschädigung von Opfern

Hier handelt es sich gemäß der UN-*Leitprinzipien für Wirtschaft und Menschenrechte* darum, dass Betriebsangehörigen, deren Menschenrechte am Arbeitsplatz verletzt wurden, Zugang zu Gerichten in der EU gewährt wird und zudem auch wirksame nicht juristische Beschwerdemechanismen eingeführt werden. Für die Opfer und Hinterbliebenen solcher tragischer Fabrikunfälle wie Rana Plaza und Tazreen beispielsweise gibt es derzeit keine Möglichkeit, deutsche Unternehmen zu verklagen. Die hier zur Verfügung stehenden Rechtsmittel für Geschädigte aus Drittstaaten bieten den Betroffenen keinen effektiven Schutz und nur ungenügende Kompensation. Opfergruppen können in Deutschland, anders als im anglo-amerikanischen Raum, keine Sammelklagen einreichen. Eine gesetzliche Vorgabe für Entschädigungen, die ein Unternehmen erfüllen muss, existiert nicht.

Auch hier gilt: Solange keine gesetzlichen Grundlagen geschaffen werden, sondern alles auf Freiwilligkeit beruht, wird sich nichts ändern. Wie oben beschrieben, gibt es leider wenig Hoffnung, dass sich hier etwas tut. Die neue Bundesregierung hat sich im Juni 2014 gegen die Resolution für Zugang zu Rechtshilfe für Opfer von Menschenrechtsverletzungen ausgesprochen, die im UN-Menschenrechtsrat von 20 Ländern gefordert wird.

## Wirksames Wettbewerbsrecht

Auch das Wettbewerbsrecht müsste angepasst werden, denn derzeit begünstigt es all jene Unternehmen, die die negativen Folgen ihrer Geschäftstätigkeit externalisieren, sprich: an die Allgemeinheit abschieben. Die Kosten tragen wir alle, die Gesellschaft.

»Gewinnmaximierung geschieht ganz legal durch eine Abwälzung von Kosten. Allein die externalisierten Umweltkosten betragen 6600 Mrd. Dollar (fast 5000 Mrd. Euro), elf Prozent des globalen Bruttosozialprodukts, so die UNEP-Finanzinitiative 2011«, beschreibt der Theologe und Wirtschaftsethiker Johannes Hoffmann die derzeitige Situation.[17]

Das heißt: Unternehmen, die potenziell nachteilige Wirkungen ihrer Produkte respektive Produktionsprozesse verringern wollen, werden insofern benachteiligt, als sie die Kosten dafür alleine tragen müssen. Umgekehrt erzielen zahlreiche Unternehmen Gewinne auf Kosten von Arbeitnehmerinnen (Lohndumping im Einzelhandel), Verbraucherinnen (Fleischskandale) oder Produzentinnen (Näherinnen in Bangladesch). Eine klare Wettbewerbsverzerrung also, die danach verlangt, das Wettbewerbsrecht entsprechend anzupassen.

## Rechte für Menschen, Regeln für Unternehmen!

Die Einführung verbindlicher Sozialstandards hieße, dass alle Unternehmen für Menschenrechtsverletzungen und Umweltzerstörungen in der gesamten Produktionskette haftbar gemacht werden könnten. Wenn die Firmen, Konzerne und ihre Verbandsvertreter ihre eigene Nachhaltigkeits- und CSR-Rhetorik ernst nehmen würden, hätten sie eigentlich keinen Grund, sich gegen gesetzliche Vorgaben zu sträuben. Eine einheitliche und verbindliche Regelung am besten auf europäischer Ebene müsste doch eigentlich in ihrem Interesse liegen, weil es dann weniger Wettbewerbsverzerrungen gäbe und dem weltweiten Unterbietungswettbewerb Grenzen gesetzt wären.

Für die Bundesrepublik lassen sich solche gesetzlichen Regelungen letztlich mit unserem Grundgesetz begründen. Denn dort heißt es in Artikel 14 knapp und eindeutig: »Eigentum verpflichtet. Sein Gebrauch soll zugleich dem Wohle der Allgemeinheit dienen.« Zum Jahrestag von Rana Plaza am 24. April 2014 bildete sich eine entsprechende Initiative aus Nichtregierungsorganisationen und Gewerkschaften unter dem Slogan »Eigentum verpflichtet – Für gesetzliche Unternehmensverantwortung«.

Wie lange wird die Bundesregierung diesen Satz aus dem Grundgesetz noch ignorieren?

# 6

# Lieber klug konsumiert als für dumm verkauft

Nichts Passendes anzuziehen, obwohl Kleider- und Schuhschrank aus allen Nähten, pardon, Scharnieren platzen? Je nach persönlicher Kassenlage geht die eine kurzerhand ins Kaufhaus, der andere in den Boss-Store und die Dritte zu Primark, um ein neues Kleid – natürlich mit den stilvollen Pumps dazu –, ein Sakko samt Hemd oder eine hippe Hose zu kaufen. Schließlich gilt die alte Redewendung »Kleider machen Leute« mehr denn je. Zumindest tun die Marketingabteilungen der Modemarken – fleißig sekundiert von den Lifestyle-Magazinen – eine Menge, um uns genau das zu suggerieren und die Nachfrage nach neuer Kleidung permanent anzufeuern.

Die einen locken mit Luxuslooks, die anderen mit coolen Klamotten zum Schnäppchenpreis. Und tatsächlich scheint sich das Kleiderkarussell zwischen Einkauf und Entsorgung schneller und schneller zu drehen … Gestern Fast Food, heute Fast Fashion! Hat die Bluse einen Riss, wird sie nicht etwa genäht, sondern meist gleich in den Müll oder Altkleider-Container geworfen – und durch eine neue ersetzt. Laut Statistischem Bundesamt haben die Deutschen noch nie so viel für privaten Konsum ausgegeben wie im Jahr 2013: 1,57 Billionen Euro. Vor allem junge Menschen verfallen angesichts von Billigklamotten und Billigaccessoires bei Primark und Konsorten dem Konsumrausch. Shoppen gehen als Freizeitbeschäftigung. Hier ein T-Shirt, da ein Top … Und warum nicht noch diesen BH? Kostet ja fast nichts. Auch umständliches Anprobieren in überfüllten Umkleidekabinen lassen viele Teens und Twens heute einfach bleiben. Passt

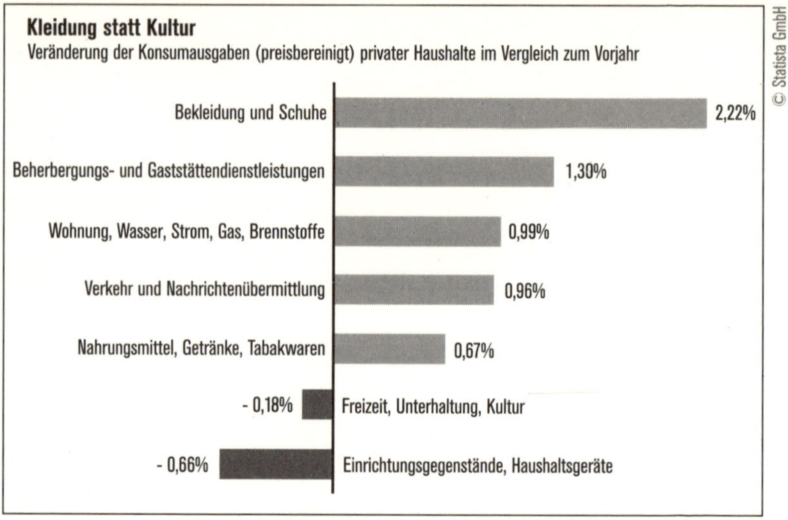


Kleidung statt Kultur.
Veränderung der Konsumausgaben privater Haushalte

die Hose dann doch nicht, halb so schlimm: kostete ja nur elf Euro. Seit Jahren ist ein Preisverfall bei Kleidung zu beobachten.

Gleichzeitig nimmt die Konzentration im Einzelhandel zu. So sank die Zahl der Bekleidungsfachhändler in Deutschland von 35 000 im Jahr 2000 auf 20 000 im Jahr 2014, verdrängt von Modekraken wie Zara, Mango und H&M. Unsere Städte sehen immer einheitlicher aus, überall die gleichen Modeketten, kleine Marken und Bekleidungsgeschäfte können bei dem Preiskampf nicht mehr mithalten. Von den niedrigen Preisen und ausgeklügelten Werbebotschaften angelockt, ist der Konsum von Kleidung und Schuhen in den Jahren 2005 bis 2010 angestiegen. Fazit: Wir kaufen mehr, zahlen aber weniger!

Statistisch gesehen, so Greenpeace, kauft jede/r Deutsche (Säuglinge inbegriffen) Monat für Monat fünf neue Teile (Schuhe, Kleidung, modische Accessoires). Das macht am Ende des Jahres 60 (!) Teile mehr. Ähnlich sieht es in französischen, amerikanischen oder japanischen Kleiderschränken aus. Allerdings werden von diesem wahren Kleiderberg nur 40 Prozent überhaupt getragen. Der große Rest bleibt im Schrank. Warum werden all diese Hosen, Hemden, Shirts und Schuhe dann überhaupt gekauft? Aus Wohltätigkeit gegenüber den Motten? Wohl kaum. Mit dieser Frage beschäftigt sich logischerweise auch die (Konsum-)Industrie – und lässt sich das einiges kosten. Laut *Geo-Wissen* geben deutsche Unternehmen jährlich 10 Mrd. Euro für Marktforschung aus. Denn wer weiß, wie die Menschen ticken, kann sie zum Kauf seiner Produkte verführen. Mit bestimmten Duftstoffen, Begriffen, Platzierungen oder Melodien sollen die gewünschten, zum »Habenwollen« animierenden Bilder und Emotionen bei der Zielgruppe hervorgerufen werden.

Eine immer bedeutendere Rolle in unserer modernen Konsumwelt spielt der E-Commerce, sprich: Werbung und Vertrieb via Internet. Im Jahr 2014 wird der Einzelhandel in Deutschland laut Prognosen des hiesigen Handelsverbands 38,7 Mrd. Euro mit E-Commerce erwirtschaften. Das entspricht einer Steigerung von 17 Prozent gegenüber dem Vorjahr. Bei den am häufigsten im Netz gekauften Waren lagen Elektronikartikel mit einem Umsatz von 4,0 Mrd. Euro auf Platz drei, übertroffen von Büchern mit 5,3 Mrd. Euro und, mit weitem Abstand, von der Bekleidung, die es als Spitzenreiter auf 11,6 Mrd. Euro Umsatz brachte.[1] Vor allem junge Menschen zwischen 14 und 29 Jahren sind extrem internetaffin und entsprechend aktiv im Netz. Über Social-Media-Kanäle werden persönliche Fotos, Videos, Erlebnisse und Meinungen geteilt und getauscht. Auch der Austausch über (Trend-)Marken gehört bei Jugendlichen zum Internetalltag. Das hat sich Primark, der »Sparfuchs« in Sachen Werbeausgaben, clever zunutze gemacht: Auf der Homepage des Konzerns können sich Primark-Kundinnen und -Kunden in der Abteilung »Primania« (griech. *mania* = Raserei/Wahnsinn), dem »Fashion-Spielplatz«, selbst in Szene setzen.

Damit trifft der Moderiese aus Irland einen Triple-Nerv des Zeitgeistes: Topmodel-Träume, Konsumlust und Social-Media-Manie.

Die Kunden als Multiplikatoren und Models. So geht »Mund«-Propaganda heute: effektiv und preiswert. Und während die (Mode-)Unternehmen auf diese oder eine andere trickreiche Weise das Konsumkarussell weiter andrehen und damit immer mehr Jugendliche bis in die Schuldenfalle treiben, versuchen sie gleichzeitig, auch den neuesten Trend zu bedienen: ethischer Konsum. Ein ziemlich fragwürdiger Spagat.

Nicht umsonst nennt H&M seine Kollektion »Conscious collection«, das kommt gut an, trifft den Zeitgeist. Konsumethik ist keine Sache von Spinnern und Randgruppen mehr, sondern in der Mitte der Gesellschaft angekommen. Über die Hälfte aller Befragten kauft, so die Otto-Trendstudie, laut eigener Aussage häufig Produkte, die ethisch korrekt hergestellt werden, wohingegen es 2009 nur rund ein Viertel war.[2] Demnach geht es vielen Menschen nicht mehr ausschließlich um persönliche Bedürfnisbefriedigung und Bequemlichkeit, sondern auch um den Wunsch nach sozialer Verantwortung. Da sich der Wert eines Produktes mittlerweile danach bemisst, welchen Beitrag es zum persönlichen Wohlbefinden leistet – und dazu gehört bei vielen heute das Gefühl, sozial zu handeln –, ist ein Kleidungsstück aus Sicht einer ethisch orientierten Konsumentin erst dann wert- und sinnvoll, wenn das gesamte Produktumfeld ökologisch und sozialverträglich ist. Merke: »Sinnhafter Konsum steigert das persönliche Wohlbefinden.«[3]

Die Trendstudie der Otto Group macht einmal mehr deutlich, dass wir mit unserem Kaufverhalten durchaus die Unternehmenspolitik der (Mode-)Konzerne beeinflussen können. Denn wachsende Nachhaltigkeitsnachfrage zwingt die Unternehmen über kurz oder lang zum Umdenken. Und so wird aus einer Konsumethik möglicherweise früher oder später eine Wirtschaftsethik.

## Wider den Konsumwahn

Mit dem argentinischen Jesuiten Jorge Mario Bergoglio ist seit 2013 ein Mann Oberhaupt der römisch-katholischen Kirche, der nicht nur Konsumkritik übt, sondern auch entsprechende Zeichen setzt, indem er selbst um einiges bescheidener lebt als seine Vorgänger auf dem Heiligen Stuhl. Und es ist schon erstaunlich, wie begeistert die Menschen – und zwar jeglicher Konfession – auf diese Zeichen reagieren. Verbale Konsumkritik zu üben ist eben das eine, konsumkritisch zu agieren das andere. Der schönen Worte gibt es immer viele. Den überzeugenden Unterschied aber macht das Tun. »Es gibt nichts Gutes, außer man tut es« – diese von Erich Kästner geprägte Redensart bringt es auf den Punkt ... Was können *wir* tun, um aus dem fremdgesteuerten Konsumkarussell auszusteigen? Welche Zeichen können *wir* setzen?

**Papst Franziskus: Nein zu einer Wirtschaft der Ausschließung**

»Ebenso wie das Gebot ›Du sollst nicht töten‹ eine deutliche Grenze setzt, um den Wert des menschlichen Lebens zu sichern, müssen wir heute ein ›Nein zu einer Wirtschaft der Ausschließung und der Disparität der Einkommen‹ sagen. Diese Wirtschaft tötet. ...

Um einen Lebensstil vertreten zu können, der die anderen ausschließt, oder um sich für dieses egoistische Ideal begeistern zu können, hat sich eine Globalisierung der Gleichgültigkeit entwickelt. Fast ohne es zu merken, werden wir unfähig, Mitleid zu empfinden gegenüber dem schmerzvollen Aufschrei der anderen, wir weinen nicht mehr angesichts des Dramas der anderen, noch sind wir daran interessiert, uns um sie zu kümmern, als sei all das eine uns fern liegende Verantwortung, die uns nichts angeht. Die Kultur des Wohlstands betäubt uns.«[4]

Zunächst geht es darum, sein eigenes Kaufverhalten zu reflektieren. Wer das tut, lässt sich automatisch viel seltener für dumm verkaufen. »Wieso, weshalb, warum? Wer nicht fragt, bleibt dumm!« Eine Zeile aus dem Sesamstraßen-Song, die sich auch Erwachsene ruhig öfter ins Gedächtnis rufen sollten. Denn genauer hinzugucken, häufiger mal zu hinterfragen, um Zusammenhänge zu verstehen, das macht den bewussten Konsumenten und die bewusste Konsumentin aus.

Wer zum Beispiel weiß und sich immer wieder vergegenwärtigt, wie wenig von dem Geld, das wir für ein T-Shirt von H&M, Zara oder Boss bezahlen, bei den Arbeiterinnen in den asiatischen Bekleidungsfabriken ankommt, der beginnt, immer öfter nach anderen Produktionswegen und Alternativen Ausschau zu halten – und somit Zeichen gegen die ausbeuterische Praxis der Modekonzerne zu setzen.

Das folgende Schaubild verdeutlicht am Beispiel eines H&M-T-Shirts, wie sich der Preis eines T-Shirts, das Sie im Laden einkaufen, ungefähr zusammensetzt. Das meiste Geld (58 Prozent) geht an den Einzelhandel (in Europa), wo Ladenmiete und Personal stark zu Buche schlagen. Ca. 13 Prozent gehen an den Konzern H&M, der damit seine Kosten etwa für die teure Werbung abdeckt, aber auch saftige Gewinne einstreicht (plus 20 Prozent im ersten Halbjahr 2014), nur 2,6 Prozent gehen an die Näherin in Bangladesch.

Lust auf ein neues Sommerkleid oder kuschelig warme Winterstiefel? Die muss sich auch die »grüne« Konsumentin nicht verkneifen und womöglich mit kalten Füßen an der Bushaltestelle stehen. Es gibt inzwischen diverse Tauschbörsen sowie etliche Anbieter von Secondhand-Mode. Einer davon ist Glamloop, der sich als »Secondhand-Marktplatz für High-End-Fashion« versteht. Für die Mitgründerin Alexandra Podeanu ist das, was früher einmal »gebrauchte Kleidung« hieß, »viel gesellschaftsfähiger« geworden. Nachhaltig clever gegen Langeweile im Kleiderschrank ist auch das Ge-

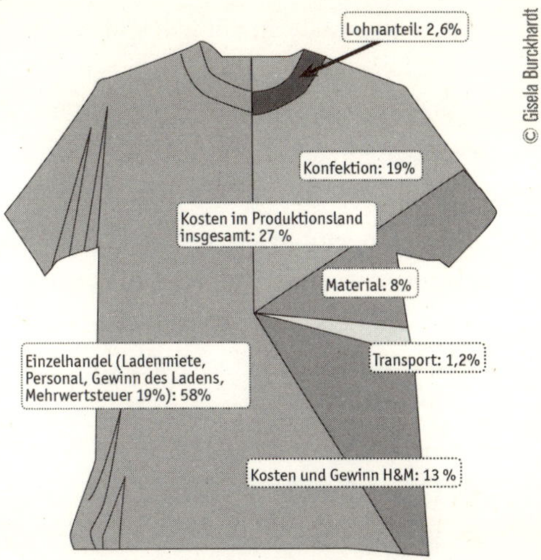


Die Preiszusammensetzung eines T-Shirts (erreichnet am Beispiel eines T-Shirts von H&M für 4,95 Euro)

schäftsmodell zweier Studentinnen: die Kleiderei, ein verkürzter Begriff für Kleider-Bücherei. In den beiden Läden in Hamburg und Berlin hängen Discounterklamotten und Designermodelle völlig gleichberechtigt nebeneinander. Hier kann sich Frau – bald wohl auch Mann – zum Beispiel ein komplettes Outfit (vier Teile) ausleihen, um es dann nach zwei Wochen gewaschen und gebügelt zurückzubringen. Für 14 Euro monatlich alle 14 Tage neue Klamotten im Schrank, ohne dass die alten Sachen dafür weggeworfen werden müssen … Das ist Erlebnisshopping der preiswerten und vor allem bewussten Art – oder in den Worten auf der Kleiderei-Homepage: eine »Lösung für das Ich-hab-nichts-zum-Anziehen-Problem« und »gleichzeitig eine Alternative zur Wegwerfgesellschaft«.

**Kleidertausch via Internet**

- www.klamottentausch.net
- www.kleiderkreisel.de
- www.dietauschboerse.de/kleidung

## Konsum einfach weglassen: die Minimalisten

Die Gegenbewegung zu dem »Mehrmehrmehrhabenhabenhaben« mit all seinen Neben- und Auswirkungen heißt Konsumverzicht. Anhänger dieser Bewegung wie der Sozialpsychologe und selbst ernannte »Überflusstherapeut« Harald Welzer (Gründer der Stiftung Futurzwei) ersetzen den eher negativ konnotierten Begriff »Verzicht« durch Begriffe wie »Entlastung« und »Befreiung«.[5] In Anbetracht der Tatsache, dass fast zwölf Prozent aller Deutschen »konsumsüchtig« sind, also unter einer krankhaften Zwangsstörung leiden, und für rund ein weiteres Viertel Shopping eine Ersatzbefriedigung aufgrund psychischer Probleme darstellt,[6] sind diese Begriffe durchaus plausibel. »Weniger ist mehr« lautet daher das Motto der Konsum-Minimalisten: weniger Konsum = mehr Lebensqualität. Und es sind keineswegs spinnerte Wichtigtuer und Underdogs, die dem Konsum abschwören – bis hin zu einem geldfreien Leben. Vielmehr ist es inzwischen schick und eine Frage des Stils, nicht immer aus dem Vollen zu schöpfen. Was bei dem einen die bewusste Entscheidung gegen ein eigenes Auto ist (kein $CO_2$, kein Stau, keine Reparaturen, keine Parkplatznot), ist bei der anderen das ausgeschaltete Smartphone an Wochenenden und im Urlaub (kein Rückrufstress, keine ungelegene Störung, kein aufdringliches Piepen, Brummen und Vibrieren) oder das Abendkleid, das nicht nur einmal, sondern bei mehreren gesellschaftlichen Anlässen getragen wird (kein »Was-zieh-ich-bloß-an«- und Shoppingstress). Was letztlich ausschlaggebend dafür ist, sich hie und da oder komplett aus dem rasanten Konsumkarussell zu verabschieden, kann genauso Lust auf Selbstbestimmung sein wie ein bewusster und gewollter Beitrag zur Rettung unseres Planeten. Allen gemein ist jedoch das »bessere Gefühl« durch eine andere Haltung zum Konsum.

Noch radikaler ist Niko Paech, Ökonom an der Uni Oldenburg. Auch er spricht nicht von Verzicht, sondern – so sein bekanntester Buchtitel – von der *Befreiung vom Überfluss* und predigt einen genügsameren Lebensstil.[7] Er macht klar, dass Wirtschaftswachstum immer Ressourcen verbraucht; so etwas wie qualitatives Wachstum gibt es aus seiner Sicht nicht. Letztlich führe alles zu mehr Konsum, zur Klimakatastrophe, zum Ressourcenraubbau und zum Kollaps der Weltwirtschaft. Aber auch für immer mehr Menschen, die nicht gleich die gesamte Weltwirtschaft im Blick haben, stellt sich die Frage von weniger Konsum – einfach aus dem Gefühl heraus, dass die vielen Dinge arm machen können, dass etwas an dem wahllosen Konsum nicht mehr stimmt, uns innerlich vergiftet oder zumindest nicht glücklich macht. Diese Verfechter eines einfachen Lebens nennen sich Minimalisten. Auf Wikipedia wird diese Bewegung folgendermaßen definiert: »Minimalismus bezeichnet einen Lebensstil, der sich als Alternative zur konsumorientierten Überflussgesellschaft sieht. Seine Anhänger versuchen, durch Konsumverzicht Alltagszwängen entgegenzuwirken und dadurch ein selbstbestimmteres, erfüllteres Leben zu führen.«

Nanu Kaller zum Beispiel beschreibt in ihrem Buch *Ich kauf nix!*, dass sie sich ein Jahr lang nichts Neues kaufte – und wie glücklich sie das gemacht hat.[8] Auch zahlreiche andere Minimalisten berichten über ihre Erfahrungen mit weniger Konsum, von ihrem einfacheren, bewussteren Leben auf diversen Blogs. Wie viele Menschen sich dieser Bewegung tatsächlich zurechnen, ist schwer zu sagen, aber sie scheint zu wachsen.

**Minimalisten im Internet**

- www.schlichtheit.com
- www.minimalismus-leben.de
- minimalismusblog.tumblr.com/Konsum

## Öko-faire Mode kaufen

Bis vor wenigen Jahren wurde öko-faire Kleidung von vielen Laien ebenso wie Fachleuten als triste, kratzende Sackmode für Müsli essende Mülltrenner abgetan. Diese Zeiten sind passé. Auf den weltweiten Branchenevents wie den Fashion Weeks gehören Pioniere in Sachen grüne Mode zu den Trendsettern. Grüne Mode für jedermann findet sich aber auch zunehmend in Boutiquen und Online-Shops (siehe Seite 208). Zwar ist es noch mühsam, in den großen Kaufhäusern nach öko-fairer Ware zu suchen, aber es gibt sie.

Die Frauenorganisation FEMNET hat 2013 in Bonn über 260 Geschäfte befragt, ob sie öko-faire Kleidung anbieten, und das überraschende Ergebnis lautet: 56 Geschäfte haben vereinzelte öko-faire Marken in ihrem Sortiment. In unserem Einkaufsführer *Fair, fair, fair sind alle meine Kleider* werden die Ergebnisse der Befragung präsentiert.[9] Wenn Sie sich in einem Bekleidungsgeschäft nach grüner Mode umschauen, werden Sie auf verschiedene Siegel stoßen. Leider fehlt nach wie vor ein einheitliches Siegel, das den Konsumentinnen auf einen Blick zeigt: »Dieser Pullover (Pyjama, Bikini oder Blazer) wurde unter Beachtung ökologischer *und* sozialer Standards produziert« – deshalb ja auch die oben angesprochene Initiative von Gerd Müller, des BMZ-Ministers. So ein Siegel müsste für die gesamte Wertschöpfungskette gelten: vom Baumwollanbau über die Spinnerei, Weberei bis zur Konfektion.

Aber es gibt immerhin einige ökologische und soziale Siegel, bei deren Beachtung man besseren Gewissens einkaufen kann. Von den Umweltsiegeln sind das vom Internationalen Verband der Naturtextilwirtschaft vergebene »IVN zertifiziert Best« sowie das GOTS-Siegel zu empfehlen (GOTS steht für Global Organic Textile Standard). Letzteres garantiert, dass das Produkt zu mindestens 90 Prozent aus Naturfasern hergestellt wurde, die zu 70 Prozent aus kontrolliert biologischer Landwirtschaft stammen müssen. Auch soziale Standards werden festgelegt, jedoch nicht die Verpflichtung zur Zahlung eines existenzsichernden Lohns. Soziale Standards, allerdings bisher nur für den Baumwollanbau – weitere Verarbeitungsstufen sind in der Diskussion –, garantiert das Siegel von Fairtrade. Damit ausgezeichnete Waren zeigen, dass die Bäuerinnen und Bauern für das Baumwollpflücken fair entlohnt worden sind.

In der Konfektion, also den Nähereien, sind die Arbeitsbedingungen, wie in diesem Buch dargelegt, oft besonders schlimm. Unternehmen, die Mitglied bei der Fair Wear Foundation (FWF) sind, verpflichten sich, Schritt für Schritt sicherzustellen, dass ihre Lieferanten unter menschenwürdigen Arbeitsbedingungen produzieren und dass sie selber die Zahlung eines existenzsichernden Lohns anstreben. Dabei muss der Nachweis nicht sofort erbracht, wohl aber nachgewiesen werden, dass das Unternehmen glaubwürdige Anstrengungen zur Verbesserung der Arbeitsbedingungen seiner Lieferanten unternimmt. Die FWF führt nicht nur eigene Kontrollen in den Zulieferfirmen durch, sondern überprüft vor allem das Managementsystem der Mitgliedsfirma, zum Beispiel: Lässt die Einkaufspolitik des Unternehmens es überhaupt zu, dass der Zulieferer fair produziert? Auf der Webseite der FWF sind mittlerweile 120 Marken von 80 Unternehmen zu finden, darunter Hessnatur, Jack Wolfskin, Vaude, Schöffel, Switcher, HempAge und Nudie Jeans.

Während also das Fairtrade-Siegel ein Produktsiegel ist, ist die Mitgliedschaft in der FWF eine Art »Unternehmenssiegel«: Nicht das einzelne Produkt wird geprüft, sondern das ganze Unternehmen. Nur so kann davon ausgegangen werden, dass das Unternehmen seine Herstellungsbedingungen nachhaltig, sprich: für alle Produkte (!) ändert. Die FWF gibt ihren Mitgliedsunternehmen einige Jahre Zeit, den anspruchsvollen Kodex umzusetzen; denn sie versteht sich als unterstützende Organisation bei der Prozesssicherungsqualität.

**Die drei empfehlenswerten Textilsiegel**

Der **Global Organic Textile Standard (GOTS)** ist als weltweit führender Standard für die Verarbeitung von Textilien aus biologisch erzeugten Naturfasern anerkannt. Auf hohem Niveau definiert er umwelttechnische Anforderungen entlang der gesamten textilen Produktionskette. So wird nicht nur die Verwendung von Naturfasern aus kontrolliert biologischem Anbau (mindestens 70 Prozent) gefordert, sondern auch die Einhaltung von Umweltkriterien während des gesamten Produktionsweges des Kleidungsstücks. Dazu gehören eine ressourcenschonende Produktion, ein Konzept zum betrieblichen Umweltmanagement und eine Positivliste von zugelassenen, geprüft unbedenklichen Farben und Hilfsmitteln. In jeder Produktionsstufe wird die Einhaltung der Kriterien von unabhängigen Zertifizierungsstellen geprüft. An sozialen Kriterien wird die Einhaltung der ILO-Kernarbeitsnormen gefordert; die Zahlung von existenzsichernden Löhnen wird nicht verlangt. Die Qualitätssicherung erfolgt durch unabhängige Zertifizierung der gesamten Textillieferkette. Version 4.0 wurde am 1. März 2014 herausgegeben.

Als hochwertiges Siegel für ökologischen Standard empfehlenswert.

Die Standards für das Fairtrade-Siegel werden von **Fairtrade International (FLO)**, der Dachorganisation der Fairtrade-Organisationen, festgelegt; und die Zertifizierungsgesellschaft FLO-CERT GmbH kontrolliert deren Einhaltung.

FAIRTRADE certified cotton garantiert faire Arbeitsbedingungen und langfristige Handelsbeziehungen in der Baumwollproduktion und fördert den Umstieg auf biologischen Anbau. Die Fairtrade-Standards für Baumwolle gelten vor allem für Kleinbauerngemeinschaften. Den Kleinbauern wird der Fairtrade-Mindestpreis für Baumwolle gezahlt, der eine nachhaltige Produktion ermöglicht und gegen Preisschwankungen am Weltmarkt absichert sowie eine Sozialprämie für Gemeinschaftsprojekte vorsieht. Zudem gelten ökologische Mindestkriterien: Es gibt einen Zuschlag für den Bioanbau, genmanipuliertes Saatgut ist verboten, verlangt werden eine ressourcenschonende Produktion und die Reduktion von Agrochemikalien.

Das Siegel deckt nur die Überprüfung fairer Arbeitsbedingungen in der Baumwollproduktion ab, nicht aber die Bedingungen bei der weiteren Verarbeitung.

Als hochwertiges Siegel für faire Arbeitsbedingungen bei der Baumwollernte empfehlenswert.

Die **Fair Wear Foundation** ist eine Multistakeholder-Initiative, also ein Zusammenschluss von Unternehmen, Gewerkschaften und Nichtregierungsorganisationen.

Als unabhängige Non-Profit-Organisation prüft die Fair Wear Foundation Einkaufspraktiken der jeweiligen Mitgliedsunternehmen. Sie zertifiziert keine Produkte, sondern prüft Unternehmen. Neue Mitgliedsunternehmen haben drei Jahre Zeit, nach festgelegten Arbeitsplänen die Produktionsbedingungen ihrer Kleidung Schritt für Schritt sozialer zu gestalten. Alle Mitgliedsunternehmen müssen Jahresberichte veröffentlichen und der FWF eine Liste der Zulieferer zukommen lassen.

Im Fokus stehen allein soziale Kriterien während der Konfektion wie die Umsetzung der ILO-Kernarbeitsnormen und existenzsichernde Löhne. Darüber hinaus werden Schulungen für Management und Arbeiterinnen durchgeführt, lokale Audit-Teams ausgebildet und unabhängige lokale Beschwerdestellen für die Arbeiterinnen eingerichtet.

Hervorzuheben ist die enge Zusammenarbeit mit lokalen Organisationen.

Die FWF weist die höchsten sozialen Standards in der Konfektion (Weiterverarbeitung) auf, daher empfehlenswert.

Neben diesen Siegeln ist Transparenz für Verbraucher und Verbraucherinnen ein zunehmend wichtiger Aspekt. Darauf stellen sich inzwischen auch einige Bekleidungsunternehmen ein, indem sie zum Beispiel einen Code in die Kleidung einnähen, der erlaubt, die Herkunft der einzelnen Teile des Kleidungsstücks im Internet nachzuschauen. Bei den einzelnen Produktionsschritten wird zudem angegeben, welche Umwelt- und Sozialstandards dort eingehalten werden beziehungsweise welche Siegel für den Produktionsschritt vergeben wurden. Ein Beispiel dafür ist der respect-code des Schweizer Modeunternehmens Switcher.

**Öko-faire Mode im Internet**

- www.getchanged.net
- www.modeaffaire.de
- www.gruenemode.de (siehe »Grüne Listen)
- www.orfafa.de
- www.fairnopoly.de
- www.ci-romero.de/de/gruenemode/

## Schlussakkord

Seit dem verheerenden Brand der Tazreen-Fabrik und dem Einsturz des Rana-Plaza-Gebäudes ist Bangladesch das bittere Synonym für die unmenschlichen Produktionsbedingungen in der weltweiten Bekleidungsindustrie. Gleichzeitig aber hat die Debatte um den Schutz der Arbeiterinnen für erste wichtige Schritte wie den Accord gesorgt. Und auch fast zwei Jahre nach den tragischen Unglücken hält der öffentliche Druck auf die Moderiesen unvermindert an. Viele Journalisten und Journalistinnen, Engagierte in Nichtregierungsorganisationen, Politiker und Politikerinnen, Modemacher und vor allem -käuferinnen haben die Unternehmen im Visier. Und ich hege die Hoffnung, dass die hemmungslose Ausbeutung und skrupellose Gefährdung der Textilarbeiterinnen irgendwann ein unverkäufliches Auslaufmodell sein wird …

Aus meiner Sicht gibt es vier zentrale Stellschrauben, die für eine menschenwürdige Zukunft der Arbeiterinnen in den asiatischen Textilfabriken entscheidend sind:

- Die Politik muss Rahmenbedingungen schaffen und Rechtsvorschriften erlassen, damit Unternehmen mehr Verantwortung zeigen und ihrer Sorgfaltspflicht nachkommen. Die unternehmerische Verantwortung für die gesamte Lieferkette muss in allen Staaten der Europäischen Union gesetzlich verankert werden. Eine solche Rechtsvorschrift müsste auch die Haftung der Bekleidungsunternehmen für ihre gesamte Lieferkette einschließen.
- Einkaufende Unternehmen in Europa müssen Transparenz herstellen, unter welchen Bedingungen ihre Ware hergestellt wird (Umkehr der Beweislast: Sie müssen nachweisen, dass ihre Ware ökologisch und fair hergestellt wurde).
- Die Rechte der Arbeiter und Arbeiterinnen in den Produktionsländern wie Bangladesch müssen gestärkt werden – und dazu gehört zwingend die Organisationsfreiheit, also das Recht auf Betriebsräte und Gewerkschaften, um für die eigenen Interessen eintreten zu können. Einkaufende Unternehmen sollten sich dafür einsetzen, dass die Organisationsfreiheit bei ihren Lieferanten wirklich umgesetzt wird und nicht nur auf dem Papier steht.
- Neben Politik und Unternehmen sind auch die Verbraucherinnen und Verbraucher aufgefordert, ihr Konsumverhalten zu überdenken. Verbraucherinnen, die wissen, unter welchen Bedingungen die Ware hergestellt wurde, entscheiden sich viel eher für »ethischen Konsum«. Es fühlt sich einfach besser an, faire Kleidung zu tragen. Setzen wir also ein Zeichen, indem wir Waren kaufen, die fair hergestellt sind. Letztlich geht es um eine grundlegende Verhaltensänderung und um eine Selbstverpflichtung von uns allen. Geiz ist eben nicht geil. Wir Kunden und Kundinnen sind vielmehr aufgerufen, bewusster und kritischer zu konsumieren: Tauschen statt Neukauf. Nicht auf Schnäppchenjagd gehen. Informierter kaufen. Gezielter kaufen. Oder um es mit den Worten der englischen Modedesignerin Vivienne Westwood zu sagen: »Bye less, choose well, make it last!« – »Kaufe weniger, suche gezielt aus, wähle haltbare Ware!«

# Recherche-Ergebnisse

| Fabrik | Fabrik Nr. 1 | Fabrik Nr. 2 | Fabrik Nr. 3 | Fabrik Nr. 4 | Fabrik Nr. 5 |
|---|---|---|---|---|---|
| Ort | Kunia, Gazipur | Chittagong | Mirpur, Dhaka | Gazipur | Boardbazar, Gazipur |
| Art der Produktion (Strickwaren/Webwaren) | Strick- und Webwaren | Strick- und Webwaren | Strick- und Webwaren | Strick- und Webwaren | Strick- und Webwaren |
| Einkäufer: Teure Marken | Tommy Hilfiger, Hugo Boss, Calvin Klein | Hugo Boss, Tommy Hilfiger | PVH | Gap | Tommy Hilfiger |
| Einkäufer: Marken des mittleren Preissegments | S.Oliver, Marks & Spencer, Esprit, Tom Tailor | Esprit | Esprit | | |
| Einkäufer: Preiswerte Marken | | H&M, C&A | H&M, C&A | H&M, Zara, Tesco, Next | H&M, Takko |
| Äußeres Erscheinungsbild der Fabriken, Anzahl der Stockwerke | gut | Risse, 6 Etagen | gut | 7 Stockwerke | 6 Stockwerke |
| Bearbeitungszeit einer Produktion | 90 bis 120 Tage | 90 Tage | 90 bis 120 Tage | 90 Tage | 90 bis 120 Tage |
| Anzahl der Arbeiter und Arbeiterinnen | 4500 | 3000 | 12.000 | 4000 | 1000 |
| Anzahl der weiblichen Arbeiterinnen als Prozentanteil der Gesamtbeschäftigten | 80 | 80 | 80 | 70 | 70 |
| Kinderarbeit | nein | nein | nein | nein | nein |
| schriftlicher Arbeitsvertrag | einige haben Vertrag, andere nicht | nein | nein | nein | nein |
| Arbeiter und Arbeiterinnen haben eine Kopie des Arbeitsvertrags? | nein | nein | nein | nein | nein |
| Arbeitsstunden | 10–12 Stunden | 10–15 Stunden | 10–15 Stunden | 11–15 Stunden | 10–15 Stunden |

| Fabrik Nr. 6 | Fabrik Nr. 7 | Fabrik Nr. 8 | Fabrik Nr. 9 | Fabrik Nr. 10 | Fabrik Nr. 11 | Fabrik Nr. 12 |
|---|---|---|---|---|---|---|
| Mohakhali, Dhaka | Gazipur | Gazipur | Mirpur, Dhaka | Mirpur, Dhaka | Mirpur | DEPZ |
| Webwaren | Strickwaren | Webwaren | Webwaren | Strick- und Webwaren | | Strickwaren |
| Tommy Hilfiger, Polo Ralph Lauren | GAP | | G-Star | Tommy Hilfiger | G Star | Georgio Armani |
| | | | | Marks & Spencer | | |
| JC Pennys, Next | H&M | Piazza Italia | Next | Sears, Walmart | NEXT | Umbro, Tchibo |
| alt, 3 Stockwerke | Risse, 8 Stockwerke | alt, 6 Stockwerke | gut, 8 Stockwerke | Riss im Gebäude 3, 10 Stockwerke in 2 Gebäuden | alt, 8 Stockwerke | gut, 8 Stockwerke |
| 120 Tage | 90 bis 120 Tage | 90 bis 120 Tage | 90 bis 120 Tage | 90 bis 120 Tage | 90 bis 120 Tage | 90 bis 120 Tage |
| 1000 | 4000 | 1500-2000 (800 auf der Webseite) | 4000 | 2200 | 3950 | 2300–2400 |
| 80 | 80 | 50 | 80 | 80 | 80 | 80 |
| nein | nein | nein | nein | nein | nein | nein |
| nein | längere Beschäftigte haben Vertrag, neue nicht | nein | nein | nein | nein | ja |
| nein | nein | nein | nein | nein | nein | nein |
| 10–15 Stunden | 10–15 Stunden | 10–15 Stunden | 10–15 Stunden | 10–15 Stunden | 10–15 Stunden | 8–12 Stunden |

| Fabrik | Fabrik Nr. 1 | Fabrik Nr. 2 | Fabrik Nr. 3 | Fabrik Nr. 4 | Fabrik Nr. 5 |
|---|---|---|---|---|---|
| **Arbeitszeiten** | 8:00 Uhr bis 22:00 Uhr | 8:00 Uhr bis zu 23:00 Uhr | 8:00 Uhr bis zu 23:00 Uhr | 7:00 Uhr bis zu 23:00 Uhr | 8:00 Uhr bis zu 23:00 Uhr |
| **Mindestlohn** | 4500 | 3000 | 3250 | 3250 | 3500 |
| **Abzug des Lohns für (Zuspätkommen oder andere Gründe)** | Abzüge von den Überstunden | Abzüge von den Überstunden | Abzüge von den Überstunden | Abzüge von den Überstunden | Abzüge von den Überstunden |
| **Überstunden** | erzwungen | erzwungen | erzwungen | erzwungen | erzwungen |
| **Bezahlung für Überstunden: korrekt, transparent?** | korrekt, aber intransparent für Arbeiter und Arbeiterinnen | nicht korrekt, keine Transparenz | korrekt | korrekt | korrekt, aber intransparent für Arbeiter und Arbeiterinnen |
| **Arbeiter und Arbeiterinnen erhalten einen Gehaltsnachweis für die regulären Arbeitsstunden?** | ja | nein | ja | ja | nein |
| **Arbeiter und Arbeiterinnen erhalten einen Gehaltsnachweis für Überstunden?** | nein | nein | nein | nein | nein |
| **FoA: Gewerkschaft in Fabrik?** | nein | nein | nein | nein | nein |
| **bezahlter Mutterschutz?** | 4 Monate | 0–2 Monate | 3,5 Monate | 2 Monate | 2 Monate |
| **verbaler Missbrauch?** | nein | ja | ja | ja | ja |
| **körperlicher Missbrauch?** | nein | manchmal | nein | nein | nein |
| **Arzt oder Krankenschwester?** | Arzt/Krankenschwester | nein | Krankenschwester | Krankenschwester | Arzt |
| **Art der Medizin, die ausgegeben wird?** | das Gleiche für alle Beschwerden (Paracetamol) | nicht bekannt | nicht bekannt | nicht bekannt | nicht bekannt |
| **Trinkwasser ok?** | ja | ja | ja | ja | ja |
| **Dürfen die Arbeiter und Arbeiterinnen Wasser trinken, wann und so oft sie wollen?** | nein | nein | nein | nein | nein |
| **Raum für Kinder/ Kindertagesstätte?** | ja | nein | ja | nicht bekannt | ja |
| **Anzahl der Kinder in der Kindertagesstätte?** | nicht bekannt | nicht bekannt | nicht bekannt | nicht bekannt | nicht bekannt |
| **Kantine/ Mensa?** | ja | nein | ja | ja | nein |
| **Essen von der Fabrik?** | nein | nein | Reis | Reis | nein |
| **Mittagspause: 1 Stunde?** | ja | ja | ja | ja | ja |

| Fabrik Nr. 6 | Fabrik Nr. 7 | Fabrik Nr. 8 | Fabrik Nr. 9 | Fabrik Nr. 10 | Fabrik Nr. 11 | Fabrik Nr. 12 |
|---|---|---|---|---|---|---|
| 8:00 Uhr bis zu 23:00 Uhr | 8:00 Uhr bis zu 23:00 Uhr | 8:00 Uhr bis zu 23:00 Uhr (manchmal bis 2:00 Uhr nachts ohne Pause) | 8:00 Uhr bis zu 23:00 Uhr | 8:00 Uhr bis zu 23:00 Uhr | 8:00 Uhr bis zu 23:00 Uhr | 8:00 Uhr bis 20:00 Uhr |
| 3000 | 3200 | 3000 | 3100 | 3000 | 3200 | 4600 |
| Abzüge von den Überstunden | Abzüge von den Überstunden | Abzüge von den Überstunden | Abzüge von den Überstunden | Abzüge von den Überstunden | Abzüge von den Überstunden | Abzüge von den Überstunden |
| erzwungen | erzwungen | erzwungen | erzwungen | erzwungen | erzwungen | erzwungen |
| gemischte Reaktionen: 60% sagen korrekt, 40% sagen nicht korrekt | korrekt, aber intransparent für Arbeiter und Arbeiterinnen | nicht korrekt, Arbeiter und Arbeiterinnen beklagen sogar, nicht bezahlt zu werden | korrekt | korrekt | gemischte Reaktionen | korrekt |
| nein | ja | nein | ja | ja | nein | ja |
| nein | nein | nein | nein | nein | nein | nein |
| nein | nein | nein | nein | nein | nein | nein |
| 3 Monate | 2 Monate | 2 Monate | unregelmäßig | 4 Monate | | 3,5 Monate |
| ja | ja | ja | ja | ja | ja | ja |
| manchmal | nein | manchmal | manchmal | nein | nein | nein |
| nein | Arzt | nein | Arzt | Krankenschwester | Krankenschwester | Arzt |
| nicht bekannt | nicht bekannt | nicht bekannt | nicht bekannt | nicht bekannt | nicht bekannt | nicht bekannt |
| ja | ja | ja | ja | ja | ja | ja |
| nein | nein | nein | nein | nein | nein | nein |
| nein | ja | nein | ja | ja | nein | ja |
| nicht bekannt | nicht bekannt | nicht bekannt | nicht bekannt | nicht bekannt | nicht bekannt | nicht bekannt |
| nein | ja | nein | ja | ja | ja | ja |
| nein | Reis | nein | Reis | Reis | Reis | Reis |
| ja | ja | ja | ja | ja | ja | ja |

# Abkürzungen und Glossar

| | |
|---|---|
| BCWS | Bangladesh Center for Workers Solidarity – eine Arbeitsrechtsorganisation in Bangladesch |
| BFWS | Bangladesh Federation of Workers Solidarity – eine Gewerkschaft |
| BGIWF | Bangladesh Garment and Industrial Workers Federation – eine Gewerkschaft |
| BGMEA | Bangladesh Garment Manufacturers and Exporters Association – Unternehmensverband aller Bekleidungshersteller |
| BKMEA | Bangladesh Knitwear Manufacturers and Exporters Association – Unternehmensverband der Strickwarenproduzenten |
| BSCI | Business Social Compliance Initiative – europäische Unternehmensinitiative mit Sitz in Brüssel, Plattform für Überwachungssysteme zur Verbesserung der sozialen Standards in der weltweiten Wertschöpfungskette |
| BUET | Bangladesh University of Engineering and Technology – Technische Universität, die Fabrikkontrollen für die ILO und Alliance durchführt |
| CCC | Clean Clothes Campaign – Kampagne für Saubere Kleidung, in 15 europäischen Ländern vertreten, setzt sich für die Verbesserung der Arbeitsbedingungen in der weltweiten Bekleidungsindustrie ein |

| | |
|---|---|
| CPD | Centre for Policy Dialogue – wissenschaftliches Institut in Bangladesch |
| CSR | Corporate Social Responsibility – unternehmerische Sozialverantwortung |
| EPZ | Export Processing Zone – Exportzone mit zahlreichen Vergünstigungen für Unternehmen |
| FEMNET | gemeinnützige Nichtregierungsorganisation in Deutschland mit der Zielsetzung: Feministische Perspektiven auf Politik, Wirtschaft & Gesellschaft; Mitglied der Kampagne für Saubere Kleidung in Deutschland |
| FLO-Cert | Zertifizierungsgesellschaft von Fairtrade |
| FWF | Fair Wear Foundation – unabhängige Non-Profitorganisation, die mit Unternehmen zusammenarbeitet, um die Arbeitsbedingungen für die Beschäftigten in der Bekleidungsindustrie zu verbessern |
| GWUF | Garment Workers Unity Forum – eine Gewerkschaft |
| GOTS | Global Organic Textile Standard – Siegel für ökologische Standards |
| IGLHR | Institute for Global Labour and Human Rights – Menschenrechtsorganisation mit Sitz in Pittsburgh, USA, setzt sich für die Verbesserung der Arbeitsbedingungen weltweit ein |
| ILO | International Labour Organisation – Internationale Arbeitsorganisation der UNO |
| ILRF | International Labour Rights Forum – Menschenrechtsorganisation mit Sitz in Washington |
| IVN | Internationaler Verband der Naturtextilwirtschaft, Mitbegründer des GOTS, hat über 100 Mitglieder und vergibt das IVN-Best-Siegel |
| NAP | National Tripartite Action Plan – Plan für Gebäude- und Brandschutz, unterzeichnet von der Regierung Bangladeschs, den Unternehmen und Gewerkschaften unter Leitung der ILO |

| | |
|---|---|
| NGO | Nichtregierungsorganisation (auf deutsch NRO) |
| NGWF | National Garment Workers Federation – Gewerkschaft der Textilarbeiterinnen |
| PF | Provident Fund – Betriebsrente |
| RISE | Research Initiative for Social Equity Society – Nichtregierungsorganisation in Bangladesch, die Studien durchführt |
| RMG | Ready-Made Garment Sector – Bekleidungssektor |
| SAI | Social Accountability International – Organisation mit Sitz in den USA, deren Tochtergesellschaft SAAS Auditoren ausbildet, die kommerzielle Kontrollen in Fabriken durchführen |
| TWU | Tannery Workers Union – Gewerkschaft der Gerberarbeiterinnen |
| WRC | Workers Rights Consortium – NGO in den USA, die sich für die Verbesserung der Arbeitsbedingungen weltweit einsetzt, Partner der CCC |

# Dank

Ohne die Näherinnen und Näher aus Bangladesch wäre dieses Buch nicht entstanden. Sie waren bereit, in ihrer eh schon geringen Zeit für ein Interview zur Verfügung zu stehen. Ich danke ihnen von ganzem Herzen für das Vertrauen, dass sie uns mit ihren Antworten entgegenbrachten.

Sahaly und Kashef von der Research Initiative for Social Equity Society (RISE) in Bangladesch danke ich für ihre mühevolle Kleinarbeit, die Informationen über die Lage in den Fabriken zusammenzutragen, Arbeiterinnen für ein Interview zu suchen und dieses durchzuführen. Beide standen bis zuletzt für Nachfragen immer bereit und beantworteten mit großer Geduld alle Fragen.

Swantje Steinbrink hat mich als Co-Autorin bei der Recherche zu einzelnen Aspekten des Buches wie auch stilistisch wunderbar unterstützt und ist trotz der vielen Arbeit immer fröhlich geblieben.

Klaus Gabbert danke ich für sein sorgfältiges Lektorat und die sprachliche Überarbeitung bis hinein in die Fußnoten.

Schließlich spreche ich dem Heyne Verlag und seinen Mitarbeiterinnen und Mitarbeitern, den Dank dafür aus, sich überhaupt auf ein Buch zu diesem Thema eingelassen zu haben.

# Anmerkungen

## Brief eines ungeborenen Kindes

1 In Anlehnung an einen Brief, den Saydia Gulrukh, Anthropologin und Doktorandin an der University of North Carolina at Chapel Hill, USA, kurz nach dem Brand in der Tazreen-Fabrik verfasst hat.

## 1. Wo Arbeit Leben kostet: Billiglohnland Bangladesch

1 Alle Angaben nach Auswärtigem Amt; www.auswaertiges-amt.de/DE/Aussenpolitik/Laender/Laenderinfos/01-Nodes_Uebersichtsseiten/Bangladesch_node.html

2 Smith 2000, S. 252

3 www.transparency.org/country

4 Laut Aussage von Mushrefa Mishu, der Vorsitzenden der Gewerkschaftsföderation Garment Workers Unity Forum (GWUF), sind es sogar 43 Abgeordnete.

5 Zit. n. Gudisch/Harms/Maus 2014

6 CPD, 26.1.2014, S. 14

7 Offizielle Angaben des Dachverbands der Bekleidungsindustrie BGMEA (Bangladesh Garment Manufacturers and Exporters Association)

8 Zit. n. Gudisch et al., 5.5.2014

9 Zit. n. Seibert 2013

10 Nova 2014

11 Claeson 2012

12 Kampagne für Saubere Kleidung 2013

13 Odhikar., 5.12.2012

14 RISEblog, 25.2.2014

15 Zit. n. CCC/ILRF, Oktober 2013, S. 3

16 CCC/SOMO, März 2013

17 Zit. n. ebd.

18 Zit. n. CCC/ILRF, Oktober 2013, S. 12

19 ASK, 24.11.2012

20 Zit. n. RISE, 27.7.2014
21 Berg 2011
22 Angaben nach *The Apparel Story*, der Zeitschrift von BGMEA, Dezember 2013
23 Exner et al., 13.9.2013
24 Saha, 23.4.2014
25 World Bank, Juni 2012
26 Claeson 2012
27 Zit. n. Kirschey/Hauer, 25.10.2013
28 www.worstpolluted.org/files/FileUpload/files/2013/Hazaribagh.pdf
29 RISE, 6.3.2014
30 o.V., 21.2.2014
31 Munich Innovation Group/TU München 2012
32 Kauth/Rothaus, 16.10.2013
33 Produkte werden direkt in die Läden ausgeliefert, Lagerung entfällt. Siehe u.a. Spath 2013.
34 USDoL 2013
35 o.V., 4.5.2009
36 Munni, 26.12.2013
37 o.V., 26.12.2013
38 Jahan et al. 2013
39 Das Schreiben liegt mir vor.
40 *Netz*-Spezial, Oktober 2012
41 Zit. n. Luxner, 28.12.2012
42 Reg# D A – 1 No. 40,00,0000,016,32,009,11 (part-1)-320-Bangladesh Labor Law 2006, veröffentlicht am 2.11. 2013
43 Zit. n. RISE, 5.4.2014
44 Zit. n. IGLHR 2013, S. 17
45 AWAJ/AMRF/CSI 2013
46 Alam 2011
47 IGLHR, Oktober 2013, S. 12
48 »Poison food for workers – a typical case«, Eintrag auf RISE-Blog, 26.4.2014; http://risebd.com/2014/04/26/poison-food-for-workers-a-typical-case
49 AWAJ/AMRF/CSI 2013

## 2. Die Reaktionen auf das Unglück von Rana Plaza

1 o.V., 27.1.2014
2 Lister, 17.6.2013
3 Ebd., S. 15
4 CCC/ILRF 2013

5 So laut einem *Panorama*-Bericht vom 14.5.2013 (in der Mediathek nicht mehr aufrufbar)

6 Sieper, 5.11.2013

7 Alle betreffenden Unternehmen und ihre Zahlungen können eingesehen werden unter www.ranaplaza-arrangement.org/fund/donors.

8 Zit. n. Jahberg, 26.6.2014

9 Diese Liste ist aufrufbar unter www.bangladeshaccord.org/wp-content/uploads/Accord-Public-Disclosure-Report-1-May-2014.pdf.

10 Ariela-Alpha International; Canadian Tire Corporation, Limited; Carter's Inc.; The Children's Place Retail Stores Inc.; Costco Wholesale Corporation; Fruit of the Loom, Inc.; Gap Inc.; Giant Tiger; Hudson's Bay Company; IFG Corp.; Intradeco Apparel; J.C. Penney Company Inc.; The Jones Group Inc.; Jordache Enterprises, Inc.; The Just Group; Kohl's Department Stores; L. L. Bean Inc.; M. Hidary & Company Inc.; Macy's; Nordstrom Inc.; Public Clothing Company; Sears Holdings Corporation; Target Corporation; VF Corporation; und Walmart Stores, Inc.; YM Inc.

11 Alliance for Bangladesh Worker Safety 2014, S. 1

12 Zit. n. Mirdha/Rahman, 12.3.2014

13 Accord, 25.6.2014

14 Die Angaben im EU-Bericht weichen ein wenig von denen von Accord und Alliance ab: Laut EU-Kommission, 8.7.2014, hat das Komitee den Zustand von 38 Fabriken (in 20 Gebäuden) besprochen und am 18.6.2014 beschlossen, dass 17 Fabriken (die Erörterung einer Fabrik steht noch aus) geschlossen werden müssen.

15 RISE, 13.10.2013

16 Accord 2014

17 Zit. n. o.V., 29.6.2013

18 Greenhouse, 27.6.2014

19 EU-Kommission, 8.7.2013 (a)

20 Europäisches Parlament, 20.5.2014

21 EU-Kommission, 8.7.2013 (b)

22 Zit. n. o.V., 26.3.2014

23 EU-Kommission, 8.7.2014

24 Zit. n. EU-Kommission, 8.7.2014 (a)

25 Human Rights Watch, 15.7.2013

26 AFL-CIO, 23.7.2013

27 Siehe dazu die Tabelle »Bangladesh Garment Industry Minimum Wage 2013«, in: RISE, 8.12.2013

28 Miller 2013

## 3. Achtung, Audit! Hinter den Kulissen der Überprüfungsindustrie

1 Zit. n. Maus et al., 6.6.2013
2 Die folgende Passage folgt teilweise der Darstellung in Burckhardt/Merk 2013.
3 Aus einem Gespräch, das ich im Sommer 2013 mit einem Auditor geführt habe
4 BSCI-Pressemitteilung vom 23.6.2014
5 Zit. n. CCC, 27.6.2013, S. 29
6 BSCI 2013 (b), S. 10
7 Zit. n. IGLHR, 6.8.2011
8 o.V., 20.1.2010
9 Taab, 19.4.2011
10 o.V., 23.6.2013
11 Schubert, 14.11.2013
12 o.V., 9.4.2014
13 TÜV Rheinland 2014
14 Maus et al., 6.6.2013
15 TÜV Rheinland, 5.6.2013
16 RISE, 5.4.2014
17 Alles zit. n. Maus et al., 6.6.2013

## 4. Luxuslabel und Discounterriesen

1 Vortrag von Thomas Rasch, Hauptgeschäftsführer von GermanFashion, am 19.5.2014 in Düsseldorf
2 o.V., 30.12.2011 (b)
3 o.V., 30.12.2011 (a)
4 AWAJ/AMRF/CSI 2013, S. 24
5 Busch, 15.8.2014
6 Alle Angaben aus Hugo Boss 2013; daraus auch die weiteren Informationen, sofern nicht ausdrücklich anders ausgewiesen
7 Ebd., S. 31
8 Beides aufgeschnappt in einem der vier Berliner Hugo-Boss-Stores im März 2014
9 Zit. n. Earthlink, 28.11.2012
10 Hugo Boss 2013, S. 54
11 Ebd., S. 58
12 Ohne das an dieser Stelle weiter ausführen und erläutern zu wollen: Es handelt sich um die Zertifikate ISO 14001, FLO Cert, GOTS und ZÜV/BSCI.
13 Hugo Boss 2013, S. 61
14 Ebd., S. 64
15 Gudisch et al., 5.5.2014
16 Hugo Boss 2013, S. 64

17 CCC, Juni 2014, S. 56
18 Hugo Boss 2013, S. 127
19 Offizielle E-Mail-Signatur (Mail vom 24.1.13): Hugo BOSS AG, Corporate Responsibility & Arts Sponsorship, Dieselstrasse 12, 72555 Metzingen
20 Timm 1999
21 Beides nach H&M: »Über H&M«
22 Nach H&M 2014 (a); daraus auch alle folgenden Angaben, sofern nicht extra anders vermerkt
23 H&M 2013, S. 25
24 Facit Research 2013, S. 29
25 H&M 2013, S. 5
26 FEMNET, 25.3.2013
27 H&M 2013, S. 27
28 Ebd.
29 Persson, 8.7.2013
30 Zit. n. FEMNET, 25.3.2013
31 H&M: »Über H&M«; hier: http://about.hm.com/de/news/newsroom/news.html/en/hm-comment-on-the-tailored-wages-report.html
32 H&M 2014 (b), S. 8
33 H&M: »Über H&M«; hier: http://about.hm.com/de/About/Sustainability/Commitments/Reduce-Reuse-Recycle/Garment-Collecting.html
34 Zahlen von Fairwertung 2011
35 Eingefangen im März 2014
36 H&M, 20.1.2014
37 H&M 2014 (a), S. 1 und 7
38 WDR/frauTV, 23.1.2014
39 Völpel, 15.12.2013
40 Zit. n. o.V., 20.3.2014
41 Welzel 2014
42 Konietzko et. al, März 2014
43 CCC, 10.6.2014 (b)

## 5. Gesetze statt Gerede: die Politik in der Pflicht

1 Öko-Institut, 17.9.2013
2 Ebd., S. 2
3 Persson, 15.4.2014
4 UNHRC, Juni 2014, S. 31
5 EU-Kommission, 25.10.2011
6 Heydenreich et al. 2014, S. 34

7 Richtlinienentwurf der EU-Kommission vom 16.4.2013 - Com (2013) 207 zu verbindlichen Offenlegungspflichten nicht finanzieller Informationen
8 Reyher, 18.12.2012
9 DIHK, 26.10.2011
10 EU-Kommission, 25.10.2011, S. 14
11 BDI, 15.4.2014
12 Müller, 6.4.2014
13 Zit. n. Wollenschlager, 7.4.2014
14 Mayntz/Quadbeck, 7.7.2014
15 Stand 26.7.2014 bei Abgabe des Manuskripts für dieses Buch
16 Kutschaty, 27.1.2014
17 Hoffmann, 11.4.2014, S. 11

## 6. Lieber klug konsumiert als für dumm verkauft

1 Hansen/Hielscher, 18.2.2014
2 Otto 2013, S. 7
3 Ebd.
4 Papst Franziskus, 24.11.2013, S. 52 f.
5 Siehe dazu vor allem Welzer 2013
6 So Aglaja Stirn, Ärztliche Direktorin des St.-Franziska-Stiftes Bad Kreuznach, in o.V., 19.1.2013
7 Paech 2012
8 Kaller 2013
9 FEMNET 2013

# Literatur

## Die wichtigsten Webseiten zum Thema

www.bangladesch.org
www.bangladeshaccord.org
www.cleanclothes.org
www.cora-netz.de
www.eigentum-verpflichtet.org
www.femnet-ev.de
www.getchanged.net
www.global-standard.org
www.gruenemode.org
www.saubere-kleidung.de
www.ranaplaza-arrangement.org
www.rankabrand.de
www.risebd.org

## Quellen


Accord (Bangladesh Accord Foundation; Hg.): *Annual Report 2013*, Dhaka 2013; www.bangladeshaccord.org/wp-content/uploads/Annual-report-Bangladesh-Accord-Foundation-2013.pdf [letzter Zugriff: 4.8.2014]

–: *Inspection Reports*, Dhaka 2014; http://www.bangladeshaccord.org/inspection-reports [letzter Zugriff: 11.8.2014; hier die einzelnen Prüfberichte als PDF-Dateien aufrufbar]

–: »Bangladesh Accord commitment to transparency«, 25.6.2014; http://bangladeshaccord.org/2014/06/bangladesh-accord-commitment-transparency [letzter Zugriff: 30.8.2014]

AFL-CIO (Hg.): *Responsibility Outsourced: Social Audits, Workplace Certification and Twenty Years of Failure to Protect Worker Rights*, o. O. 2013; www.aflcio.org/content/download/77061/1902391/CSReport.pdf [letzter Zugriff: 4.8.2014]

–: »The AFL-CIO Reacts to Recently Passed Amendments to the Bangladesh Labor Law of 2006«, auf: *AFL-CIO Now*, 23.7.2013; www.aflcio.org/Blog/Global-Action/The-AFL-CIO-Reacts-to-Recently-Passed-Amendments-to-the-Bangladesh-Labor-Law-of-2006 [letzter Zugriff: 27.5.2014]

Alam, Khorshed: *Stitched up. Women workers in the Bangladeshi garment sector*, hg. von War on Want, Juli 2011; www.waronwant.org/attachments/Stitched%20Up.pdf, London [letzter Zugriff: 27.5.2014]

Alliance for Bangladesh Worker Safety (Hg.): *First Annual Report: Protecting the Lives and Livelihoods of Bangladesh's Garment Workers*, Dhaka 2014; www.bangladeshworkersafety.org/files/2014-annual-report/Alliance%20Annual%20Report,%202014.pdf

ASK (Ain o Salish Kendra; Hg.): *Garment Factory Fire. Investigation Unit Report*, 24.11.2012; www.askbd.org/web/wp-content/uploads/2012/11/ASK%20Investigation%20Report%20-%20Garments%20Factory%20Fire%20-%2024%20November%2020121.pdf [letzter Zugriff: 27.5.2014]

Aulakh, Raveena: »I got hired at a Bangladesh sweatshop. Meet my 9-year-old boss«, in: *The Toronto Star*, 11.10.2013; www.thestar.com/news/world/clothesonyourback/2013/10/11/i_got_hired_at_a_bangladesh_sweatshop_meet_my_9yearold_boss.html [letzter Zugriff: 28.5.2014]

Außenwirtschaftsportal Bayern: »Ranglisten für den Außenhandel Deutschlands nach Warenkategorien für das Jahr 2012«; www.auwi-bayern.de/awp/inhalte/Laender/Warenkategorien/kat/GP09-14/Bekleidung [letzter Zugriff: 27.5.2014]

AWAJ Foundation; AMRF Society, CSI Ltd. (Hg.): *Worker's Voice Report 2013. Insight into Life and Livelihood of Bangladesh's RMG Workers*, Dhaka 2013; http://awaj.info/wp-content/uploads/2013/10/Workers_Voice_Report_2013.pdf [letzter Zugriff: 8.8.2014]

Bangladesh Knitwear Manufacturers & Exporters Association; Institute of Apparel Research and Technology (Hg.): Export Statistics of Bangladesh. Fiscal Year 2010–11, Dhaka 2011; www.bkmea.com/images/media/iART-pdf/Apparel_Export_Statistics_2011-12.pdf [letzter Zugriff: 27.5.2014]

Barrientos, Stephanie; Sally Smith: »The ETI code of labour practice: Do workers really benefit?«, Institute of Development Studies, University of Sussex 2006; Summary unterwww.ethicaltrade.org/sites/default/files/resources/Impact%20assessment%20summary.pdf [letzter Zugriff: 7.8.2014]

BDI (Bundesverband der Deutschen Industrie): »Corporate Social Responsibility. BDI hält EU-Pläne zu CSR-Berichtspflichten für nicht erforderlich«,

Pressemitteilung, 15.4.2014; www.bdi.eu/163_18926.htm [letzter Zugriff: 28.5.2014]

Belt, Don: »Bangladesch: Vor der großen Flut«, in: *National Geographic Deutschland*, Mai 2011; www.nationalgeographic.de/reportagen/bangladesch-vor-der-grossen-flut [letzter Zugriff: 28.5.2014]

Berg, Achim, et al.: *Bangladesh's Ready-Made Garments Landscape: The Challenge of Growth*, McKinsey-Studie 2011; www.mckinsey.de/sites/mck_files/files/2011_McKinsey_Bangladesh.pdf [letzter Zugriff: 27.5.2014]

Bertuzzo, Elisa T.: »Mitten in Dhaka. Beobachtungen im größten Armenviertel von Bangladesch«, in: *Le Monde diplomatique* vom 13.9.2012; www.monde-diplomatique.de/pm/2013/09/13.mondeText.artikel,a0043.idx,12

BGMEA (Bangladesh Garment Manufacturers and Exporters Association): Bar Chart 2013; www.bgmea.com.bd/chart/factory_growth_in_bangladesh#.UkWzmXcRbIU [letzter Zugriff: 27.5.2014]

BMAS (Bundesministerium für Arbeit und Soziales, Hg.): »Nationale Strategie zur gesellschaftlichen Verantwortung von Unternehmen (Corporate Social Responsibility – CSR) – Aktionsplan CSR – der Bundesregierung«, Berlin, Oktober 2010; www.bmas.de/SharedDocs/Downloads/DE/PDF-Publikationen/a398-csr-aktionsplan.pdf?__blob=publicationFile [letzter Zugriff: 8.8.2014]

Brauck, Markus; Dietmar Hawranek: »Überdruss am Überfluss«, in: *Der Spiegel* Nr. 14 vom 31.3.2014; www.spiegel.de/spiegel/print/d-126267968.html [letzter Zugriff: 4.8.2014]

Brodde, Kirsten: »Hier geht es zur Zukunft – weniger ist mehr«, *Greenpeace Blog*, 17.1.2014; http://blog.greenpeace.de/blog/2014/01/17/hier-geht-es-zur-zukunft--weniger-ist-mehr/ [letzter Zugriff: 28.5.2014]

Brown, Garrett: »Fatal flaws of foreign factory audits. ›A spectacular failure‹ to improve conditions«, in: *ISHN Magazine*, 1.2.2013; http://www.ishn.com/articles/95045-fatal-flaws-of-foreign-factory-audits [letzter Zugriff: 8.8.2014]

Brown, Garrett: »The record of failure and fatal flaws of CSR factory monitoring«, Januar 2013; http://mhssn.igc.org/MHSSN_Statement_on_CSR_Monitoring-Jan2013.htm [letzter Zugriff: 8.8.2014]

BSCI (Business Social Compliance Initiative): *Annual Report 2012*, Brüssel 2013 (a); www.bsci-intl.org/sites/default/files/file/BSCI-Annual%20Report-short-final(1).pdf, Brüssel [letzter Zugriff: 27.5.2014]

–: *Achievement Study. 10 Years of the BSCI*, St. Gallen 2013 (b); www.bsci-intl.org/sites/default/files/file/BSCIAchievementStudy_Master_final%281%29.pdf [letzter Zugriff: 8.8.2014]

–: *Annual Report 2013*, Brüssel 2014;www.bsci-intl.org/system/files/bsci-2014-05-26-annual_report_2013-uk-a4-mai_2014-def-internet_1.pdf [letzter Zugriff. 8.8.2014]

Burckhardt, Gisela (Hg.): *Die Schönfärberei der Discounter. Klage gegen Lidls irreführende Werbung*, 2010; www.frauenrechte.de/online/images/.../Studie-Klage-gegen-Lidl.pdf

–: »Arbeitsbedingungen von Frauen in globalen Zulieferketten«, in: dies. (Hg.), *Corporate Social Responsibility – Mythen und Maßnahmen: Unternehmen verantwortungsvoll führen*, Wiesbaden 2013 (a)

–: Jeroen Merk: »Sozialaudits – was bringen sie den Näherinnen in den Sweatshops?«; in: dies. (Hg.), *Corporate Social Responsibility – Mythen und Maßnahmen: Unternehmen verantwortungsvoll führen*, Wiesbaden 2013 (b)

Busch, Uli: »Markenstärke von Modelabels: Klarer Image-Boss«, in *W&V*, 15.8.2014; www.wuv.de/marketing/marken_staerke_von_modelabels_klarer_image_boss

CCC (Clean Cloth Campaign): »Garib Fire Survivors Call for Justice and a Safe Industry«, 11.3.2010; www.cleanclothes.org/news/2010/03/11/garib-fire-survivors-call-for-justice-and-a-safe-industry [letzter Zugriff: 28.5.2014]

–: *Hazardous workplaces: Making the Bangladesh Garment industry safe*, November 2012; www.cleanclothes.org/resources/publications/2012-11-hazardouswork places.pdf [letzter Zugriff: 28.5.2014]

–: *Fatal Fashion in Bangladesh. The Accord on Fire and Building Safety in Bangladesh*, Amsterdam, 27.6.2013; www.cleanclothes.org/resources/publications/fatal-fashion-in-bangladesh-def.pdf [letzter Zugriff: 14.8.21014]

–: *Tailored Wages. Are the big brands paying the people who make our clothes enough to live on?*, Amsterdam, März 2014; https://www.cleanclothes.org/livingwage/tailoredwages/tailored-wage-report-pdf [letzter Zugriff: 28.5.2014]

–: »Im Stich gelassen. Armutslöhne für Textilarbeiterinnen in Osteuropa und der Türkei«, 10.6.2014 (a); http://lohnzumleben.de/im_stich_gelassen_pm [letzter Zugriff: 9.8.2014]

–: »Firmencheck. Wie fair zahlt deine Marke?«, 10.6.2014 (b); http://lohnzumleben.de/firmencheck_2014 [letzter Zugriff: 22.8.2014]

–: *Im Stich gelassen. Die Armutslöhne der Arbeiterinnen in Kleiderfabriken in Osteuropa und der Türkei*, Juni 2014; www.cleanclothes.at/media/common/uploads/download/im-stich-gelassen/CCC-GE-Report-GER-DEF-LR_1.pdf [letzter Zugriff: 15.8.2014]

--; SOMO: Fatal Fashion. Analysis of recent factory fires in Pakistan and Bangladesh: a call to protect and respect garment workers' lives, Amsterdam, März 2013; www.cleanclothes.org/resources/publications/fatal-fashion.pdf [letzter Zugriff: 27.5.2014]

--; ILRF: *Still Waiting: Six months after history's deadliest apparel industry disaster, workers continue to fight for compensation*, Amsterdam/Washington D.C, Oktober 2013; www.saubere-kleidung.de/images/05_pdf/2013/2013-10-24_still-waiting_studie_en.pdf [letzter Zugriff: 27.5.2014]

CESR (Center for Economic and Social Rights: »Bangladesh Fact Sheet Nr. 8«, Dhaka 2009; http://cesr.org/downloads/bangladesh%20WEB.pdf [letzter Zugriff: 8.8.2014]

Claeson, Björn: *Deadly Secrets: How Apparel Brands Cover up Safety Hazards*, hg. v. ILRF (International Labor Rights Forum), Washington D.C. 2012; www.labor-rights.org/publications/deadly-secrets-how-apparel-brands-cover-safety-hazards [letzter Zugriff: 27.5.2014]

CPD (Centre for Policy Dialogue): *Second Independent Monitoring Report. Rana Plaza Tragedy and Beyond: A Follow Up on Commitments and Delivery*; Dhaka, 26.1.2014; http://cpd.org.bd/wp-content/uploads/2014/01/Presentation-26-January-2014-final-.pdf [letzter Zugriff: 27. Mai 2014]

DIHK (Deutscher Industrie- und Handelskammertag): »Corporate Social Responsibility muss freiwillig bleiben!«, Presseerklärung, 26.10.2011; www.dihk.de/presse/meldungen/2011-10-26-csr-eu [letzter Zugriff: 28.5.2014]

Earthlink: »Antworten auf Hugo Boss«, auf: *Aktiv gegen Kinderarbeit*, 28.11.2012; www.aktiv-gegen-kinderarbeit.de/firma/hugo-boss/#footnote_0_3795 [letzter Zugriff: 28. Mai 2014]

Ehrenstein, Claudia; Karsten Kammholz: »Gerd Müller kritisiert Fifa wegen WM in Brasilien«, in: *Die Welt* vom 6.4.2014; www.welt.de/politik/deutschland/article126607811/Gerd-Mueller-kritisiert-Fifa-wegen-WM-in-Brasilien.html [letzter Zugriff: 28.5.2014]

EU-Kommission: *Eine neue EU-Strategie (2011–14) für die soziale Verantwortung der Unternehmen (CSR)*, Brüssel, 25.10.2011; ec.europa.eu/enterprise/newsroom/cf/_getdocument.cfm?doc_id=7008 [letzter Zugriff: 22.8.2014]

–: »Offenlegung nicht-finanzieller Informationen«, Brüssel, 16.4.2013; die betreffenden Dokumente lassen sich aufrufen unter http://ec.europa.eu/internal_market/accounting/non-financial_reporting/index_de.htm [letzter Zugriff: 28.5.2014]

–: »EU Trade Commissioner De Gucht launches Global Sustainability Compact in response to Bangladesh tragedy«, Presseerklärung, Brüssel, 8.7.2013 (a); http://europa.eu/rapid/press-release_IP-13-667_en.htm [letzter Zugriff: 27.5.2014]

–: *Joint Statement. Staying engaged: A Sustainability Compact for continuous improvements in labour rights and factory safety in the Ready-Made Garment and Knitwear Industry in Bangladesh*, Genf, 8.7.2013 (b); http://trade.ec.europa.eu/doclib/docs/2013/july/tradoc_151601.pdf [letzter Zugriff: 11.8.2014]

–: *Staying Engaged – A Sustainability Compact for continuous improvements in labour rights and factory safety in the Ready-Made Garment and Knitwear Indust-*

*ry in Bangladesh*, Technischer Fortschrittsbericht, 8.7.2014; http://trade.ec.europa.eu/doclib/docs/2014/july/tradoc_152657.pdf [letzter Zugriff: 12.8.2014]

Europäisches Parlament: »Entschließungsantrag zu den Arbeitsbedingungen und Arbeitsschutznormen in Bangladesch nach den jüngsten Bränden in Fabriken und dem Einsturz eines Gebäudes«, Plenarsitzungsdokument, Brüssel, 20.5.2013; http://www.europarl.europa.eu/sides/getDoc.do?pubRef=-//EP//NONSGML+-MOTION+B7-2013-0223+0+DOC+PDF+V0//DE [letzter Zugriff: 27.5.2014]

Exner, Maria; Philip Faigle; Claas Tatje; Frederic Spohr: »Unfair Trade. Die Modeindustrie zieht einfach weiter«, in: *Die Zeit* vom 13.9.2013; www.zeit.de/wirtschaft/unternehmen/2013-09/modeindustrie-fair-trade-bangladesch/komplettansicht [letzter Zugriff: 4.8.2014]

Facit Research (Hg.): *Sustainability Image Score 2013. Das 3. Nachhaltigkeitszeugnis deutscher Unternehmen aus Konsumentensicht* (SIS-Studie), München, 27.5.2013; www.serviceplan-hamburg.com/uploads/tx_sppresse/Die_Sustainability_Image_Score_Studie_2013.pdf [letzter Zugriff: 9.8.2014]

Fairwertung: »Altkleidersammlungen. Zahlen, Daten, Fakten«, Website-Info 2011; www.fairwertung.de/info/hintergrund/zahlen.2/index.html [letzter Zugriff: 21.8.2014]

Fashion United: Li & Fung: »Gewinn steigt 2013 um 21 Prozent«, 24.3.2014; http://www.fashionunited.de/News/Leads/Li_%26_Fung%3A_Gewinn_steigt_2013_um_21_Prozent_2014032418613/ [letzter Zugriff: 27.5.2014]

FEMNET (Feministische Perspektiven auf Politik, Wirtschaft und Gesellschaft; Hg.): *Fair, Fair, Fair sind alle meine Kleider. Mode aus fairer und ökologischer Produktion in Bonner Geschäften*, Bonn 2013; www.femnet-ev.de/images/downloads/publikationen/Broschuere-Fair-Fair-Fair-Bonn-2013.pdf [letzter Zugriff: 8.8.2014]

–: »›Conscious Collection‹ von H&M: Ohnmächtige Näherinnen machen Werbung für Existenzlöhne«, Pressemitteilung, 25.3.2013; www.femnet-ev.de/index.php/de/themen/ccc-kampagne/existenzsichernde-loehne/186-conscious-collection-von-h-m-ohnmaechtige-naeherinnen-machen-werbung-fuer-existenzloehne [letzter Zugriff: 22.8.2014]

Feuchte, Beate: Billig Nähen für den Weltmarkt – Lebens- und Arbeitsbedingungen der Beschäftigten der bangladeschischen Bekleidungsindustrie. Eine sozialgeographische Studie, Berlin 2007

Fritze, Kai: »Verkrustete Strukturen aufbrechen. Die Arbeit von Menschenrechts-Aktivisten in Bangladesch«, in: *Netz – Bangladesch-Zeitschrift*, Nr. 3-4/2013; http://bangladesch.org/bangladesch/menschenrechte/reportage-zur-arbeit-von-menschenrechtsktivisten.html [letzter Zugriff: 28.5.2014]

FWF (Fair Wear Foundation): *Bangladesh Country Study 2013*, Amsterdam 2013; http://www.fairwear.org/ul/cms/fck-uploaded/documents/countrystudies/bangladesh/CSBangladesh2013.pdf [letzter Zugriff: 30.5.2014]

Gassmann, Michael: »Bangladesch ist zur Näherin der Welt geworden«, in: *Die Welt* vom 11.3.2014; www.welt.de/wirtschaft/article125663716/Bangladesch-ist-zur-Naeherin-der-Welt-geworden.html [letzter Zugriff: 28.5.2014]

–: »Wir testen Länder wie Kenia und Äthiopien«; in: *Die Welt* vom 15.4.2014; www.welt.de/wirtschaft/article126958754/Wir-testen-Laender-wie-Kenia-und-Aethiopien.html [letzter Zugriff: 28.5.2014]

Geinitz, Christian: »Deutsche Jacken aus China für China«, in: *Frankfurter Allgemeine Zeitung* vom 20.7.2012; www.faz.net/aktuell/wirtschaft/unternehmen/textilwirtschaft-deutsche-jacken-aus-china-fuer-china-11826903.html [letzter Zugriff: 28.5.2014]

Goos, Hauke; Ralf Hoppe: »Made in Bangladesh«, in: *Der Spiegel* Nr. 27 vom 1.7.2013; www.spiegel.de/spiegel/print/d-101368207.html [letzter Zugriff: 27.5.2014]

Götz, Lea: »Die stärksten Modemarken Deutschlands«, in: *Werben und Verkaufen*, 14.9.2012; www.wuv.de/marketing/die_staerksten_modemarken_deutschlands [letzter Zugriff: 16.8.2014]

Greenhouse, Steven: »Obama to Suspend Trade Privileges With Bangladesh«, in: *The New York Times*, 27.6.2013; http://www.nytimes.com/2013/06/28/business/us-to-suspend-trade-privileges-with-bangladesh-officials-say.html?pagewanted=all&_r=0 [letzter Zugriff: 11.8.2014]

–: »Bangladesh Inspections Find Gaps in Safety«, in: *The New York Times* vom 11.3.2014; www.nytimes.com/2014/03/12/business/safety-flaws-found-in-new-inspections-of-factories-in-bangladesh.html?_r=0 [letzter Zugriff: 28.5.2014]

Grefe, Christiane: »Metropole Dhaka. Willkommen im Chaos«, in: *Die Zeit* Nr. 15 vom 13.4.2013; www.zeit.de/2013/15/megacity-dhaka-urbanisierung [letzter Zugriff: 28.5.2014]

GTAI (Germany Trade & Invest): »USA – Präsident Obama setzt Zollbegünstigungen für Bangladesch aus«, Meldung vom 1.7.2013; http://www.gtai.de/GTAI/Navigation/DE/Trade/Recht-Zoll/Zoll/_zoll_aktuell,did=836176.html [letzter Zugriff: 27.5.2014]

Gudisch, Rebecca; Gönke Harms; Andreas Maus: *Edelmarken zum Hungerlohn*, Dokumentarfilm, ausgestrahlt vom WDR am 5.5.2014; http://www1.wdr.de/mediathek/video/sendungen/die_story/videodiestoryedelmarkenzumhungerlohn100.html [letzter Zugriff: 9.8.2014]

Hansen, Nele; Henryk Hielscher: »Online-Handel stößt in neue Umsatzliga vor«, in: *Wirtschaftswoche*, 18.2.2014; www.wiwo.de/unternehmen/handel/e-commerce-online-handel-stoesst-in-neue-umsatzliga-vor/9500588.html [letzter Zugriff: 31.8.2015]

Heydenreich, Cornelia; Paasch, Armin; Kusch, Johanna: *Bericht 2014. Globales Wirtschaften und Menschenrechte. Deutschland auf dem Prüfstand*, hg. v. Misereor und Germanwatch, Aachen/Berlin 2014; http://germanwatch.org/de/download/8864.pdf [letzter Zugriff: 31.8.2014]

H&M (Hennes & Mauritz): »Über H&M. Fakten in Kürze: Die H&M-Gruppe«, Unternehmenshomepage; http://about.hm.com/de/About/facts-about-hm/about-hm/hm-group.html#cm-menu [letzter Zugriff: 20.8.2014]

–: *Conscious Actions Sustainability Report*, 2013; http://sustainability.hm.com/content/dam/hm/about/documents/en/CSR/reports/Conscious%20Actions%20Sustainability%20Report%202013_en.pdf [letzter Zugriff: 21.8.2014]

–: *Full-year Report 2013*, Stockholm 2014 (a); http://mb.cision.com/Main/769/9528442/204608.pdf [letzter Zugriff: 27.5.2014]

–: *Conscious Actions Highlights 2012*, Stockholm 2014 (b); http://sustainability.hm.com/content/dam/hm/about/documents/de/CSR/reports/Conscious%20Actions%20Highlights%202013_de.pdf [letzter Zugriff: 22.8.2014]

–: »Let's get it started – willkommen im Starting House!«, 20.1.2104; http://startinghouse.de/allgemein/lets-get-it-started-willkommen-im-starting-house [letzter Zugriff: 22.8.2014]

Hage, Simon: »Auf Kante genäht«, in: *Manager Magazin* vom 18.10.2013; www.manager-magazin.de/magazin/artikel/h-m-mindestlohn-in-bangladesch-a-935890.html [letzter Zugriff: 28.5.2014]

Hägler, Max: »Luxus aus der Billiglohnfabrik«, in: *Süddeutsche Zeitung* vom 15.3.2013 [digital nur noch im Archiv]

Hoffmann, Johannes: »Das Wettbewerbsrecht muss geändert werden!«, in: *Handelsblatt Business Briefing Nachhaltige Investments* vom 11.4.2014; www.handelsblatt.com/downloads/9767104/1/HB-Business-Briefing-Investments_04_14.pdf [letzter Zugriff: 28. Mai 2014]

Hugo Boss: *Geschäftsbericht 2012*, Metzingen 2012; http://group.hugoboss.com/files/HB_GB12_DE.pdf [letzter Zugriff: 19.8.2014]

–: *Geschäftsbericht 2013*, Metzingen 2013; http://group.hugoboss.com/files/HB_GB13_DE.pdf [letzter Zugriff: 19.8.2014]

Human Rights Watch: »Bangladesh: Amended Labor law falls short«, 15.7.2013; www.hrw.org/news/2013/07/15/bangladesh-amended-labor-law-falls-short [letzter Zugriff: 27.5.2014]

IGLHR (Institute for Global Labour and Human Rights): »Corporate Audits Are Designed to Fail«, Pittsburgh, 6.8.2011; www.globallabourrights.org/alerts/corporate-audits-are-designed-to-fail [letzter Zugriff: 27.5.2014]

–: *Gap and Old Navy in Bangladesh: Cheating the Poorest Workers in the World*, Pittsburgh, Oktober 2013; http://www.globallabourrights.org/reports/

document/1310-IGLHR-GapOldNavyinBangladesh.pdf [letzter Zugriff: 8.8.2014]
–: »22-Year-Old Serina Akter: Denied Maternity Leave by Next Collections Management«, Pittsburgh, 11.2.2014; www.globallabourrights.org/alerts/serina-akter-gap-bangladesh [letzter Zugriff: 27.5.2014]
–: »Rana Plaza: A look back, and forward«, Pittsburgh, 24.4.2014; www.globallabourrights.org/alerts/rana-plaza-bangladesh-anniversary-a-look-back-and-forward [letzter Zugriff: 28.5.2014]

Jahan, Rownuk; et al.: »Future Impact Prediction of Women Empowerment in Ready Made Garment Industry under Computional Methodology«, in: *Global Journal of Management and Business Research*, Vol. 13, Issue 6, Version 1.0, 2013; https://globaljournals.org/GJMBR_Volume13/1-Future-Impact-Prediction.pdf [letzter Zugriff: 27.5.2014]
Jahberg, Heike: »Primark findet Hilferufe in Kleidung merkwürdig«, in : *Der Tagesspiegel* vom 29.6.2014; www.tagesspiegel.de/wirtschaft/billigklamotten-aus-china-primark-findet-hilferufe-in-kleidung-merkwuerdig/10108642.html [letzter Zugriff: 10.8.2014]

Kaller, Nunu: *Ich kauf nix! Wie ich durch Shopping-Diät glücklich wurde*, Köln 2013
Kampagne für Saubere Kleidung (Hg.): *Wer bezahlt unsere Kleidung bei Lidl und KiK? Eine Studie über die Einkaufspraktiken der Discounter Lidl und KiK und ihre Auswirkungen auf die Arbeitsbedingungen bei den Lieferanten in Bangladesch*, Wuppertal 2008; www.saubere-kleidung.de/downloads/publikationen/2008-01_Brosch-Lidl-KiK_de.pdf [letzter Zugriff: 16.8.2014]
–: *Im Visier: Discounter. Eine Studie über die Arbeitsbedingungen bei Zulieferern von Aldi, Lidl und KiK in Bangladesch*, Münster 2012; www.sauberekleidung.de/images/05_pdf/2012/2012-02-28_studie_im-visier_discounter.pdf [letzter Zugriff: 22.8.2014]; 2. Aufl. 2013
Karim, Mohosinul: »Nearly 1500 factories not registered«, in: *Dhaka Tribune* vom 31.3.2014; www.dhakatribune.com/technology/2014/mar/31/nearly-1500-factories-not-registered [letzter Zugriff: 4.8.2014]
Kauth, Anne; Ulli Rothaus: *Mode zum Wegwerfen. Das Prinzip Primark*, Dokumentarfilm, ausgestrahlt im ZDF am 16.10.2013; www.zdf.de/zdfzoom/mode-zum-wegwerfen-30192666.html [letzter Zugriff: 28.5.2014]
Keller, Ska: *Wegweiser Faire Kleidung. Siegel, Handelspolitik und was du tun kannst*, Brüssel 2014; www.ska-keller.de/images/stories/service/pub/20131116-einkaufsf%C3%BChrer-06.pdf [letzter Zugriff: 30.5.2014]
Kirschey, René; Thomas Hauer: *Die Preis-Lüge*, Dokumentationsfilm, ausgestrahlt von 3sat, 25.10.2013 und 25.7.2014

Klötzel, Sebastian; et al.: *China investiert. Patentportfolios und Investitionsstrategien chinesischer Firmen*, hg. v. Munich Innovation Group /TU München, München 2013; www.china-investiert.de/resources/Studie-China-investiert-TUM-MIG.pdf [letzter Zugriff: 9.8.2014]

Konietzko, Jan; Ype van Woersem; James Simpson: *Feel Good Fashion. Transparency and Corporate Social Responsibility. Trend Analysis 2014*, Berlin/Amsterdam, März 2014; http://rankabrand.org/static/FeelGoodFashion_2014_Summary.pdf (letzter Zugriff: 28.5.2014)

Kreiner, Paul: »›Made in Italy‹ – Der Etikettenschwindel«, in: *Der Tagesspiegel* vom 28.12.2010; www.tagesspiegel.de/wirtschaft/textilstadt-prato-made-in-italy-der-etikettenschwindel/3682236.html [letzter Zugriff: 28.5.2014]

Kumar Kulkarni, Nisha: »Population Control and Urban Family Planning in Bangladesh«, in: *Searchlight South Asia*, 18.8.2011; http://urbanpoverty.intellecap.com/?p=229 [letzter Zugriff: 27.5.2014]

Kutschaty, Thomas: »›Es ist von Vorteil, wenn das ganze Unternehmen belangt wird‹«, Interview, in: *Manager Magazin* vom 27.1.2014; www.manager-magazin.de/unternehmen/artikel/nrw-justizminister-kutschaty-will-unternehmensstrafrecht-in-deutschland-a-945221.html [letzter Zugriff: 28.5.2014]

Lister, Paul: »Die Katastrophe war ein Wendepunkt«, Interview, in: *Der Spiegel* Nr. 25 vom 17.6.2013; www.spiegel.de/spiegel/print/d-98090965.html [letzter Zugriff: 27.5.2014]

–: »98 Prozent unserer Kleidung wird in Entwicklungsländern produziert«, Interview, in: *Focus* vom 17.2.2014; www.focus.de/finanzen/news/focus-interview-mit-primark-top-manager-paul-lister-wir-werden-eine-million-quadratmeter-ladenflaeche-haben_id_3621321.html [letzter Zugriff: 28.5.2014]

Luxner, Larry: »›Made in Bangladesh‹ garment exports generate profits, but breed misery at home«, in: *Baltimore Post-Examiner* vom 28.12.2012; http://baltimorepostexaminer.com/made-in-bangladesh-garment-exports-generate-profits-but-breed-misery-at-home/2012/12/28 [letzter Zugriff: 28.5.2014]

Mahmud, Simeen; Lopita Huq: *Home-based Workers in the Export Garment Sector in Bangladesh: An Exploratory Study in Dhaka City*, Washington D.C. 2013; www.solidaritycenter.org/Files/WIEGO.Home%20based%20workers.Bangladesh.report.pdf [letzter Zugriff: 27.5.2014]

Maus, Andreas; Rebecca Gudisch; Gönke Harms; Mirko Tomic; Markus Zeidler: *TÜV-geprüftes Leid: Wie sich deutsche Unternehmen in Bangladesch reinwaschen*, Dokumentarfilm, ausgestrahlt vom WDR (*Monitor*) am 6.6.2013 [in der Mediathek nicht mehr verfügbar; 13.8.2014]

Mayntz, Gregor; Eva Quadbeck: »Entwicklungsminister will Sozial-Siegel für Bekleidung«, in: *Rheinische Post*, 7.7.2014; www.rp-online.de/politik/entwicklungsminister-will-sozial-siegel-fuer-bekleidung-aid-1.4368285 [letzter Zugriff: 22.8.2014]

Miller, Doug: *Towards Sustainable Labour Costing in UK Fashion Retail. Working Paper 14*, Newcastle upon Tyne 2013

Mirdha, Refayet Ullah; Md Fazlur Rahman: »Major flaws in 10 garment factories«, in: *The Daily Star* vom 12.3.2014; www.thedailystar.net/major-flaws-in-10-garment-factories-15164 [letzter Zugriff: 28.5.2014]

Moazzem, Khondaker Golam: »Positioning Bangladesh in Global RMG Industry. Competitiveness, Workers' Wages and Related Issues«, unveröffentlichter Vortrag am 22. Mai 2013 beim Round Table on Living Wage in the RMG Sector in Bangladesh

Müller, Gerd: »Ein krasses Fehlurteil«, Interview, in: *Welt am Sonntag* vom 6.4.2014; www.welt.de/print/wams/politik/article126613108/Ein-krasses-Fehlurteil.html [letzter Zugriff: 21.8.2014]

Munich Innovation Group; TU München: »Li & Fung: Eines der größten chinesischen Handelshäuser baut seine Europapräsenz aus«, 2012; www.china-investiert.de/li-fung/ [letzter Zugriff: 27.5.2014]

Munni, Monira: »Tk 5600 minimum wage for EPZ RMG workers to be fixed«, in: *The Financial Express*, 26.12.2013; www.thefinancialexpress-bd.com/2013/12/26/10681 [letzter Zugriff: 28.5.2014]

*Netz – Bangladesch-Zeitschrift*: Spezialausgabe: *Wissen beflügelt. Das Bildungssystem in Bangladesch*, Oktober 2012; http://bangladesch.org/fileadmin/redaktion/Bilder/B_Globales_Lernen/B3.1_Zeitschrift/2012/NETZ-Zeitschrift-3-2012.pdf, Wetzlar [letzter Zugriff: 27.5.2014]

–: »Bangladesch in Zahlen. Allgemeine Angaben«, November 2013; http://bangladesch.org/bangladesch/land-fakten/zahlen-daten-fakten.html [letzter Zugriff: 27.5.2014]

Nova, Scott: »Testimony at the Hearing on ›Prospects for Democratic Reconcilation and Improving Worker's Rights in Bangladesh‹«, Senate Committee on Foreign Relations, 11.2.2014; www.foreign.senate.gov/imo/media/doc/Nova_Testimony.pdf [letzter Zugriff: 10.8.2014]

Obermaier, Frederik: »Studien über Hugo Boss in der NS-Zeit. Mode mit brauner Vergangenheit«, in: *Süddeutsche Zeitung* vom 23.9.2011; www.sueddeutsche.de/wirtschaft/nazi-vergangenheit-von-hugo-boss-braune-hemden-1.1146339 [letzter Zugriff: 28.5.2014]

Odhikar: *A Bloodstained Garment Sector: Impunity of Government Officials Factory Owners. Tazreen Fashions Limited Tragedy*, 5.12.2012; http://odhikar.org/wp-con-

tent/uploads/2012/12/report-other-garment-industry-2012-eng.pdf [letzter Zugriff: 28.5.2014]
ohne Verfasser: »BGMEA demands uniform facilities for EPZ non-EPZ RMG factories«, in: *Dhaka Mirror* vom 4.5.2009; www.dhakamirror.com/headlines/bgmea-demands-uniform-facilities-for-epz-non-epz-rmg-factories/ [letzter Zugriff: 28.5.2014]
–: »Gekaufte Führerscheine: Staatsanwaltschaft ermittelt gegen TÜV Nord«, *Spiegel Online*, 20.1.2010; www.spiegel.de/auto/aktuell/gekaufte-fuehrerscheine-staatsanwaltschaft-ermittelt-gegen-tuev-nord-a-672994.html [letzter Zugriff: 14.8.2014]
–: »Die größten Textileinzelhändler in Deutschland 2012«, Tabelle auf der Homepage von *Textilwirtschaft*, 30.12.2011 (a); www.textilwirtschaft.de/business/pdfs/628_org.pdf [letzter Zugriff: 15.8.2014]
–: »Die größten europäischen Bekleidungslieferanten 2012«; Tabelle auf der Homepage von *Textilwirtschaft*, 30.12.2011 (b); www.textilwirtschaft.de/business/pdfs/629_org.pdf [letzter Zugriff: 15.8.2014]
–: »Wenn Kaufen zur Krankheit wird«, in: *Hamburger Morgenpost* vom 19.1.2013; www.mopo.de/nachrichten/konsumsucht-wenn-kaufen-zur-krankheit-wird,5067140,21427512.html [letzter Zugriff: 28.5.2014]
–: »Finanzaktivitäten bringen TÜV ins Zwielicht«, in: *Manager Magazin* vom 23.6.2013; www.manager-magazin.de/finanzen/artikel/durchsuchung-beim-tuev-im-zusammenhang-mit-skandal-um-s-k-gruppe-a-907374.html [letzter Zugriff: 28.5.2014]
–: »USA streichen Zollvorteile für Bangladesch. Obama kritisiert die Arbeitsbedingungen«, in: *Der Tagesspiegel* vom 29.6.2013; www.tagesspiegel.de/wirtschaft/usa-streichen-zollvorteile-fuer-bangladesch-obama-kritisiert-die/8423238.html [letzter Zugriff: 28.5.2014]
–: »Nach Massentod bei Fabrikeinsturz: Bangladesch lässt freie Gewerkschaften zu«, *Spiegel Online*, 15.7.2013; www.spiegel.de/wirtschaft/soziales/bangladesch-reformiert-arbeitsrecht-und-laesst-gewerkschaften-zu-a-911265.html [letzter Zugriff: 28.5.2014]
–: »New pay structure for EPZ workers approved«, in: *The Daily Star* vom 26.12.2013; http://www.thedailystar.net/new-pay-structure-for-epz-workers-approved-3987 [letzter Zugriff: 28.5.2014]
–: »Suicide suspected in death of Bangladesh building collapse survivor Salma«, auf: *News Online from Australia and the World*, 27.1.2014; www.news.com.au/world/suicide-suspected-in-death-of-bangladesh-building-collapse-survivor-salma/story-fndir2ev-1226811597790 [letzter Zugriff: 30.8.2014]
–: »Hugo Boss entwickelt sich schwach wie lange nicht«, in: *Die Welt* vom 7.2.2014; www.welt.de/wirtschaft/article124632203/Hugo-Boss-entwickelt-sich-schwach-wie-lange-nicht.html [letzter Zugriff: 28.5.2014]

–: »Weniger Wachstum und Gewinn. Walmart spürt den Wettbewerb«, n-tv, 21.2.2014; www.n-tv.de/wirtschaft/Walmart-spuert-den-Wettbewerb-article12319881.html [letzter Zugriff: 28.5.2014]
–: »Umweltbundesamt fordert kostenpflichtige Plastiktüten bei H&M, Zara und Co.«, in: *The Huffington Post Deutschland*, 24.2.2014; www.huffingtonpost.de/2014/02/24/plastiktuten-umweltbelast_n_4847092.html [letzter Zugriff: 28.5.2014]
–: »Konsumboom: Deutsche geben Rekordsumme von 1,6 Billionen Euro aus«, *Spiegel Online*, 11.3.2014; www.spiegel.de/wirtschaft/soziales/konsum-deutsche-geben-fast-1-6-billionen-euro-aus-a-957975.html [letzter Zugriff: 28.5.2014]
–: »Hugo Boss stockt Dividende auf«, in: *Handelsblatt* vom 13.3.2014; www.handelsblatt.com/unternehmen/handel-dienstleister/grosszuegiger-modekonzern-hugo-boss-stockt-dividende-auf/9610706.html [letzter Zugriff: 28.5.2014]
–: »Erneute Niederlage für Trierer H&M-Betriebsratsvorsitzenden«, in: *Trierischer Volksfreund* vom 20.3.2014; http://lifestyle.volksfreund.de/nachrichten/region/wirtschaft/Wirtschaft-regional-Erneute-Niederlage-fuer-Trierer-H-M-Betriebsratsvorsitzenden;art882,3825735 [letzter Zugriff: 27.5.2014]
–: »EU concerned over political deadlock«, auf: *BDNews24.com*, 26.3.2014; http://bdnews24.com/bangladesh/2014/03/26/eu-concerned-over-political-deadlock [letzter Zugriff: 11.8.2014]
–: »TÜV Rheinland mit Rekordergebnis«. in: *Kölner Stadt-Anzeiger* vom 9.4.2014; www.ksta.de/wirtschaft/-bilanz-tuev-rheinland-mit-rekordergebnis,15187248,26801234.html [letzter Zugriff: 14.8.2014]
Öko-Institut: »Hintergrundpapier CSR-IMPACT, Hintergründe und Empfehlungen«, 17.9.2013; www.oeko.de/oekodoc/1816/2013-488-de.pdf [letzter Zugriff: 8.8.2014]
Ott, Friederike: »Arbeitsbedingungen bei H&M: Wer kann, der darf nicht«, in: *Die Tagezeitung* (*taz*) vom 26.9.2011; www.taz.de/!78829/ [letzter Zugriff: 28.5.2014]
Otto GmbH & Co. KG (Hg.): *Lebensqualität. Konsumethik zwischen persönlichem Vorteil und sozialer Verantwortung*, Otto Group Trendstudie 2013. 4. Studie zum ethischen Konsum, Hamburg 2013; www.ottogroup.com/media/docs/de/trendstudie/1_Otto_Group_Trendstudie_2013.pdf [letzter Zugriff: 28.5.2014]

Paech, Niko: *Befreiung vom Überfluss. Auf dem Weg in die Postwachstumsökonomie*, München 2012
Papst Franziskus: *Evangelii Gaudium. Apostolisches Schreiben über die Verkündigung des Evangeliums in der Welt von heute*, 24.11.2013; http://w2.vatican.va/content/dam/francesco/pdf/apost_exhortations/documents/papa-francesco_esortazione-ap_20131124_evangelii-gaudium_ge.pdf [letzter Zugriff: 22.8.2014]

Persson, Karl-Johan: »Konsum ist etwas Gutes«, Interview, in: *Der Spiegel* Nr. 28 vom 8.7.2013; www.spiegel.de/spiegel/print/d-102241678.html [letzter Zugriff: 28.5.2014]

–: »Wir testen Länder wie Kenia und Äthiopien«, Interview, in: *Die Welt*, 15.4.2014; www.welt.de/wirtschaft/article126958754/Wir-testen-Laender-wie-Kenia-und-Aethiopien.html [letzter Zugriff: 22.8.2014]

Podeanu, Alexandra: »Second Hand ist gesellschaftsfähiger geworden«, Interview, in: *Die Welt* vom 28.5.2014; www.welt.de/print/welt_kompakt/webwelt/article128480896/Glamloop-Second-Hand-ist-gesellschaftsfaehiger-geworden.html [letzter Zugriff: 4.8.2014]

Pramanik, Md. Al Amin: Development of Multidimensional Poverty for Ready-Made Garment (RMG) Workers in Bangladesh, Sydney 2012

Prokasky, Anke: »C&A gibt am meisten für Werbung aus«, in: *Textilwirtschaft* vom 18.1.2013; www.textilwirtschaft.de/business/CA-gibt-am-meisten-fuer-Werbung-aus_84679.html [letzter Zugriff: 28.5.2014]

Reyher, Martin: »Bescherung für die FDP: Textillobby spendet 65 000 Euro«, auf: Abgeordnetenwatch.de, 18.12.2012; https://www.abgeordnetenwatch.de/2012/12/18/bescherung-fur-die-fdp-textillobby-spendet-65-000-euro [letzter Zugriff: 28.5.2014]

RISE (Research Initiative for Social Equality, Society): »Liberty fashion workers in protest«, 13.10.2013; http://risebd.com/2013/10 [letzter Zugriff: 23.8.2014]

–: »How the Garment Industry Started in Bangladesh«, 2.12.2013; http://risebd.com/2013/12/02/history-of-garment-bangladesh/ [letzter Zugriff: 28.5.2014]

–: »Minimum Wage 2013 – An Insight«, 8.12.2013; http://risebd.com/2013/12/08/gazette-minimum-wage-2013 [letzter Zugriff: 23.8.2014]

–: *A Look into the Journey of Garment Worker Rights in Bangladesh 2013–14*, 25.2.2014; http://risebd.com/2014/02/25/worker_rights_201314_bangladesh/ [letzter Zugriff: 27.5.2014]

–: »Moving The Toxic Tanneries – Another Wait Starts«, 6.3.2014; http://risebd.com/2014/03/06/moving-the-toxic-tanneries-another-wait-starts/ [letzter Zugriff: 28.5.2014]

–: »Poisened food for workers – a typical case«, 26.4.2014; http://risebd.com/page/2 [letzter Zugriff: 23.8.2014]

–: »Recent and Typical Worker Harassment – Collected Cases«, 5.4.2014; http://risebd.com/2014/04/05/recent-and-typical-worker-harassment-collected-cases/ [letzter Zugriff: 28.5.2014]

–: »Rendered Jobless-Left Penniless – Garment Workers Cry Out Before Coming Festivities«, 27.7.2014; http://risebd.com/2014/07/26/rendered-jobless-leftpenniless-garment-workers-cry-out-before-coming-festivities [letzter Zugriff: 31.8.2014]

Saha, Suman: »Garment exports show resilience«, in: *The Daily Star* vom 23.4.2014; www.thedailystar.net/garment-exports-show-resilience-21162 [letzter Zugriff: 23.4.2014]

Schubert, Christian: »Deutscher TÜV muss für Billig-Brustimplantate haften«, in : *Frankfurter Allgemeine Zeitung* vom 14.11.2013; www.faz.net/aktuell/gesellschaft/gesundheit/pip-skandal-in-frankreich-deutscher-tuev-muss-fuer-billig-brustimplantate-haften-12664296.html, Paris [letzter Zugriff: 28.5.2014]

Seibert, Thomas: »Nichts wird besser, wenn sich nicht alles ändert. Reisebericht aus Bangladesch, sieben Wochen nach dem Einsturz der Textilfabrik«, Medico International, 17.7.2013; http://www.medico.de/themen/aktion/textil/dokumente/nichts-wird-besser/4485/ [letzter Zugriff: 28.5.2014]

Sieper, Elke: »Primark mit 44 % mehr Gewinn«, in: *Textilwirtschaft* vom 5.11.2013; www.textilwirtschaft.de/business/Primark-mit-44-mehr-Gewinn_88994.html [letzter Zugriff: 28.5.2014]

Smith, Zadie: *Zähne zeigen*, München 2000

Spath, Dieter (Hg.): *Produktionsarbeit der Zukunft – Industrie 4.0*, Studie des Fraunhofer Instituts für Arbeitswirtschaft und Organisation, Stuttgart 2013; www.produktionsarbeit.de/content/dam/produktionsarbeit/de/documents/Fraunhofer-IAO-Studie_Produktionsarbeit_der_Zukunft_-_Industrie_4.0.pdf [letzter Zugriff: 28.5.2014]

Staritz, Cornelia: *Making the Cut? Low-Income Countries and the Global Clothing Value Chain in a Post-Quota and Post-Crisis World*, World Bank Study, Washington D.C. 2011; https://openknowledge.worldbank.org/bitstream/handle/10986/2547/588510PUB0Maki101public10BOX353816B.pdf?sequence=1 [letzter Zugriff: 4.8.2014]

Steinberger, Karin: »Im Stich gelassen«, in: *Süddeutsche Zeitung Magazin* Nr. 17/2014; http://sz-magazin.sueddeutsche.de/texte/anzeigen/41852/Im-Stich-gelassen [letzter Zugriff: 28.5.2014]

Sturm, Reinhard: »Zwischen Festigung und Gefährdung 1924–1929«, in: Bundeszentrale für politische Bildung (Hg.), *Informationen zur politischen Bildung*, Heft 261, Dez. 2011; www.bpb.de/izpb/55964/zwischen-festigung-und-gefaehrdung-1924-1929?p=all [letzter Zugriff: 31.8.2014]

Taab, Daniel: »TÜV-Siegel für defekte Autos«, in: *Kölnische Rundschau* vom 19.4.2011; www.rundschau-online.de/lokales/affaere-tuev-siegel-fuer-defekte-autos,15185494,15322750.html [letzter Zugriff: 28.5.2014]

Timm, Elisabeth: »Buchbesprechung. Roman Köster: Hugo Boss (1924–1945). Die Geschichte einer Kleiderfabrik zwischen Weimarer Republik und ›Drittem Reich‹«, in: Stadtarchiv Reutlingen (Hg.), *Reutlinger Geschichtsblätter*, Neue Folge, Nr. 51, 2012

–: *Hugo Ferdinand Boss (1885–1948) und die Firma Hugo Boss. Eine Dokumentation*, 1999; www.metzingen-zwangsarbeit.de/hugo_boss.pdf [letzter Zugriff: 28.5.2014]

TÜV Rheinland: »BSCI ist ein Plus für die soziale Leistung Ihres Unternehmens«, 2014; www.tuv.com/de/deutschland/gk/managementsysteme/nachhaltigkeit_csr/bsci_1/bsci.html [letzter Zugriff: 14.8.2014]

–: »TÜV Rheinland antwortet ARD-Magazin Monitor«, 5.6.2013; www.tuv.com/news/de/deutschland/ueber_uns/presse/meldungen/newscontentde_160076.html/T%C3%9CV%20Rheinland%20antwortet%20ARD-Magazin%20Monitor [letzter Zugriff: 14.8.2014]

Uchatius, Wolfgang: »Das Welthemd«, in: *Die Zeit* Nr. 51 vom 16.12.2010; http://www.zeit.de/2010/51/Billige-T-Shirts [letzter Zugriff: 27.5.2014]

UNHRC (UN Human Rights Council): *Guiding Principles on Business and Human Rights: Implementing the United Nations »Protect, Respect and Remedy« Framework* (A/HRC/17/31), Report of the Special Representative of the Secretary-General on the issue of human rights and transnational corporations and other business enterprises, John G. Ruggie, 21.3.2011; www.ohchr.org/Documents/Issues/Business/A-HRC-17-31_AEV.pdf [letzter Zugriff: 9.8.2014]

–: *Leitprinzipien für Wirtschaft und Menschenrechte. Umsetzung des Rahmens der Vereinten Nationen »Schutz, Achtung und Abhilfe«*, 2. Aufl., Juni 2014, nicht amtliche Übersetzung der *Guiding Principles on Business and Human Rights*; www.globalcompact.de/sites/default/files/themen/publikation/leitprinzipien_fuer_wirtschaft_und_menschenrechte_2._auflage.pdf [letzter Zugriff: 31.8.2014]

USDoL (United States Department of Labor): *Bangladesh. 2012 Findings of the Worst Forms of Child Labor*, Washington D.C. 2013; www.dol.gov/ilab/reports/child-labor/findings/2012TDA/Bangladesh.pdf [letzter Zugriff: 31.8.2014]

Völpel, Eva: »Tarifeinigung im Einzelhandel: Moderne Stundenlöhner«, in: *Die Tagezeitung* (*taz*) vom 15.12.2013; http://www.taz.de/!129279/ [letzter Zugriff: 28.5.2014]

WDR-frauTV: Sendung vom 23.1.2014 über H&M; http://www1.wdr.de/mediathek/video/sendungen/frautv/videohm100_size-L.html?autostart=true [letzter Zugriff: 27.5.2014]

Weiss, Bertram: »Warum wir kaufen, was wir kaufen«, in: *Geo-Wissen* Nr. 45, 2010; www.geo.de/GEO/heftreihen/geo_wissen/warum-wir-kaufen-was-wir-kaufen-64063.html [letzter Zugriff 28.5.2014]

Welzel, Petra: »Hier & Mutig«, in: *ver.di Publik* Ausgabe 06, 2014; http://publik.verdi.de/2014/ausgabe-06/gewerkschaft/titel/seite-01/A0

Welzer, Harald: *Selbst denken: Eine Anleitung zum Widerstand*, Frankfurt 2013

Willershausen, Florian: »Die Modelüge – wie deutsche Unternehmen produzieren lassen«, in: *Wirtschaftswoche* vom 26.9.2012; http://www.wiwo.de/unternehmen/industrie/textilindustrie-die-modeluege-wie-deutsche-firmen-produzieren-lassen/7162224.html [letzter Zugriff: 28.5.2014]

Wollenschläger, Ulrike: »Die Beschaffungs-Karawane«, in: *Textilwirtschaft* vom 3.10.2013; www.textilwirtschaft.de/suche/show.php?ids%5B%5D=934477&a=0 [letzter Zugriff: 28.5.2014]

–: »Verbände kritisieren Textilsiegel-Vorstoß«, in: *Textilwirtschaft* vom 7.4.2014; www.textilwirtschaft.de/business/Verbaende-kritisieren-Textilsiegel-Vorstoss_91297.html?a=1 [letzter Zugriff: 4.8.2014]

World Bank (Hg.): *Consolidating and Accelerating Exports in Bangladesh*, Bangladesh Development Series No. 29, Washington D.C., Juni 2012; http://siteresources.worldbank.org/SOUTHASIAEXT/Resources/223546-1328913542665/8436738-1341159724797/Accelerating-Consolidating-Exports-Bangladesh.pdf [letzter Zugriff: 28.5.2014]